遊戯療法の実際

河合隼雄
山王教育研究所
【編著】

誠信書房

はじめに

　遊戯療法は日本全国の各地で行われている。毎日，多くの臨床家が子どもたちと，遊びを通して，心の問題を解決する仕事に従事している。私は全国各地の研修会に招かれ，そこで遊戯療法の事例研究に参加することが多い。その度に，遊戯療法によってよくなってゆく子どもの姿を見て，この重要性を痛感するのである。

　ところで，そのような例にコメントしながら気づくことは，治療者の感性と熱意によって非常にうまく治療が展開しているのだが，そこに生じていることの意味を，治療者自身も的確に把握できていない，ということである。あるいは，失敗例のときなど，子どもが遊びのなかで，極めて意味深い動きをしているのに，それを治療者がしっかりと受けとめていないために，治療が滞ってしまう，などということもある。

　だからこそ，研修の意味もあるのだが，そのような点に関する手引になるような書物があればと思うのだが，あんがい適当なのがないのである。カウンセリングに関する書物は実に多くある。遊戯療法も最初の入門書としてはいい本もある。しかし，実際にやりはじめた人が，自分の実際経験と照らし合わせて，事例の理解を深めようとするときに役立つような本が，あんがいに少ないのである。

　本書は，そのような要望に応えるつもりで企画された。まず，遊戯療法の事例が提出され，発表者の考察によってその理解が深められる。その上，すべての例に私がコメントを付している。この全体を通して読んで下さるとわかると思うが，遊戯療法が単なる「遊び」とどのように異なるのか，そこで治療者は何をしているのか，どんな役割なのか，などについて理解されるように意図してある。

　遊戯療法については入門書もあるし，体系的な書物もあるが，本書は事例を通じて，読者が生き生きと遊戯療法の現場の感じを味わいながら考えを深めてもらうことを意図している。したがって，体系的，網羅的ではないが，個を通じて普遍に至る，臨床心理の妙味を感じとって下さると幸いである。

なお，最近話題になっている発達障害児に関する遊戯療法については，またあらためて論じる必要があろう。

　本書の成立に関しては，弘中正美さんの「あとがき」に述べられているので省略する。私としては，専門を同じくする友人，同僚としての小川捷之さんの遺志を引きついで，仲間と共に山王教育研究所の仕事をしてきて，このような形で，その成果のひとつを発表できることを，大変，有難く嬉しく思っている。小川さんも喜んで下さっていることと思う。

　余談になるが，今日は「臨床心理職の国家資格化を通じ，国民の心のケアの充実を目指す議員懇談会」が憲政記念館で行われた。これによって，臨床心理の専門職の国家資格化が国会議員によってすすめられることになった。このことを目指して，小川捷之さんと力を合わせて努力してきたことを考えると，感無量である。小川さんが居られたら，どんなに共に喜び合ったことだろうと思う。

　思わず個人的な感慨を書いてしまったが，常にわが国の臨床心理学の発展を願って努力された小川捷之さんの気持もこめて，本書がわが国の遊戯療法のみならず，臨床心理学全体の発展のため，少しでも寄与することができれば嬉しいと思っている。

　　　2005年4月19日

河 合 隼 雄

目　次

はじめに　　i

| 総論 | 遊戯療法とその豊かな可能性について ………… 弘中正美 | *1* |

| 事例1 | 場面緘黙Z君の箱庭＆プレイセラピー ………… 大場　登 | *23* |
| | ■コメント：心の成長と水路づくり ――――― 河合隼雄 | *48* |

| 事例2 | パワーを求めて …………………………… 渡辺美帆子 | *53* |
| | ■コメント：死と再生 ――――――――――― 河合隼雄 | *75* |

事例3	プレイセラピーにおいて「遊び」が「遊び」でなくなる瞬間	
	――集団になじめない小学校高学年男子の事例を通して …… 北原知典	*79*
	■コメント：「遊び」の意味 ――――――――― 河合隼雄	*97*

| 事例4 | 遊戯療法としての「遊び」を可能にする視点 …… 青木　聡 | *101* |
| | ■コメント：遊びのなかのテーマ ―――――― 河合隼雄 | *116* |

事例5	自分らしくあるということ	
	――いじめられる啓太君の事例を通して ………… 井出尚子	*121*
	■コメント：内と外との呼応 ――――――――― 河合隼雄	*140*

事例6	三角関係を生き抜くこと	
	――チックを主訴とする4歳女児とその母との関わりを通して … 名尾典子	*145*
	■コメント：三角関係と三者関係 ――――――― 河合隼雄	*170*

事例7	出生以来施設育ちの子のプレイセラピー	
	――「僕はどこからきたの？」と問うまで …………… 松下方美	*175*
	■コメント：運命へのプロテスト ――――――― 河合隼雄	*196*

| 事例8 | 青いビニールボールに導かれたイメージの世界 … 渡辺あさよ | *201* |
| | ■コメント：遊びと儀礼 ――――――――――― 河合隼雄 | *218* |

あとがき　　*223*

総論

遊戯療法とその豊かな可能性について

弘 中 正 美

I 遊戯療法とは

　遊戯療法は，子どもに対して用いる心理療法であり，遊びを媒介して行われるので「遊戯療法」という名称が与えられている。しかし，原義のplay therapyのplayを遊戯（遊び）と訳すときに，日本語における「遊び」の意味がplayと必ずしも同一でないという問題が生じる。山中（2002）は，playという言葉は，ひじょうに幅広い概念であり，日本語におけるいわゆる遊びの意味を含みつつも，より広範な人間の活動と結びついていることを指摘している。

　ここで問題となることは，山中が指摘するように，「遊び」という言葉がもつニュアンスが，遊戯療法は子どもを遊ばせる治療法であるとか，子どもがただ遊びさえすれば問題が解決するとか，さらには遊戯療法において子どもは楽しく遊ばなければならないなどの誤解を生じさせる危険性である。これは明らかな誤りであって，実際，遊戯療法において子どもは"楽しい"遊びとはとてもいえないような，沈痛な思いや怒りの衝動に満ちた活動を行うことが少なくないのである（弘中，2001，2002b；山中，2002）。「子どもは楽しく遊ぶもの」というステレオタイプに影響される限りは，遊戯療法における子どもの遊びの意味をきわめて表層的に捉えることになろう。

　しかしながら，遊びは子どもにとって魅力的で，夢中になって取り組む活動であることも事実であり，多くの場合，それは楽しさとして体験されることも否定できない。また，本来ならば相当の苦しみを伴うはずの心の作業を遊びという形で行うがゆえに，どこか傷つかずに精神的な守りを得ながらそれを行うことができるということも，遊びのもつ治療的機能として注目されるべきであ

る。このことについては，後にあらためて触れることにしたいが，いずれにしても，遊びを媒介して行われる子どもの心理療法としての遊戯療法の場合，そこで遊びが用いられるということが，実に奥の深い意味や現象をもたらすことを十分に認識する必要があると思われる。

「遊戯療法」という訳語を使わずに「プレイセラピー」（play therapy）という表現をそのまま使えば，とりあえずは余計な誤解を生じさせずに済むのかもしれない。しかし，むしろそうした誤解の可能性に積極的に言及すること自体が，遊戯療法をめぐる本質的問題のひとつにアプローチすることになるといえよう。

II 遊戯療法の位置づけ

今日の心理療法は実質的に，フロイト（Freud, S.）の精神分析の実践から始まったといって構わないであろう。そして，フロイトの心理療法は，何よりも言葉を用いた方法であるところにその本質的な特徴をもっていると思われる。力動精神医学が身体医学の本流から離れてその独自性を獲得したのは，まさに身体を媒介するのではなく，言葉を媒介して治療を行おうとした点にある。これは，身体医学の伝統から考えると，コペルニクス的転換であったといっても過言ではない。しかるに，子どもに対する心理療法をいかに行うかをめぐって，言葉を媒介するのではなく遊びを媒介する試みが取られることになったのであるが，これもまた，心理療法の世界における大きな転換であったと考えることができよう。

しかしながら，身体医学の世界にあって心理療法がマイナーな位置づけを与えられるのと同じように，心理療法の世界において，遊戯療法はマイナーな位置づけを与えられていると思われる。それは，前者が身体を媒介しないのと同じように，後者が言葉を媒介しないということから生じている。すなわち，医学の世界では，身体の生物学的・生理学的あるいは生化学的メカニズムに還元されるものこそが科学的で合理的な真実であるとみなされやすい。そして，心理療法の世界では，言語的な洞察に帰結するものこそが明晰な説明力をもつものとして，一般の承認を受けやすい傾向をもっているといってよいであろう。

遊戯療法すなわち子どもの心理療法の場合，二重の意味で言語的な洞察から

距離をもたざるを得ない。ひとつは、遊びは本質的に非言語的なイメージを主体とした活動であるということである。もうひとつは、子どもは自分の内的体験について言葉で語ろうとしないということである。この内的体験には、遊戯療法における体験自身が含まれているのである。つまりは、子どもが遊戯療法のプロセスのなかで何を体験しているのかについて、言語的な情報はほとんど得られないのが常なのである。大人を対象とした心理療法においても、描画や箱庭などの非言語的イメージを媒介した方法が用いられたり、夢分析のように言語を媒介しながらも本質的にはイメージ主体の治療的アプローチが行われたりすることが少なくない。しかしながら、大人の場合は、クライエント自身の内的体験に関する言語的情報が何らかの形で得られるのが通常である。それゆえ、子どもの心理療法としての遊戯療法の非言語性は、心理療法全般のなかで、相当に特異なことと言わなければならない。

もちろん、遊戯療法を行う際に、積極的に言語化（子ども自身の言語化あるいはセラピストによる言語化）を追求する立場のセラピストも少なからず存在する。しかし、そうした言語化も、大人のクライエントをめぐって生じる言語的な洞察に比べると、はるかに曖昧なレベルに留まり、クライエントの内界において何が生じているのかについては、推測の域を脱しないことがほとんどであると思われる。言葉の世界から遠いということは、遊戯療法の本来的性質として理解すべきであろう。

しかしながら、遊戯療法が心理療法のなかでマイナーな位置づけを与えられてきたことは、単に言語的アプローチの難しさだけによるのではないであろう。何よりも大きな問題は、遊戯療法を担う人たちが概して若手のセラピストであることに象徴されるように、ややもすると遊戯療法があたかも若い初心の人でもできる易しい心理療法であるかのように認識されることである。これは先に述べた「遊戯療法は子どもを遊ばせていればよい」という誤解とも結びついている問題である。そして、日本における臨床心理士の層がまだまだ薄いために、遊戯療法の担い手である若いセラピストたちが経験を積む頃には、彼らは遊戯療法の実践から離れていく（大人を対象とした心理療法や、子どもの心理臨床における親面接の担当へ移っていく）傾向がこの問題と重なり合って、遊戯療法の発展をいっそう困難にしているといえよう。

遊戯療法は決して易しい心理療法ではない。むしろ、さまざまな関わりの様

式を可能性としてもった奥行きの深い心理療法であり，それがゆえにその可能性を十分に生かすためには相当の経験を要求される難しい心理療法である（弘中，1999）。また言語的な情報に限界があるがゆえに，セラピストの直観的な判断と即興的な行動の冴えを要求される高度な心理療法でもある。決して若い初心のセラピストに任せておけばよいものではない。その一方において，若いセラピストが現実には相当優れた遊戯療法の実績を上げているという，今述べたことと一見矛盾する事実があるが，そのことについては後にあらためて述べることにしたい。

　心理療法のなかで遊戯療法が置かれているこのような状況を考えるとき，遊戯療法の特性について突っ込んだ議論や整理を行うことは，遊戯療法のもつ豊かな可能性を明らかにし，より発展的な実践に生かしていくためにもきわめて必要なことのように思われる。それは，遊戯療法の実際の事例から真摯に生きた知識を学ぶ際の論理的ベースを提供することになるであろう。

Ⅲ　遊戯療法の方法

　遊戯療法に関わる原理的，本質的問題に触れる前に，遊戯療法の一般的な姿についてあらまし紹介しておきたい。

1．遊戯療法の基本的なセッティング

　遊戯療法は，ふつうプレイルームと呼ばれる遊戯療法のための専用の治療室を準備してそのなかで行われる。それは，カウンセリングなどの言語主体の心理面接がそれを行うにふさわしい部屋（面接室，カウンセリングルームなどと呼ばれる）のなかで行われるのと同じである。もちろん，プレイルームは絶対に専用でなければいけないわけではない。遊戯療法の黎明期において，アクスライン（Axline, V.）は玩具の入ったトランクを持って子どものいる学校や施設に赴いて空いている適当な部屋を利用したし，ウィニコット（Winnicott, D.W.）は診察室のなかでありあわせのもの（舌圧子など）を玩具として使ったり，紙と鉛筆があればできる描画遊び（スクィグル・ゲーム）を行ったりして子どもに関わった。今日においても，もともと遊戯療法を想定していない病院の設備のなかでは，ほんのちょっとした空間を利用して遊戯療法が行われる

ことも皆無ではない。

　しかしながら，プレイルームはただ子どもが遊べればよい場所ではなく，子どもとセラピストが第三者の介入を受けることなく安心して関わり合える"守られた空間"でなければならない。それは，大人の心理面接の場合に，たとえ専用の面接室ではなくとも，外部と遮断された特別な空間の設定が必要となるのと同じである。遊戯療法の場合は，部屋のなかで子どもとセラピストが走り回ったり，大声を出したりすることもあるし，また遊びに用いるさまざまな遊具・玩具を置いておくためにも，専用の部屋を必要とする程度は大人の心理面接の場合よりはるかに高いと思われる。

　プレイルームは適当な広さと，標準的ないくつかの設備を備えていることが望ましい。活動的な子どもであれば40～50㎡の広さの部屋が適当であろうし，折り紙や描画に没頭するような活動性の低い子どもであれば，むしろ15～20㎡程度の比較的狭い部屋の方が落ち着くであろう。1部屋だけを考えるのであれば，30㎡程度のプレイルームが標準的と思われる。

　部屋には，水と砂を使える設備があると，子どもの遊びを自由に引き出し展開させるのに効果的である。これらは子どもの遊びの原点を構成する媒体だからである。ただし，部屋のメンテナンスの点から考えると，水と砂の使用は大いに問題があることを覚悟しなければならない。水の設備は，手洗いのための洗面台から水遊びができる程度の小規模のプールまで，いくつかのグレードがある。砂は，広めのプレイルームであれば砂場を設備することが理想であるが，それが無理な場合は箱庭療法用の砂箱を置いておくとよい。

　遊具・玩具についてはあまりにも多彩なので，ここでは具体的に紹介することはしないが，子どもの年齢や性別，遊びの内容を念頭に置いて，それにふさわしいものをさまざまに用意する。概して，丈夫で，子どももセラピストも安心して扱えるものがよい。ちょっと乱暴に扱うと壊れてしまうのでは，経済的にも負担となるし，何よりも遊具・玩具が壊れることは，たとえ夢中になって遊んだ結果であっても，子どもに罪障感を与える危険性があるからである。また，特定の遊び方しかできない遊具・玩具よりも子どもの想像力次第でいかようにも使いこなせる汎用性の高い遊具・玩具の方が望ましいであろう。ただ，なかにはゲームでしか遊ばない子どももいるし，小学校高学年以上ではゲームの使用頻度が高くなるので，さまざまのゲーム（将棋，オセロ，モノポリー，

人生ゲーム，トランプ，ウノなど）も必要な玩具に入れられる。なお，箱庭療法用具，描画のための画用紙や絵の具，粘土，折り紙など，造形遊びに用いられる材料は必須のものである。

　遊戯療法のもっともスタンダードな方法は，子どもとセラピストが一対一で関わり合う，「個人遊戯療法」であり，子どもが自由に遊びを選択することが許される「自由遊戯療法」である。遊戯療法の形式としてはこれ以外に，集団遊戯療法（複数の子どもを対象とする方法）や制限遊戯療法（セラピストが目的的に特定の遊び，たとえば指人形遊びやフィンガーペインティングに子どもを導入する方法）があるが，遊戯療法の基本は個人・自由遊戯療法であることは言うまでもない。

　遊戯療法のセッションのもち方は，大人の面接とほぼ同じであり，日本では週1回，50分という形式をとることが一般的である。遊戯療法の場合，ふつう親が子どもに同伴してくる。遊戯療法だけでは，子どもの日常生活の様子や子どもの問題の背景に関する客観的な情報を得にくいので，何らかの形で親の面接が行われることが必要となる。スタンダードな親面接は，子どもの面接と並行して別のセラピストが親と会う「親子並行面接」である。親面接は単なる情報収集のためにあるのではなく，遊戯療法の場が外部の力によってマイナスの影響を受ける事態に対する守りとして機能し，子どもの治療の進展を支えることが第一義的な役割である。一方，事例によっては，親自身が抱える問題が深刻に語られ，それが親面接の主要なテーマとなって展開することもある。また，来室したときの親子の様子から，子どもの問題の重要な部分を構成する親子関係のあり方を理解できることも少なくない。

　遊戯療法のセッションにおいて，セラピストは『ここでできることならば，何をしても構わないよ』という受容的なスタンスで子どもに関わる。時間のセッティングについては，子どもの年齢に応じた言い方で，終りの時刻について約束をする。この時間，この場所（プレイルーム）において，子どもは原則として自由に遊ぶことが許容され，セラピストは子どもの遊びに対してサポーティブに対応していく。実際には，セラピストの持ち味や考え方によって，さまざまな関わり方がありうる。また，セラピストは子どもの特性や遊びの内容いかんによって，さまざまな関わり方を否応なしに引き出されると言った方がよいかもしれない。ある子どもとセラピストの関係においては，もっぱら子ど

もが一人で遊び，セラピストは静かにそれを見守るという展開が見られる。また，別の子どもとセラピストの関係においては，二人がまるで同年齢の友達同士のようにはしゃぎ合い，競い合って遊びが展開するかもしれない。セラピストが子どもにどのように関わればよいかについての具体的な姿は，あまりに多様であり，また微妙で繊細な問題を含むので，一般的に描写することは不可能である。それは，個々の事例に基づいて理解するのがもっともよいのである。

　重要なことは，セラピストは基本的に子どもに受容的に関わっていくが，それは子どもをただ放任して好き勝手に行動させているわけではないという点である。セラピストの受容的態度は，遊戯療法の「制限の原則」として知られる治療上のルールによってしっかりと支えられている。すなわち，遊戯療法においても治療的な枠が厳然と存在し，その枠の範囲でセラピストは子どもに対して最大限の受容的関わりを行う。枠があるがゆえに，子どもは安心して自由になれるし，セラピストも安心して受容的な関わりに専心することができるのである。

2．アクスラインの八つの原理

　アクスライン（1947）は来談者中心療法のロジャーズ（Rogers, C. R.）の考えに基づいて，子どもの遊戯療法を実践したパイオニアである。彼女の遊戯療法を「子ども中心療法」と呼ぶ。日本における臨床心理学の実践がロジャーズの考え方や実践をモデルとして始まったように，日本の遊戯療法も，ほとんどのセラピストがアクスラインの影響を強く受けていると言っても過言ではあるまい。それには，遊戯療法についてアクスラインが述べていることが，ひとつの学派としての主張に留まらず，遊戯療法を行う場合のきわめて普遍的な原則を示していることが大きく関係していると思われる。

　そのアクスラインの考え方を端的に示すものが，セラピストが取るべき態度としての「八つの原理」に他ならない。換言すれば，この八つの原理においてアクスラインが述べていることは，学派の違いを超えて，ほとんどのセラピストが実行している遊戯療法の基本原則であるといえよう。それらについて，簡潔に紹介することにしたい。

　(1)　ラポール（温かく親密な関係）の形成：子どもとの間に，できるだけ早

くラポールを作る。
(2) あるがままの受容：子どもがどのような状態にあっても，子どもをあるがままに受容する。
(3) おおらかな雰囲気：子どもが自分の気持ちを自由に表現できるような，おおらかな雰囲気を作り出す。
(4) 感情の察知と伝え返し：子どもの感情を敏感に察知し，察知したことを適切な形で伝え返して，子どもの洞察を促す。
(5) 子どもの主体性の尊重：子どもが自己治癒力をもっていることを信頼し，問題の解決を子どもの主体性に委ねる。
(6) 非指示：子どもに指示を与えず，子どもがリードするのに従っていく。
(7) ゆっくりとした進行：治療を早めようとはせず，治療はゆっくりと進行するプロセスであることを認識している。
(8) 制限：治療の場があまりにも現実から遊離することのないように，また子どもがセラピストとの関係においてもつべき責任を自覚できるように，必要な制限を設ける。

　こうした八つの原理のうち，7番目までは，おおむね受容的・共感的で子どもの自由や主体性を尊重する姿勢で貫かれている。しかるに，第8番目の原理が，他の七つの原理と一見趣を異にするのである。それは，治療の枠の範囲においてこそ，受容的姿勢が治療的に機能することを意味している。さて，これらの原理は，確かにロジャーズの治療観を色濃く宿しているが，しかし，精神分析やユング心理学など，他の理論的立場に立つセラピストであっても，実際には実行している基本的ことがらなのである。すなわち，アクスラインの八つの原理は，遊戯療法においてセラピストがどのように子どもに関わっていくのかをもっともわかりやすく示したものとして理解することができる。

3．学派による遊戯療法の違い

　それでは，遊戯療法の場合，学派による違いがないのかと言うと，そのようなことはない。遊戯療法の場面を一見するだけでは目立った違いがなくても，子どもの遊びの何に注目し，それをどう理解するかについて，また，そもそも子どもの問題全体に対する検討や治療の方向づけに関しては，セラピストがど

のような理論的立場に親和性をもっているかが大きく影響してくるのである。
　ここでは，遊戯療法の実践に強い影響を与えている三つの理論を取り上げ，それらの立場から遊戯療法を行う場合に，どのような特徴が表れるかについて，簡単に整理しておくことにしたい。それは，精神分析理論，ユング心理学理論，来談者（子ども）中心療法の理論である。

（1）　精神分析理論に親和的な遊戯療法
　　　精神分析の立場から遊戯療法を行う場合，子どもとセラピストの間で生じる転移の現象に注目する傾向がある。また，言語的な関わりを通じて子どもを自分の問題に直面させて，洞察を促すことを重視するであろう。
（2）　ユング心理学に親和的な遊戯療法
　　　ユング心理学の立場から遊戯療法を行う場合，子どもの遊びの象徴的な側面に注目する傾向が特徴的である。とりわけ，個人的な無意識のレベルを超えた普遍性のある象徴的表現を重視するであろう。
（3）　子ども中心療法
　　　子ども中心療法の立場から遊戯療法を行う場合，子どものなかで起きている感情の流れに注目しようとする。そして，子どもに受容的・共感的に関わることを通じて，子どもが主体的に問題の解決の道を見つけていくことを重視するであろう。

　実際には，セラピストはさまざまな理論に影響され，それらを自分のなかで練り直しながら自分の個性に合ったスタンスを作ろうとする。日本における多くのセラピストが，自らの立場を「折衷的」と考えているのもそのためと考えることができる。そして，遊戯療法の実際の展開，子どもへの対応にもっとも影響を与えるのは，理論よりもセラピストの経験や個性，持ち味である。一見しただけでは理論的な違いが明白でないのも，皆一様な遊戯療法が行われるという意味ではなく，個々のセラピストの特性の方が表に表れやすいからである。また，当然のことであるが，個々の子どもの特性，問題状況次第で遊戯療法の展開はまったく異なることも指摘しておかなければならない。セラピストが身につけた理論にしろ，持ち味にしろ，一人の子どもとの出会いと共同作業においては，決まりきったパターンでこと足りるはずはなく，個々の事例がま

さにそれぞれのオリジナリティを要求することになるのである。

Ⅳ 遊戯療法における治療メカニズム

　遊びを介して子どもにアプローチすることが，なぜ治療的効果をもたらすのであろうか。この問題，すなわち遊戯療法の治療メカニズムについては，まだ十分な検討，検証がなされていない段階である。遊戯療法が心理療法のなかでマイナーな位置に甘んじているのも，このことと関係している。遊戯療法のセラピストが比較的若手の人が中心であり，治療の実践に没頭する一方で，どうしても理論的検討の面で弱くなる傾向があるのは否めない。また，子どもを対象とするために，言語的な情報に限界があり，セラピストの実感としては自明のことであっても，検証という点からは推測の域を脱しないことが少なくないという難しさがある。

　ところで，遊戯療法の治療的メカニズムについては，心理療法一般に共通して備わっているものと，遊びを媒介するがゆえに発揮されるものに分けて考えることができる。最初に，前者についていくつかの治療的要因を挙げてみよう。

1．一般的な治療要因について

　まず，心理治療の場に子どもが連れられて来るということそのものが，重要な意味をもつ。子どもが引き起こす問題は，周囲の人たち，とりわけ親に対して子どもが無意識のうちに発した一種のサインとみなすことができる。あえて心理治療にかかることは，親がそのサインをキャッチし，子どもの問題を何とか解決しようと取り組み始めたことを意味する。子どもは，自分の抱える問題に周囲の注目が集まり，正当な取り扱いがなされようとしていることを敏感に察知するであろう。また子どもが来談するときは，ふつう親と連れ立ってやってくるものであるが，そのことは子どもにとって特別の効果をもたらす。なぜならば，子どもは来談の行き帰りに親を独占することができるし，親の特別の努力や配慮が何よりも自分に向けられたものであることを感じ取るからである。

　自分が大切な存在として扱われることを，子どもは親との関係においてだけ

でなく,意識的にはむしろセラピストとの関係において体験する。遊戯療法の受容的で共感的な温かい雰囲気は,子どもに自分がかけがえのない存在として認められていることを実感させる。このような体験は,それ自身が子どもに生きるための心理的なエネルギーを与える。かけがえのない存在としての自分をしっかりと感じることは,誰もが必要としている本質的な欲求である。そして,心理治療を受けなければならない子どもは,そのような実感が乏しかったり,むしろそれとは逆の傷つきの体験をしていたりする子どもが少なくないと考えることができよう。

　また,遊戯療法のなかで子どもが自由に行動し,さまざまな表現をすると,セラピストはそれを手がかりとして子どもの内的世界で起こっている状況を推測し,理解することができる。セラピストの共感的な姿勢・関わりは,子どもに関するそのような推測,理解に基づいたものに他ならない。セラピストの共感的な姿勢・関わりが子どもの状態とほどほどにマッチしているとき,子どもはセラピストにしっかりと受け止められ,守られていると実感する。それは子どもに安心感や自信をもたらす。そして,子どもはいっそう積極的に自分の感情や願望を表現し,そのことを通じて自分の問題に取り組んでいくのである。このように,子どもの自己表出とそれをセラピストが適切に理解することは,相互的に影響しあって治療を進展させることになるのである。

　以上に述べたことは,「子ども」を「クライエント」に,「遊戯療法」を「心理療法」に置き換えてもほとんどそのまま通用することであろう。

2．遊びに備わる治療的要因について

　さて,遊戯療法が独自にもつ治療的機能・要因について述べるのが,ここでの主たる目的である。それは当然のことながら,遊びそれ自身がもつ機能・要因に他ならない。

　遊びが子どもの成長,変容にとってさまざまな役割を果たすことについては,臨床心理学の立場からだけではなく,発達心理学や文化人類学などの立場からも多くの主張がなされてきた。今それらを概観する紙面的余裕はないが,ひとつ指摘できることは,子どもにとって遊びは,きわめて自然な心的活動であるということである。そして,心的活動として行われる遊びは,それが子どもの日常世界で行われようと遊戯療法のなかで行われようと,本質的に区別する必

要がないと思われる。すなわち，遊戯療法における遊びの治療的役割は，そのまま日常生活における遊びの成長促進機能に通じるし，またその逆も成り立つというわけである。細かく見れば，遊戯療法のなかだからこそ発揮される機能，日常世界のなかだからこそ意味のある機能というものは実際には存在するであろう。けれども，遊び総体として捉えるとき，遊戯療法と日常世界のふたつの場をあえて切り離して考える必要は毫もないと思われる。

ツリガー（Zulliger, H.）は，『遊びの治癒力』（1951）のなかで，日常世界における遊びが子どもの心理的成長をもたらしたいくつかの興味深い具体例を挙げているが，そこで示されたものは，遊戯療法における遊びの本質的機能そのものといってよいのである。

筆者（弘中，2000）は遊びのもつ役割を遊戯療法の場に限定しないことを前提に，「遊びの治療的機能について」として，遊びのもつ八つの治癒的・成長促進的機能を挙げた。それらは，遊戯療法が遊びを媒介するがゆえにもっている治療的機能である。また筆者（弘中，2001）は，遊びを媒介することが心理療法の治療メカニズムの中核的・普遍的なテーマと密接に結びついていることを主張した。すなわち，心理療法を効果あらしめるいくつかの本質的な治療的要因が，遊びを用いるがゆえにスムーズに活性化されることを指摘したのである。そのように考えると，遊戯療法は決してマイナーな治療法ではなく，むしろ心理療法の中核的な治療メカニズムを豊富に備えた，優れた治療法であるということができよう。

ここでは以前述べたこととの重複をできるだけ避けながら，遊戯療法の治療的メカニズムについて，遊びのもついくつかの特性に焦点を当てつつ論じてみたい。

1）遊びのリアリティ

大人にとって遊びとは，"本気でないこと"，"気晴らし"，"時間つぶし"などを意味しがちである。しかし，子どもにとって遊びは，はるかに精神的な豊かさとリアリティ（現実感・臨場感）を備えた心的活動である。子どもは，ワクワクする期待や好奇心に満ち溢れ，興奮し，恐れや緊張すらも感じながら，真剣に遊びに打ち込む。遊びは多くの場合，子どもにとって魅力的であり，楽しさを与えてくれるが，たとえ楽しさとは別の次元の体験であっても，子どもが遊びに夢中になり，我を忘れる点では等しいといえよう。

ある男の子は，大きなゴジラの玩具を「王様！」と呼んで大活躍をさせる（弘中，1991）。ゴジラは無敵であり，ゴジラが登場すると怪獣同士の戦いはすべて終ってしまう。ゴジラを操るとき，彼は万能感に酔いしれており，この世に存在するすべてのものの頂点に立ったような満足感を味わっている。これは，子どもが全身で実感している，きわめてリアルな体験である。ある女の子は，麦藁帽子とタオルで作った鳥の巣に小さな病気の雛鳥（ミニチュア玩具）を入れて，「この子のお母さんも，お父さんもいないの」と言う。しかし，犬や猫や熊たち（ぬいぐるみの玩具）が集まってきて，雛鳥を看病する。甲斐甲斐しい世話は，彼女にとって，演技でも模倣でもない。全身全霊を込めたリアリティに満ちた心の作業そのものなのである。

　このように，心的活動としての遊びがもつ本質のひとつは，それが子どもにとって何よりもリアルな体験であるということにある。子どもは遊びのなかで，優しい母親になったり，御馳走を食べ放題に食べたり，強力な敵をこてんこてんにやっつけたりする。それは実質を何も伴わない架空のできごとではなく，子どもがその時その場で確かに体験している現実そのものなのである。もし，遊びの中身が何らかの意味で子どもが抱える問題状況やその解決に関わるものであるとすれば，子どもは遊びの体験を通じて自分の問題に取り組んでいることになる。

　ただし，そこで扱われる現実は，客観的な意味での現実ではない。主観的な現実であり，象徴的な現実である。そして，主観的・象徴的な現実にアプローチする方が外的な客観的現実に直接アプローチするよりも，かえって心の深い部分での変容を引き起こして問題の解決に繋がることが期待されるのである。先の例で言えば，病気の雛鳥を甲斐甲斐しく世話するという形で象徴的に表現される重要な心の作業が行われるのである。雛鳥の世話を通じて，子どもの心のなかで何かが癒され，何かが成長するプロセスが生じているのである。遊戯療法の遊びを媒介して子どもが触れ，扱うのは，まさにそのようなレベルでの内的な現実である。

　考えてみると，心理療法は一般に，クライエントの外的な現実そのものを扱うのでなく，クライエントの主観の世界に立ち現れる内的現実を扱おうとするのである。そのひとつの典型は転移の現象を治療的に扱うことであろう。外的な現実そのものを扱うのではなくても，クライエントに多大な影響をもたらす

ことができるのも，心理療法のなかで扱われる内的な現実が強烈なリアリティを備えているからに他ならない。遊戯療法における遊びがもっているのは，まさにそのリアリティなのである。

2）遊びの非言語性

遊びは本質的に非言語的な活動である。もちろん遊びのなかでも言葉が発せられたり，会話がなされたりするが，そこで用いられる言葉は，何かを説明するための言葉ではない。ほとんどがイメージのレベルで使われ，展開している。たとえば，子どもが砂場に作った山にいくつもの穴を掘り，そこに大小の怪獣を置いて，「怪獣マンション！」と叫ぶ場面を思い描いてみよう。その言葉は，何か具体的なものを説明しているわけではなくとも，怪獣に同一化した子どもの生き生きとした心の動きをよく表していると理解することができよう。

このような遊びの非言語性について，子どもは言葉ではうまく説明できない体験に浸っているという言い方をすることができる。病気の回復期に食事制限を受けて空腹感で辛い思いをしている子どもが御馳走の並んだ絵を描くとき，子どもは自分がなぜそのような絵を描くのか，絵を描くことによって何がもたらされるのかについて，明確に理解しているとはいえない。しかし，言葉に移し替えることができるような意識的洞察が生じなくても，子どもは御馳走の絵を描くことによって，自分のなかで何かが充たされ，癒される体験を生き生きと得ていると考えることができよう。

非言語的な遊びについて，セラピストの立場から二つの扱い方がありえる。そのひとつは，子どもの非言語的体験をそのまま大切にし，その体験をできるだけ深める方向で援助するやり方である。セラピストは，子どもが遊びのなかで体験していることを十分に理解しつつも，解釈などの表立った介入は慎む。しかし，セラピストは能動的な行動をまったくしないわけではない。セラピストが子どもの遊びについて理解していることは，セラピストの反応として多かれ少なかれ滲み出てくるものであるし，遊びの展開を水路づける役割を果たすからである。

たとえば，プレイルームのなかで隠れん坊をやろうとする子どもに対して，セラピストは次のように行動するであろう。「もういいよ」という子どもの声に，閉じていた目を開けたセラピストは，「ここかな？」と机の下を覗いたり，棚の陰を捜したりする。その間，トランポリンの下に隠れている子どもは，緊

張して身を固くしている。セラピストがなかなか見つけられないでいると，子どもは思わずクックと笑い声を漏らす。そして，セラピストがついに子どもを見つけたとき，子どもは恐怖と歓喜の入り混じった興奮状態で，「ワーッ！」と叫びながらトランポリンの下から飛び出してくる。

　セラピストは，隠れん坊の遊びのなかで，子どもが身体レベルで自我の存在（"ここに自分がいる！"）を強烈に体験していることを理解している。セラピストとしてできることは，子どもがその体験を十分に味わえるように，共に隠れん坊の遊びに没入することであろう。隠れん坊遊びは，子どもにとって身体的自我の確認あるいは発見のテーマを色濃く含んでいると思われる。子どもが必要とすること（身体的レベルで自分を感じ，自分を見つけてもらうこと）は，遊びそのものの展開によって，すべて満たされたと考えることができる。

　セラピストが取り得るもうひとつのやり方は，遊びの表現を言語化することである。非言語的な表現がその内容を適切に表す言葉に置き換えられるとき，子どもに洞察をもたらすことが期待できる。精神分析の立場が重視するのは，このような観点からのセラピストの介入である。しかし，言語化はそれを行いさえすればよいのではない。言語化に先立って，子どもは言葉に表しがたい体験を得ているのである。その体験を十分に得たうえで，タイミングよくその体験が言葉というまったく質の異なる刺激と結びつけられるとき，体験は意味とまとまりを与えられる。それは，きわめてインパクトの強い現象であり，一般的には意識化とか言語的洞察と呼ばれるのである。

　しかし，遊戯療法における言語化が，大人の場合のような明晰な意識化に繋がるのかどうかについては，筆者はやや疑問をもっている。強いインパクトを伴いつつも，意識的で説明的な言葉の水準よりもずっと多義的で混沌とした，象徴的ないしは情緒的なレベルで洞察体験が生じているのではないかと思うからである。

　いずれにしても，非言語的な性質をもつ遊びについて，あくまでも子どもの非言語的な体験そのものを重視するやり方と，あえて言語化することによって子どもを意識的な洞察へと導こうとするやり方は，それぞれ有効な方法として実行されている。両者は一見相反する性質をもっているように見えて，実は相当に絡み合った関係にあるように思われる。その問題は本稿の目的を超えるのでこれ以上の検討は避けるが，筆者（弘中，2002a）はその問題を検討するた

3）遊びの非現実性と「遊びに収まる」こと

　子どもは遊びのなかでリアルな体験を得ると述べたが，それはあくまでも主観的な世界，内的な世界におけるリアリティである。客観的には，遊びのなかで展開するできごとは，空想・イマジネーションの産物である。遊びは主観的には生き生きと体験されるものでありながら，現実そのものではない。そして，遊びがもつこの非現実性が，実は子どもを心理的に守っているのである。

　たとえば，子どもは遊びのなかで衝動を余すところなく表出し，あるいは欲求を貪欲に充たそうとするが，そのような衝動・欲求が現実的な行動として表れるときには，子どもは親・大人から厳しく叱責されるであろう。そもそも他者による統制がなされるかどうか以前に，激しい衝動・欲求の表出は，子ども自身を不安にさせるに違いない。たとえば，生まれて間もない弟に母親の愛情を奪われたように感じている兄が，恨みや妬みの感情を弟に対する直接的な攻撃として表したときには，事態はいっそう彼（兄）にとって厳しいものとなることが予想される。胃腸が弱くて食事制限を受けている子どもが，お菓子やアイスクリームを貪り食べたい欲求をもっていても，それを現実の行動によって充たそうとすることはきわめて危険なことである。

　ところが，子どもの衝動や欲求が（ぬいぐるみを使ったごっこ遊びのなかで弟を表す小熊をやっつけるとか，御馳走がテーブルに所狭しと並べられたパーティの絵に描くといった）遊びの形をとって表れるときには，誰も子どもの行動を制止しようとはしない。子どもは親・大人の目をまんまと盗んで，自らの衝動や欲求の表出・達成に浸ることができる。時には，子ども自身が何のためにそのようなごっこ遊びをしたり絵を描いたりするのか，自分では明確に意識していないことさえも生じてくる。このように，子どもは背後にある衝動や欲求がいかに激しいものであっても，それらが遊びのなかに収まっている限りは，安全にそれらを扱うことができるのである。衝動や欲求が激しければ激しいほど，遊びのなかで取り扱う必要性が高まるといってもよいであろう。

　また，子どもはセラピストに対して，特別の感情を向ける。子どもにとってセラピストは，我がモノとして独占し依存したい対象であるし，こてんこてんにやっつけて征服し支配したい対象である。こうした子どもの感情は，しばしばセラピストに対する甘えや攻撃の形で表れてくる。子どもにとってセラピス

トは，優しい母親であったり，頑固な父親であったり，また憎い敵役であったりする。要するに，子どもが抱える問題状況との関係で意味をもつ内的対象を自由に投映できる存在なのである（弘中，2001）。こうなると，セラピストは子どもの向ける感情によって試され，振り回されることになる。たとえば，チャンバラ遊びのなかで，セラピストは子どもの激しい攻撃にたじたじとなり，『この子は本当に私を殺そうとしているのではないか』と恐怖心を感じることすらも生じてくる。似たことであるが，遊戯療法のセッションの間中，セラピストを罵倒し，奴隷のようにこき使おうとする子どもに対して，セラピストは『この子は私のことを実は憎んでいるのではないか？』とふっと思ってしまうことが起こる。

　それでも，子どもの行動が遊びの範囲に収まっているときには，セラピストは何とか子どもを受け止めることができる。それは，遊びが終ることによって，二人はもとの親密な関係に戻ることが可能だからである。たとえば，先ほどまで憎々しい表情でセラピストを攻撃したり馬鹿にしたりしていた子どもが，セッションの終了時間がきて遊びを終えたとたん，「先生！　またこんど遊ぼう！」とセラピストにべったりと寄り添ってくるといったことが生じるのである。

　重要なことは，子どもの遊びがあくまでも遊びとして行われていることを，子どももセラピストもどこかで認識していることである。遊びをめぐる客観的な現実と非現実の区別がなされたうえで，子どもの行動が遊びの範囲で行われており，したがって，遊びが終ることによって二人がもとの関係に戻れることを，「遊びに収まる」現象と呼んでみたい。これは遊戯療法にのみ備わる，きわめて特徴的な現象である。そして，この現象は，遊戯療法における重要な治療要因として考えることができる（弘中，2001）。すなわち子どもは，遊びのもつ客観的な非現実性に守られつつ，主観的な現実世界を生き生きと体験しているのである。逆に言えば，子どもの行動が遊びに収まりきらずに（すなわち，子どもの行動が遊びなのか遊びでないのかわからなくなってくるような場合），現実の子どもとセラピストの関係そのものが揺さぶられるとすれば，それは子どもにとってもセラピストにとっても，相当な危機といわねばならないであろう。

V　制限の意味

　心理療法は一般にセラピストがクライエントに対して受容的に接するが，なかでも遊戯療法では，セラピストが子どものさまざまな投映の対象となり，また遊びのなかで実際に行動を共にすることが頻繁に生じるがゆえに，セラピストが子どもに対して受容的に行動する程度は大きいといってよいであろう。時には，セラピストが子どもにいいように使われ，子どもがしたい放題をして遊んでいるかのように見られることもある。

　表面的な現象として，遊戯療法の場が受容的な色彩が濃いものだとしても，そこに厳然として治療の枠・ルールがあることは，心理療法一般と何ら変ることはない。アクスラインが「制限」と呼んだものが，まさに治療の枠・ルールである。そこにおいてふつう問題になることは，時間や場所の制限であり，また過度な攻撃に対する禁止である。

　もし，制限がないとすれば，セラピストはとても困るであろう。たとえば，時間の引き延ばしや，場所が徒に広がっていく事態に対して，どう対処すればよいかに関する原則をもたないがゆえに，セラピストは子どもに振り回され，疲弊してしまうであろう。また，制限がないことは，子ども自身にとっても混乱した不安な状況として体験されるであろう。たとえば，時間の枠が曖昧なことは，子どもにとって好都合とは限らない。子どもが退出時間を引き延ばそうとしてぐずっているときに，次に約束している子どもが来談してしまうといったことが生じるならば，それはそれぞれの子どもにとって"自分がセラピストを独占している"幻想を打ち砕かれる致命的なできごととなってしまう。また，セラピストが実際に怪我をしたり，玩具が壊れたりする過激な行為がやすやすと許される事態は，子どもが自由に振舞っているように見えて，実は子どもに罪障感を抱かせる危険性がある。『この先生は，私のことを嫌いになってしまうのではないか』という不安も生じるであろう。

　治療の枠，制限のルールがもっている治療的な意味は，こうした混乱や罪の意識や不安から子どもを守ることにある。「制限なき受容は真の受容ではない」（弘中，1984）という言い方もできるであろう。枠，制限の問題が，「治療の守り」として重視されるのは，そのような理由である。受容が母性的な機能だと

すれば，制限は父性的な機能である。心理療法は全体としては母性的な機能が勝った性質のものであるが，父性的な性質の機能が必要最小限の範囲で加わることにより，心理的な守りを十全なものとするのである。

　ところで，枠，制限の問題は，単にそれを重視する必要があるというだけではない。遊戯療法のなかで子どもがしばしば「枠を揺さぶる」ことを試みる現象をいかに考えるべきか，という問題も重要なのである。たとえば，時間の枠があるからこそ，子どもは時間の延長を試みる形でセラピストに揺さぶりをかけてくる。困難な事例においては，子どもとセラピストの関係は，単純に温かく信頼に満ちたものとはいえない場合が少なくない。子どもはセラピストの関わりをすべてよいものとして受け止めるのではなく，しばしばセラピストが本当に信頼できる人なのかどうかを試そうとする。不安を払拭するために，どうにかしてセラピストを自分の支配下に置こうとすることもある。

　子どもがセラピストを試そうとするときに最も効果的なのは，治療の枠を揺さぶることなのである。セラピストが枠を守ろうとするからこそ，子どもはそこに狙いを定めて揺さぶりをかける。その場合，治療の枠，制限の問題は，枠が守られたか破られたかという結果よりも，子どもの揺さぶりをセラピストがどのような認識で受け止め，子どもへの確かな反応をどのように返していくのかということの方が，心理治療の展開にとってはるかに重要であるように思われる。

Ⅵ　終わりに──初心のセラピストと遊戯療法

　先に遊戯療法は，心理療法においてマイナーな位置づけを与えられていると述べた。しかしながら，治療メカニズムについて述べたことでもわかるように，遊戯療法は遊びの治療的な機能がもたらすさまざまな可能性を豊富に備えた治療法である。そして，遊戯療法に備わる治療要因は，実は心理療法において機能するもっとも中核的な性質のものであると考えることができる。

　本稿では，外的現実そのものを扱う代わりに内的現実を扱うこと，言葉ではうまく説明できないようなイメージレベルの体験を深めること，感情や願望，衝動の激しい表出がしっかりと治療の場のなかに収まることの重要性について触れた。またこれら以外にも，遊戯療法において頻繁に生じる身体性，偶発性，

即興性など（弘中，2001）は，心理療法の展開を支える普遍的な治療要因であることを容易に認識できるであろう。

　これらの多様な機能を熟知し，使いこなすことは，ベテランのセラピストにとっても難しいことである。しかしながら，一方では，多くの初心のセラピストが遊戯療法をスタートラインとして臨床実践を始めるという一見矛盾した事実がある。このことをどのように考えればよいのであろうか。筆者は，初心のセラピストが遊戯療法のトレーニングを受ける意義は，まさに遊戯療法が心理療法の中核的治療機能を豊富に備えているということからもたらされると考えている。すなわち，初心のセラピストは，遊戯療法の実践を通じて，実は心理療法一般に役立つようなもっとも重要な治療機能に関する学習を行っているのである。このことは意図的に行われているとは言いがたいが，結果的にセラピストの成長にとって，大きな役割を演じていると思われる。

　また，遊戯療法は易しい心理療法ではないにもかかわらず，初心のセラピストがしばしば優れた仕事をすることもまた興味深い事実である。とりわけ彼らのイニシャルケースは，子どもとともに遊びの世界を生きるためのひたむきな努力，新鮮な創意と迫力あるエネルギーに満ちていることが少なくない。これは，遊戯療法が非言語的なアプローチを主とし，知的な思考とは異なる性質のものであることと関連しているであろう。遊びは感覚・運動器官をフルに活用し，また空想的イメージのなかに没頭することによってはじめて成立する心的活動である。初心のセラピストが知的・合理的な理解とは無関係の次元で，無我夢中で子どもに関わることが，遊びのもつ治療的諸要因を活性化させることに繋がると考えることができよう。東山（1982，1999）が「体力と情熱の時代」と呼んだのも，まさにこの現象に関することなのである。

　もちろん，無我夢中で取り組むだけでは，遊戯療法のもつ豊かな可能性を十分に生かすことはできない。遊戯療法のなかで何が展開しているのかについての理解や，何を治療目標とすることができるのかに関する見極めなどについては，スーパーヴィジョンや事例検討会などを通じて，意識化し，言語化し，ある見通しをもって子どもと向き合うことができるための研鑽を積まなければならない。

　本稿で遊戯療法の治療要因・機能に関して述べたパラダイムが，遊戯療法の実際を適切に意識化・言語化する際の一助となるとすれば幸いである。また，

本書に収められた遊戯療法事例のなかのいくつかは，初心のセラピストの感動的な取り組みであるが，かえってそのことを通じて，遊戯療法の本質が理解できるのではないかと考えるものである。

文献

Axline, V.M. (1947): *Play Therapy*. Houghthon Mifflin. 小林治夫訳 (1959): 遊戯療法. 岩崎学術出版社.

東山紘久(1982): 遊戯療法の世界. 創元社. pp.201-204.

東山紘久(1999): プレイセラピストの成長と感受性. 弘中正美編: 現代のエスプリ389号「遊戯療法」至文堂. pp.196-205.

弘中正美(1984): 制限とその意味. 教員養成大学・学部教官研究集会［教育相談］編: 教育相談の研究. 金子書房. pp.141-144.

弘中正美(1991): 水からの分離をテーマとして，恐龍の世界を生きる男児の遊戯療法過程. 千葉大学教育学部研究紀要, 39(1), 49-61.

弘中正美(1999): 遊戯療法の総合性，弘中正美編: 現代のエスプリ389号「遊戯療法」至文堂. pp.5-14.

弘中正美(2000): 遊びの治療的機能について. 日本遊戯療法研究会編: 遊戯療法の研究. 誠信書房. pp.17-31.

弘中正美(2001): 遊戯療法をベースとした心理療法の鍵概念. 千葉大学教育学部研究紀要, 49(1), 29-37.

弘中正美(2002a): 遊戯療法の理論化をめぐって. 臨床心理学, 2(3), 283-289.

弘中正美(2002b): 遊戯療法と子どもの心的世界. 金剛出版. p.226.

山中康裕(2002): 遊戯療法のコツ. 臨床心理学, 2(3), 331-336.

Zulliger, H. (1951): *Heilende Krafte im kindlichen Spiel*. Ernst Klett Verlag. 堀 要訳 (1978): 遊びの治癒力. 黎明書房.

事例1

場面緘黙Z君の箱庭＆プレイセラピー

大　場　　登

I　はじめに

　心理療法過程のなかで種々の形で表現されるイメージの治療的意義の重要さについて早くから洞察していたのは，子どもをも対象とした心理療法家たち[注1]であった。なぜなら，子どもはまだ自己の内的問題を言語化して表現することが困難で，それ故にこそ，その心理療法技法としては，まず第一にプレイセラピーという非言語的療法が古くから採用されていたからである。近年，わが国では箱庭療法もがこれに編入されてゆくなかで，非言語的に表現される子どもたちの心像世界の内容，セラピープロセスのなかで捉えられるその意味についての研究は，飛躍的な進歩[注2]を遂げ，そしてそのなかで，非言語的になされたこれらの表現内容のテーマが，実は成人の夢分析過程で示されるイメージ内容，あるいは青年期のクライエントがセラピー経過中に種々の行動をもって示すものと類似したものであることの多いことが解明されてきた（もちろん子どもに特異的なものもまた明らかにされてきたが）。

　本論文で筆者は，上述の諸研究の一端をなすものとして，場面緘黙から登園拒否をも呈した男児に箱庭・プレイ・描画という種々の非言語的セラピー媒体を用いて行った心理療法過程を報告し，そこに現れた「通る」テーマや「自我発達」のテーマを中心に考察を加えてみたい。これらのテーマもまたクライエントがセラピー経過中に示した種々の行動や症状とともに，思春期や成人のケースにおいて別の衣を纏って現れているものと同根のものであることが理解されよう。

Ⅱ　ケースの概要

　クライエント：Z君，来室時5歳6カ月。
　主訴：場面緘黙。セラピー経過中に登園拒否をも呈す。
　家族および成育歴：［プライバシー保護のため，家族についての記載省略］母親（以下Mと略す）はクライエント（以下Zと略す）について，「甘えるということがなく，私から離れてばかりいた。べつに来なくても，勝手に自由にやっていたし，手のかからない子だったし，母乳ではないし，私なんかそんなに必要ではないと思う」と述べている。Zは物を欲しがることもなく，我慢強い子である。家族で食事にでかけても，Zは自分の気にいった店に一人で入ってゆき，一人で指さして注文し，一人で食べて帰ってくる。また近くの畑の肥溜に落ちても，泣くこともなく一人で帰ってきて，一人で身体を洗い，一人で着替える。2歳のとき，哺乳瓶を口にくわえていて転び，舌を怪我した。大変な出血で痛がり，Mは両手を縛って動かないようにして病院に連れて行った。以来，カ行とサ行が言えず，タ行になってしまう。
　問題の経過：幼稚園入園以来，半年の間，園で一言も話さない。家に帰って来ると園でのことなど話したり，習った歌など歌うが，家族の者にも，その発音はわかりにくい。現在は外にもあまり出ないが，以前は時に近所の子どもたちと遊んでいたこともある。そのようなときも，Zは友人に呼ばれても返事をしないので殴られたり，蹴られたりし，無抵抗のZはしばしば大きな怪我をしたことがある。

Ⅲ　セラピー過程

　X年11月～X+2年3月の1年4カ月の間，原則として週1回，A大学臨床心理相談室で筆者が箱庭を含むプレイセラピーを担当し，並行して母親面接[注3]が行われた。母親をはじめとする家族全体の変化も興味深いものがあるが，プライバシー保護のためもあり，本論では，子どもの心理療法過程に現れたイメージの変容に焦点を絞って報告・考察することとし，母親からの情報は，子どもの重要な変化を知るための必要最小限のものを記載するにとどめた。

セラピー過程の全体は，セラピーの進展に照らして3期に区分できると思われる。以下にその概要を示したい。

第1期（第1回～第15回）「通る」テーマとの取り組み
第1回（写真1）

Zは貝のように固く口を閉ざしてプレイルームに入室するが，セラピスト（以下Thと略す）の勧めに応じて，早速砂箱の上にイメージを表現し始める。中央左に大きな橋を置き，この上に何台かの自動車を通そうとするが，なかなかうまくいかない。左上では戦車とトラック数台が交差しようとしているが，これもぶつかって横転したりしている。左下では工事用車輌が数台と，そして砂の中に，飛行機が数機，機体の半分ほどが埋められている。右下には一軒の家が三方を囲まれて置かれる。最後にZは，橋の下に左側から一台のパトカーを突っ込むが，途中で砂のため進めなくなったところで作業をやめる。ThはZのこの箱庭を見ながら，早速に「通る」テーマがさまざまの形で表現されており，非言語的な表現力の豊かなZのセラピー可能性，予後の良好であろうことを強く印象づけられた。また，周囲との間を「塀」で仕切られて，寂しげに

写真1　第1回

写真2　第2回

置かれた一軒の「家」もとても印象的であった。

第2回（写真2）

　二つの大きな怪獣をはじめとして，数多くの怪獣やウルトラマンたちが相対して向きあっているようにもみえるが，どちらの側に属するのか，はっきりとしないものも多い。これらの他，蛇やワニ，ムカデ，ネイティブ・アメリカンと兵隊，軍楽隊や戦車など，たくさんのものが次々と置かれる。中央のミニラの背後には第1回で置かれた家を含めて3軒の家がある。

第3回（写真3）

　箱庭では自動車が円を描くように，右下から始まって左回りに蜒々とつながっていく。左上隅には初めてガソリンスタンドが置かれる。右側では，ウルトラマンと怪獣が対峙している。自動車の円の中には交通標識に囲まれて数台の自動車が置かれる。さらにここに，ピコタン人形を一つひとつ丹念に14個組み合わせて作った小さな円を建てる。最後にZは，左中ほどに森を作り，ここに1台の青い電車を下から上に向かって「通す」。狭く置かれた木々の間を通す作業は，なかなか骨の折れるものであり，幾度かは木が倒れてしまうが，Zはついにこれを成し遂げる。なお右上コーナーでは第1回より登場している

事例1　場面緘黙Z君の箱庭&プレイセラピー　27

写真3　第3回

戦車が，全体を窺っているようである。母親からは，このところ食事時に必ず大騒ぎとなる，献立など少しでも気にいらないことがあると怒ってひっくり返り，テーブルを揺する，おかずとご飯をグチャグチャにして食べる，また，トイレに朝40分も入ったままであるなどのことが報告される。

第6回（写真4）

Zはまず2台の電話を箱庭中央に置く。その手前に置かれたプラレール用のトンネルの内部，さらに上部に，Zは砂をどんどん詰め込み，積み上げ，ついにはこのトンネルが見えなくなるほどの砂山を築きあげる。Zはここで一台のダンプカーを手に取ると，砂で固められたトンネルの左端から，大変な力で思い切りこれを突っ込ませる。固唾を飲んで見守るThの前で，Zはついにこのダンプカーを右端まで「通す」ことに成功する。次にZは件の戦車を持ってきて，このトンネルの右端から，中を覗きこませるように置いたところでこれはやめる。続いて，水車が二つトンネルの右側に置かれる。トンネル通過だけでさえ大変感動させられていたThは，ここで再び大きな感動を受ける。というのは，Zは左側から少しずつ砂を移動してゆき，水車のところまで寄せる。そしてこの水車を回転させる。と，この左側に積まれた砂が水車の回転によって，

写真4　第6回

右側へと通ってゆく。このようにして第一の水車を通った砂が第二の水車の下に溜まると，今度は第二の水車を回して，上方へと砂を通してゆく。おもしろいことにこの作業の途中Zは一発おならをする[注4]。Thは内心「通ったな！」と思って微笑む。さてtime upを告げると，Zは左の電話の受話器を取って，ダイヤルを回す。Thは次のクライエントが待っていたのと，すでに5分ほど延長していたのとで，残念ながらそこまでで終了にしてしまう。が，その日の記録をしている段階で，この「通話」の意味の大きさにようやく気づき，もう一方の受話器を取るべきであったと大層悔やまれた。

第8回（写真5）

第2回の箱庭の様相がかなり整理された様子で，左下にウルトラマンの仲間，左上には軍楽隊がまとめて置かれ，そして右下隅は，件の戦車を中心にした基地のような印象がもたれた。Zはもちろんまだ一言も話してくれないので，正確には一切不明のままである。さてこの頃，母親からは，Zが初めて声をあげて泣くようになった，近所からガラクタをたくさん集めてきてばかりいると報告される。

写真5　第8回

第11回

　Zはこの回より，プレイルーム全体を使っての遊びに移行し，以後，箱庭は作らなくなる。Zは楽器を一通りならした後，スカイピンポンをいじり始める。Thは第6回での苦い失敗があるので，このときは積極的にZのプレイに応えてゆく。早速スカイピンポンのやり方を教え，自らもこれを持って部屋の反対側に回り，Zの打ちあげたボールを受けとる。Zはここらあたりからとてもニコニコとし始める。さらにバドミントンの羽先に吸盤の付いたペッタンコゲームをした後，Zの手にしたピストルの用い方もThは早速教える。われわれの相談室では「弾」として豆を使っているが，これをThと撃ちあうなかで，Zはついに「アッハッハッ」と声をだして笑い出す。Thが〈あっ，笑ったね！〉と言うと，Zは，弾をこめながら「よーち，今度は3と入れよう」と初めて言葉を話した。カ行とサ行はタ行になってしまうが，そんなことにはお構いなしに，喜々としてしゃべり続け，別室の母親がこの漏れてくる声とはしゃぎ方を聞いて，「あれ，本当に家の子でしょうか？」「こんなことがあるのでしょうか？　不思議です」と驚くほどであった。また母親からは，ここのところ大声で泣いたり，腕白になって，ちょっとしたことで怒って下の子や姉をポカポカ

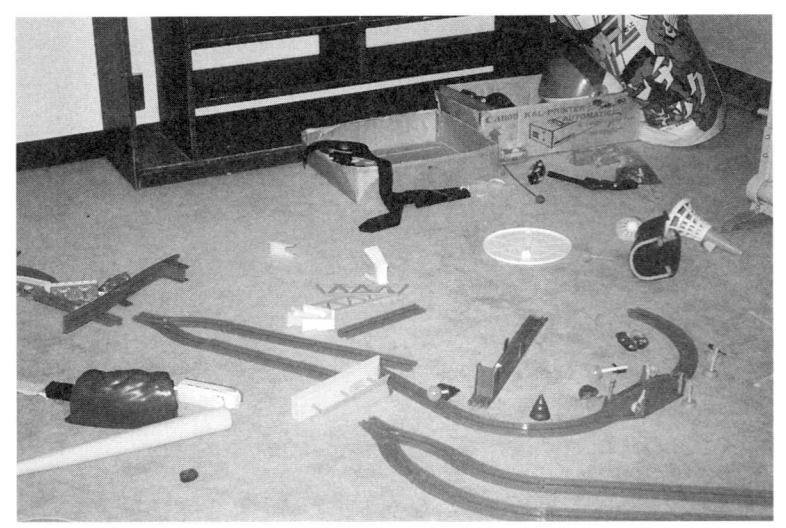

写真6　第13回

殴って仕方がない，と報告される。この後しばらくして，Zは幼稚園の雛祭りで，舞台の上で歌を歌うことに成功する。Zは「僕は先生ともお話しできるようになったし，年長になったらA大には行かない」と言うなどして，Thとしても一応終了を考慮した。だがプレイルーム内で，もうひとつすっきりしないZ（たとえば，写真6のように，Zは作りかけたプラレールも終了時には壊していってしまう），プレイルームから廊下へ出ると口を閉ざしてしまうZ，このZの働きかけをなかなか受け入れられないM，「自分はZにも主人にも，実家でも，自分から声をかけたことがない。私は（多人数）兄弟姉妹の末子として，いつも居ても居なくても同じみたいに育った」（M第15回），「私は語気が荒いので主人は私の言葉にピリピリして胃をこわしている」（M第15回）と語るMのことを考えて，しばらくセラピーを継続して様子をみることにした。

第2期（第16回〜第42回）アグレッションと赤ん坊，そして基地作り

　プレイルームでもチャンバラ，ピストルでの撃ち合いなど，攻撃性が示され始めたが，これは第1期後半から，家庭内で攻撃的行動が現れていたのに対応していたと思われる。

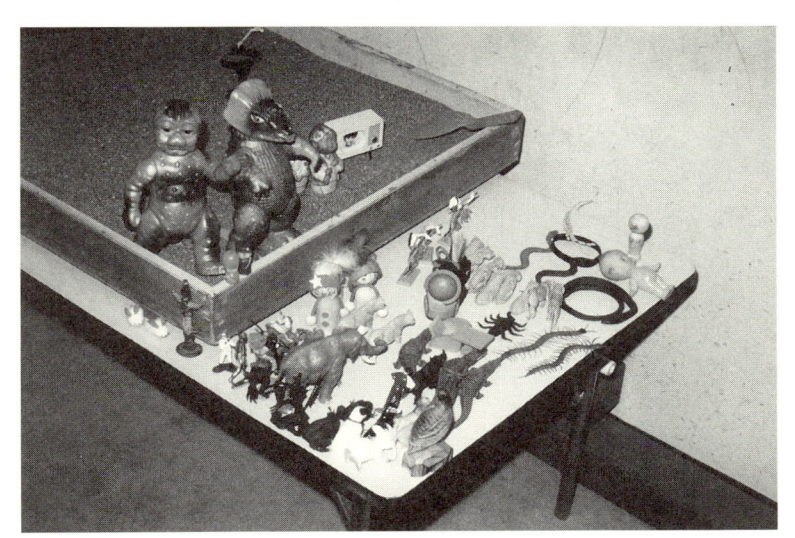

写真7　第20回

　さてMは4月から職場に復帰したが、Zは新学期わずかに通園した後、登園拒否を示し始める。「幼稚園はちっともおもしろくないから行かないけど、学校は勉強する所だから僕は行くよ。そんなこと心配しなくてもいいよ」（M第22回）。そして攻撃的行動とともに、家庭ではようやく（とThには思われた）Mへの甘えを示し始める。「赤ちゃん言葉になりベタベタ甘える」（M第18回）、「下の子がおしめをされるのを見、自分もMにやってもらう」（M第20回）、「来室の途中、抱いてもらいたがり、頬擦りしたりチュッチュッとやってきたりする」（M第20回）、「お風呂でおっぱいをすいにくる」（M第21回）等々。

第20回（写真7）

　Zは蛇、ムカデ、ミミズ、ワニ、ライオン、トラをはじめとする多くの動物類や怪獣、ネイティブ・アメリカンなどをThの方に次々と運んでくる。他方、自らの側には、たくさんの家屋、塔、ガソリンスタンドなどを整然と並べる。

第21回（写真8, 9）

　初めてキッチン、ベッド、タンス、乳母車などの家具、赤ちゃんセットを取り出して、フロアーに並べる。赤ん坊はベッドに寝かせられている。同時に、Thとの共同でかなり大がかりなプラレールが完成された。プラレールの傍に

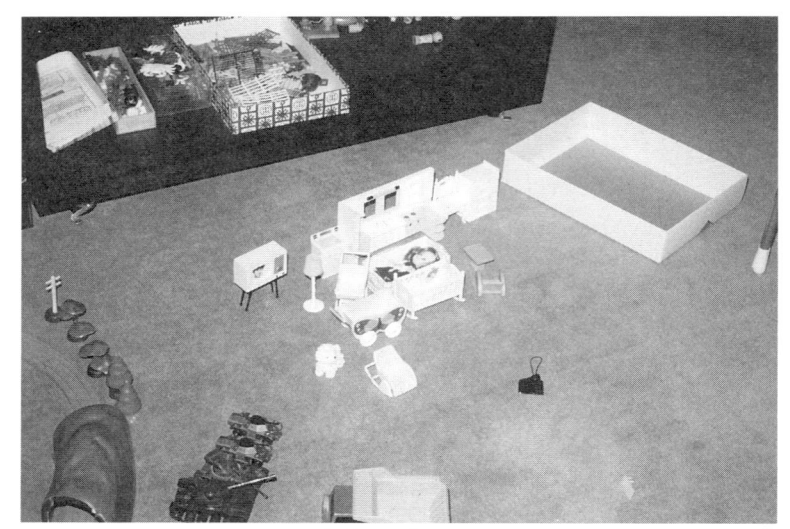

写真8　第21回

写真9　第21回

は，大小の飛行機，戦車などを中心とした基地のようなものが作られている。だがこの頃は，せっかく作られたこれらの作品・線路・基地も，セッションの終わりには，すべてZによって壊されていった。5月末から1カ月半の間，父親が交通事故後のいわゆるむちうち症のため入院，退院後も家で療養ということになったので，セラピーはこの間休みとなる。7月初めからセラピー再開となるが，4月以降8月頃まで，Zは来室以外は家のなかに完全に内閉し，「暑いのに閉め切ってポツンとテレビを見ており異様である」とMは語っていた。

再開後，母子の来室の様子は，ZがMの手を握ってもたれかかったり，待ち時間中，Mの膝の上に乗って甘えるなどで，ようやく安定した母子関係が見うけられるようになった。プレイ場面では，Zはプラレール，レゴや積み木を用いての建物の建設，ピストルでの的あてなどに生き生きと取り組んでいた。なかでも以後のプレイでの中心的テーマとなって再三現れたのは，基地作りのテーマであった。

第27回（写真10）

Thに「刀持ってきて」「飛行機持ってきて」と頼んで，自らはこれらをフロアー一面に並べる。ピストルの弾も袋一杯に入れて，この傍に置く。この頃は，

写真10　第27回

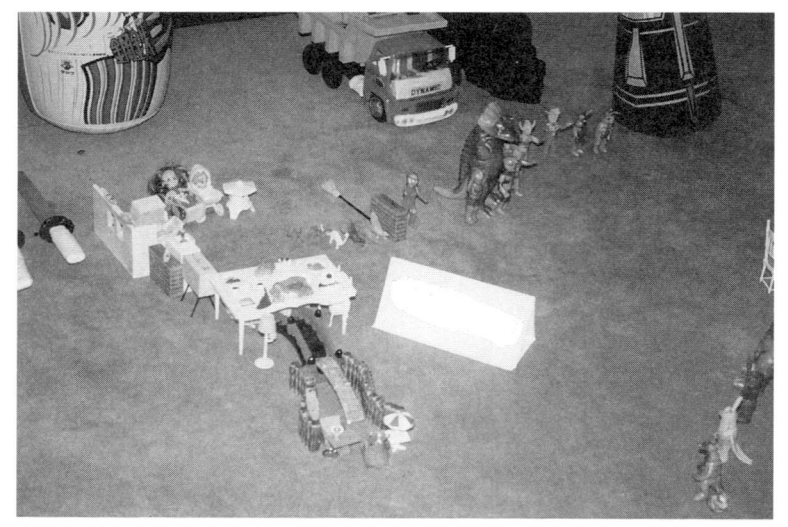

写真11　第33回

母親との練習が実ってきたためか，カ行は正確に発音できるようになっている。Zは，「お盆」で母親の田舎に遊びに出かけたが，ここでZは大張り切りで，初めて親戚の子どもたちと相撲を取ったり，声をあげて遊んだりで母親を嬉しがらせた。夏休みが終る頃には，Zはようやく家から出て，近所で小さな子どもたちや姉の友人たちと遊び始めた。

第33回（写真11）

「僕の家を作るんだ」と言って，Zは椅子，テーブル，洗濯機，ベッドなどをフロアーに並べ，その一部をTh側にもくれる。Thもこれを使って自らの家を作る。Zの家からは「橋」が外に，Thの家の方に向かって延びている。Zはさらに，自分の家の周囲にウルトラマンや大きな怪獣，刀，ピストル，弾薬などの武器を並べて，Th軍と相対する。Zの家は怪獣の子どもたちの家だそうで，たしかに塀の中側に，何匹かの怪獣の子どもたちが立っている。最後は一斉にこの基地から出撃して，Th軍を攻撃してくる。

第34回（写真12）

Zの「基地」には，従来の武器，弾薬に加えて，第20回でThの所に運んできていた蛇，ムカデ，ワニ類までが加えられた。

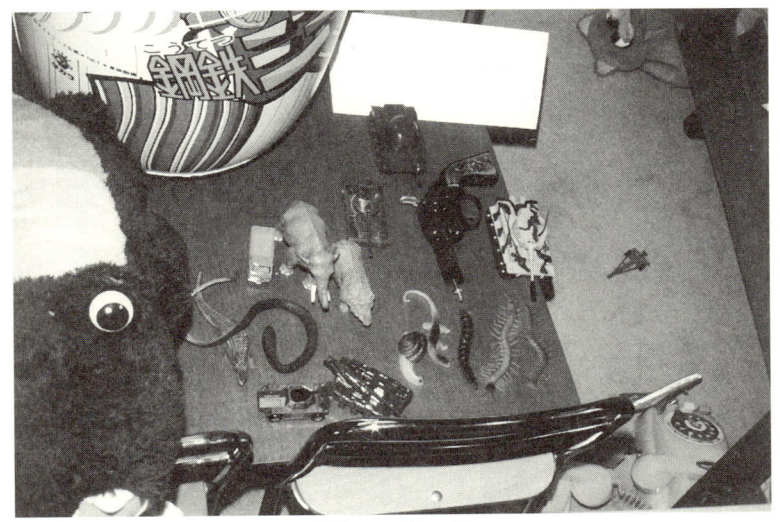

事例1　場面緘黙Z君の箱庭&プレイセラピー　35

写真12　第34回

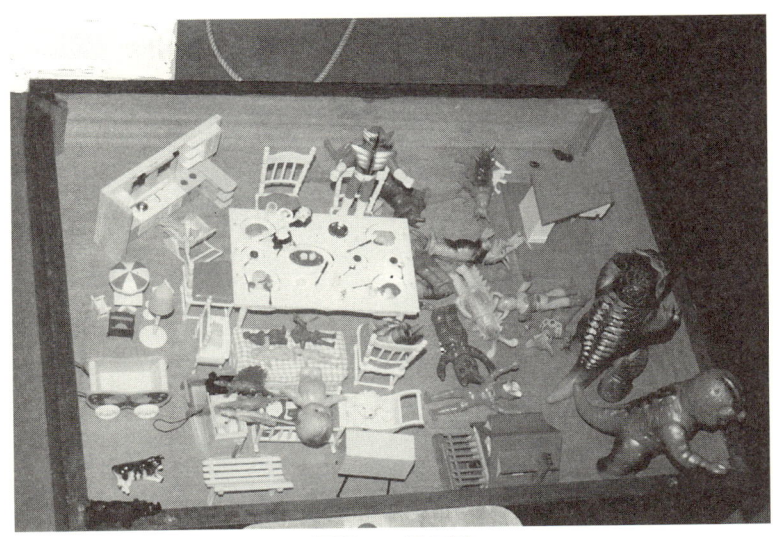

写真13　第37回

第37回（写真13）

Zは砂箱台の中段が外して置いてあったものを利用して，このなかに「怪獣の子どもたちのお家」を丸一時間をかけて，丹念につくりあげる。キッチンの食卓には食器がひとつずつ置かれ，椅子にはカタツムリゴンなどが座っている。右外側に向かって大きな2匹の怪獣が見張りをするように立っており，さらにこの外側には高い塀が築かれている。中央下にはテレビが置かれているので，ここらあたりが居間兼寝室なのであろうか。多くの小さな子ども怪獣たちが，ベッドの上や床にゆったりと寝ている。左下コーナーに1匹の雌牛が休んでいるのも印象的である。この頃，母親から以下のような報告がなされている。夫はこれまでMに向けて，ノートにMの改めるべき点を数々と列挙していたが，初めて「今まで荒々しい，乱暴な感じだったのが，丸みを帯びたというか，優しい感じになってきた」と書かれていた，と。

第38回（写真14）

ハウスボックスで囲われたZの家から，板塀で囲われたThの家（写真手前）

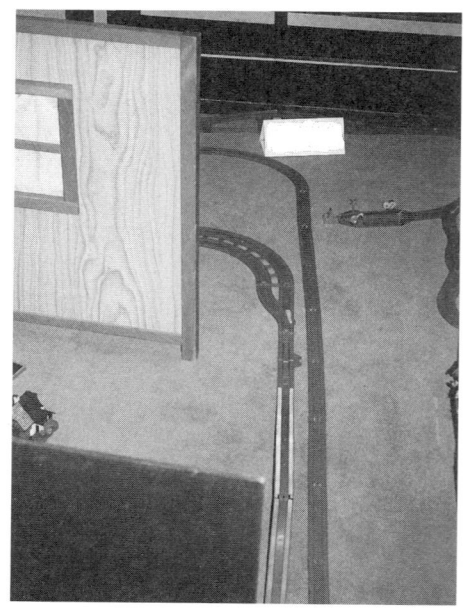

写真14　第38回

に向かって，プラレールの「線路」が延びてくる。両方の家の間には，多くの家屋が置かれ，「街並」といった様子である。Zは最後には，このプラレールに電車を走らせる。母親の報告では，この頃は，Zは外で近所の子どもたちと遊びまくっているという。そしてMが仕事から帰ってくると一日の出来事を元気に報告し，着替えなども自分でさっさとやるので，Mも「本当に嬉しいです」と語る。M第41回では，「雑誌を買いに行くのに『三百三拾円』ほしいというところがどうしても言えない。機会がある度にサ行を訂正してきたが言えず，私はこのときどうしても言わせたくて，何度も聞きなおした。何度しても『た・んびゃくたんじゅうえん』になってしまうので，『もう買ってあげません』と言った。Zは姉のそばに行って『どうやって言うのか教えて』と熱心に聞き，ゆっくりと教えてもらって，もう全身の力をふり絞って『さ・んびゃくさ・んじゅうえん』と言えたんです。それは苦しそうだったし，かなり難しい様子だったが，はっきり言えたのはこれが初めてなので，私も大喜びでしたし，Zも喜んでニコニコしていた」と語られる。

第42回（写真15）

Zの基地は一応完成をみたものと思われる。写真はZが「バリアー」と呼ぶ

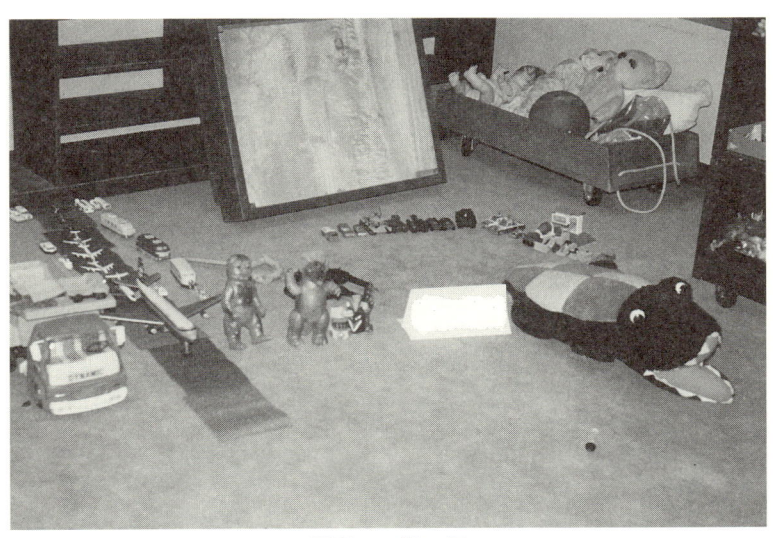

写真15　第42回

板塀を取り去ったところを撮影したところであるが、滑走路に一列に見事に並んだ飛行機を中心として、怪獣、戦車、ガソリンスタンド、新幹線、ダンプカーなどが所狭しと並べられ、すばらしい眺めである。Th側には壊れかけたミニカーなどわずかしかない。Zがダンプカーを大小といくつも持ち込んでいるので、Thがそのなかの小さいものを「ひとつ欲しいな」と言うが断られる。「これはこの大きなダンプの子どもだからダメ、子どもはお母さんのそばにいるの」と。基地作りはこれをもって終了し、以後の3カ月間の仕上げ期にはもはや現れない。

第3期（第43回～第54回）Th凧の製作と「別れ」

この時期はバンカースゲーム、ダイヤモンドゲームなどのゲームが中心となった時期である。サイコロを振っては「いち、に、さん」と元気よく数え、勝ったときの大変な喜び方、負けたときの悔しがり方とも、とても子どもらしく、情緒を思い切り表現できるようになった。プレイルームに入るのにもスキップで入っている。そのようななかで、Thからの独立を示すと思われる凧のイメージが第43回と第52回に持参されている。

第43回

Zはさまざまのものを描いたメモ帳を持って来室。このなかには、ロボットやロケットの基地と思われるものが多い。最後の描画は印象的であった。「おおば」と書かれたThと思われる人物が空を飛んでいる。これに糸がついておりその先を、地上にいるZが握っている。「おおば」と書かれたのは「凧」だという。そして、この糸を握ったZは、「おおば凧」に向かって「バイバイ」と言っている。Thはこの描画を欲しいと頼んだが、Zはこれを断り、持って帰ってしまった。これが第3期の始まりである。

3月末が近づくとZ自身が「僕はA大学を卒業して小学校へ行くんだ」と終了を宣言する。「僕は幼稚園は行かなかったからいいけど、A大学には通っていたから、大学の卒業の大きな紙くれないかなあ」としきりに言っていた。父親に「遊びに行っていたのにもらえるわけない」と言われてZは、「遊ぶのだって勉強のうちだ」と反論している。

第52回（写真16）

そのようにして迎えたこの回、Zはついにすばらしい「おおば凧」を持参し

写真16　第52回

てくれた。これは画用紙2枚を重ね合わせて作られており、裏には糸を付ける場所が明記されている。「ちびだこ」も共に描かれている。第43回では持ち帰ったZだが、今回はこの「おおば凧」をThにプレゼントしてくれる。ThはZのセラピー場面からの独立を確認し、このZからの贈り物に応えるべく、「卒業証書」の作成に取りかかる。3月25日、ちょうどA大学の卒業式の日がZの最後のセッションの日となり、Thは用意した大きな「卒業証書」を渡して、Zのセラピーを終了した。

フォローアップ

1カ月後、8カ月後のフォローアップでは、Zは久し振りのプレイルームでも、とても元気であった。元気に登校していることはもちろん、友人関係でも皆をリードして学校生活を楽しんでいるようであった。

IV 考　察

セラピー過程に沿っての考察を以下に試みたい。第1回においていわゆる

「通る」テーマが現れたことについてはすでに言及した。このテーマについては河合（1967），西村[注5]，山中（1970）などの指摘がある。河合は，夜尿症の小学生が遊戯療法のなかでこわれた玩具の電気洗濯機の修繕に熱中し，数回のセッションのなかで，洗濯機が無事排水できるように修繕を終えたとき，夜尿も完全になおっていたことを報告している。このように尿がうまく「通らない」夜尿の子ども，言葉がうまく「通らない」緘黙や吃音の子ども，さらに筆者の経験では，ある種のチックの子どもたちにも，この「通る」テーマはきわめて頻繁に，しかも中心的テーマとして現れるように思われる。このテーマをZは箱庭やプレイによってと同時に，身体レベルでも便秘という症状でもって表現していたと考えられる。

ではZがこのような「通る」テーマをもって通過させたかったもの，換言すれば非常に滞り，詰まっていたものとは一体どのようなものであったのだろうか。それは一言で言えば，本来は表現されるはずのさまざまの「感情」であり，それを媒介するものとしての言葉であったのだろう。生育歴に示された，我慢強く，肥溜に落ちても泣くこともなく，友人に殴られても怒ることのまったくないこのZの心には，未分化な感情がいっぱい「詰まっていた」と考えられる。緘黙という症状は，2歳時の舌の裂傷後の構音障害にももちろん関係しているにしても，むしろ自身，さまざまな事情のゆえに甘えの体験に欠け，方言を夫にいちいち注意されることにより，まったく感情のこもらない言葉遣いを努めてせざるをえなかったMとの対応の方が注目されるべきであろう。このZには「感情表現としての言葉」が与えられていなかったとも言えるのではないだろうか。

第2回における箱庭は，これまで表現されることなくZの心のなかに溜まっていた心的内容が，箱庭という非言語的表現手段を見いだして一気に示されたものであろう。第1回で始まったZの心の「家」周辺の工事は大変な勢いで進行しているようである。大地は掘り返され，攻撃的なものも，より動物的・本能的なものも，そして音楽隊も，未分化に，圧倒的に，「水路づけ」を求めるかのように突如としてその姿を現したように感じられる。

第6回の「通話」，トンネル「通過」，砂の水車「通過」については，改めて何も言うことはないだろう。ただ，「通話」というきわめて象徴的なZからの働きかけに応えられなかったことでThは落ち込んだが，逆に，まだプレイ

ルームで一言も発していないこの状況で，Thが電話口に出たとしたらZはどうしていただろうと考えると，「正解」はそう簡単なものではないのかもしれない。いずれにしても，Zからの強力な「コミュニケーション」「働きかけ」にThが大層遅まきながらも「気がついた」「感受した」ことは重要であったことに間違いはないと思われる。同じセッションで「ダンプカーのトンネル通過後にトンネルの入り口付近に中を窺うように置かれた戦車」については，「通る」テーマとともに，母性性探索のテーマとして捉えたい。すでに明らかなように，Zは第1回からこの戦車を自らの象徴として使用しているようである。固く口を閉ざし，甘えることなく，独立的にいつも一人で何事もしてきたZ，石をぶつけられても殴られても涙ひとつ浮かべないZが，鋼鉄の鎧に覆われた戦車を自我の象徴として選んでいるのは，Thの共感しうるところである。この自我像は後述のように，「さまざまのイメージを自らの中に抱えもった」基地作り・自我構築としてこのセラピー後半の鍵テーマ（大場，1978b）へと変容してゆくが，セラピー場面で自我が成長してゆくテーマがこのように表現されてゆくと同時に，この自我を育む母なるもののテーマが表現されることについても，すでに西村（1975）の指摘がある。たとえば，それは「埋めたり，中に入れたりする遊び」として表現されるが，第6回における「戦車がトンネルの中を窺う」様子はこの典型であるだろう。

このようにして迎えた第11回，Zがスカイピンポンやバドミントンに似たペッタンコゲームというコミュニケーションを象徴する遊びに取りかかったところで，Thは既述のように，今回は積極的にこれにかかわり，Zもそれに見事に応えてくれた。「鋼鉄の鎧で覆われた戦車」を自我像として選んだZが，ピストルの弾を発射しながらはじめて言葉を発してくれたのも興味深い。

さて，緘黙という症状だけに注目するならば，この後しばらくして，幼稚園でも歌を立派に歌った時点，そしてZがセラピー終結を暗示した時点で，実際のセラピー終結も可能であっただろう。そして，ここまでで終結するケースも数多くあると思われる。だが，心理療法というものにおいて，クライエントはさしあたり症状の消失を目標とするが，セラピスト側は，その背景となっている滞った人格の発展をも目標とするということを念頭に置いて考えてみるとき，このZおよび家族には，まだやり残している「仕事」「心理的課題」が数多くあるように思われた。そこでThとしては次の「仕事」までするのか否か

を，しばらく様子を見ながらZに任せてみたことになる。Zはしばらくして，登園拒否という症状を示して，次の「仕事」への取りかかりの決意を表明した[注6]。

　次の「仕事」「課題」は，自我の発展と，母なるものとのよりインテンシヴなかかわりであった。そのための第一歩として，まずZは第1期後半から第2期前半にかけて，セラピー場面でも家庭でも攻撃性を発揮することから始めた。Zは刀やピストルはもちろん，バットを持ってまでThに打ちかかってきたし，建設したプラレールもメチャメチャに壊していった。第20回でTh側に次々に置きにきた蛇，ムカデその他のグロテスクな動物たちは，Zがまだ自らのものとしては認めがたく，Th側に投影していた心のなかの衝動的なものとも考えられる。そしてこれらの衝動的なものは，ずっと後になってZの自我もかなり柔軟となった第34回に至って，ようやくZの基地のなかに取り入れられる，すなわち，投影の引き戻しが行われることになる。だが第20回のこのときには，Z側には整然とした家並が置かれただけであった。この遊びは，またそれまで未分化で混沌としていたZのなかの愛と攻撃が，ようやく分化したものとも考えられるだろう。プレイ場面で攻撃性の表現が充分に受け入れられると，Zは家庭でも家族に対して「撃ちかかって」ゆき，MはこれをZするには，Zの全身を抱え込んで押え込まなければならないほどであった。だがZはMに押え込まれて，むしろニコニコ喜んでいたという。このようにして次の段階としての「甘え」が始められた。Zは安定した母子関係を再確立するためであるかのように登園をやめて内閉[注7]し，そしてMから母性性を引き出すためであるかのように退行して，Mに甘えた。初めはベタベタと寄ってくるZをうるさがっていたMも，次第にZに引きづられるようにして，これを受け入れてゆくことになった。プレイ場面でもZのこの退行は，早くも第21回の乳母車や乳児用ベッドとして表現されている[注8]。

　Mへの甘えが受け入れられてゆくと，Zは精力的に基地作りに取り組み始める。同じ基地作りをするクライエントでも，退行して母親への甘えが充分になされないままでの場合は，いつまでもこの作業に力強さが感じられないのは，われわれの臨床的に日々経験するところである。Zはまさに精力的であった。プレイルームの倉庫のなかの武器，弾薬その他攻撃的な性格のものはすべて，自分の基地に取り入れていった。これらのプレイは，Zの自我がエネルギーを

吸収して，発展してゆく様相を示していると考えられる[注9]。西村（1976）は，ある吃音者の夢分析のなかに連続して現れた戦闘のテーマについてふれながら，戦闘のテーマはその人の症状克服の努力と関係はしているものの，「セラピーの目標は戦闘に勝つことよりも，むしろ強い軍隊と武器弾薬の獲得であり，それはこの人の人格的な成長の問題なのである」と指摘している。

さてZの基地はどんどん拡充されてゆくが，その中心には第33回（写真11）のように，怪獣の子どもの家があり，安心して母なるものに甘えられるpositiveな口唇期的状況が表現されている。これは第37回（写真13）で頂点を迎え，高い壁と2匹の怪獣に守られた家のなかでは怪獣の子どもたちが，安心して休んでいる。子どもたちはもはや見張りをする必要もなくなったようである。また第33回（写真11）でZの基地から突起のようにせりだしていた「橋」は，第38回（写真14）になると，プラレールの「線路」としてThの基地にまでつながり，その間に並べられた街並の間を電車が走る。第1期に用いた「通る」テーマを，このZは内的世界から外の世界への出立の際にも用いたと思われる。実際この頃になると，Zはすでに，近所の子どもたちとさかんに遊び始めている。そして迎えた第42回，長期間をかけて建設してきたZの基地は完成した。第1回にすでに現れていた戦車も，多くの戦車のなかの一台として置かれている。母親は「語気荒く，主人をピリピリさせる」タイプから，夫によって「丸くなった」と表現されるタイプに変わった。子どもによって母性を引き出されたと表現することも可能であろうか。

第3期は終結のためのものであった。一定ルールの下での攻撃の表現としてのゲームと，そしてThからの独立のテーマが現れている。セラピーは文字通りの「卒業式」という儀式をもって終了した。

Ⅴ 要　約

場面緘黙から，登園拒否を呈したクライエントが，箱庭やプレイによって変容していった過程を3期に分けて考察した。Zは第1期において，象徴的に「通る」テーマを表現し，緘黙の背後に「滞っていた」未分化で圧倒的な「感情的なもの」「動物的・本能的・衝動的なもの」「攻撃・活動・破壊エネルギー」「甘え」との取り組みを開始した。第1期ですでに症状軽快となったZではある

が，続く第2期で登園拒否を示し，家のなかに内閉しながら母に甘えた。プレイでも「母なるもの」「口唇期的テーマ」そして「アグレッション」とかかわりつつ，インテンシヴな「基地作り」という遊びを通して，Zの自我は豊かで，柔軟なものとなっていった。仕上げ期としての第3期では，ZはThからの独立を「Th凧」の製作と，これとの別れによって表現した。

　謝辞：本事例については箱庭療法事例研究セミナー（1977.6.18. 於：上智大学）にて南山大学教育学科助教授（現：ヘルメス研究所所長）山中康裕先生に，また，第22回名古屋箱庭療法研究会（1977.10.13. 於：中京大学）にて，中京大学心理学科助教授（現：椙山女学園大学教授）西村洲衛男先生，東海銀行カウンセリングセンター（現：山王教育研究所講師）三木アヤ先生に貴重なコメントをいただきました。諸先生に心から感謝申し上げます。さらに今回，心理療法の深化・発展のためということで，一般書への公表をご承諾いただきましたZ氏に深甚の感謝を捧げます。

注

注1）Freud, A., Klein, M., Fordham, M., Erikson, E. H., Kalff, D. M., Kramer, E., Rambert, M.などの名が挙げられよう。

注2）たとえば毎年の日本心理学会論文集，京都市カウンセリングセンター紀要，京都大学教育学部心理教育相談室紀要・臨床心理事例研究，九州大学教育学部心理教育相談室紀要・心理臨床研究，上智大学大学院心理学教室紀要・臨床心理研究などが挙げられる。

注3）母親面接は，相談室の渡辺弓子氏が担当した。貴重な面接資料を提供された氏に心から感謝申しあげたい。

注4）緘黙児とおならの関係については東山（1977）も指摘している。またこのクライエントは排便についても問題があったが，緘黙という症状は，口唇期に関係するとともに，肛門期とも密接な関係があるという河合（1977）の指摘もある。なぜなら，言葉を「出す」「出さない」とは，まさに肛門期的心性であるから。

注5）第6回名古屋箱庭療法研究会（1975），同会13回（1976）などでの指摘。

注6）Thのこのような捉え方には，神経症を目的論的に，その人の人格発展のためのものとしてpositiveにも捉えるJungの考え方が影響していることは，改めて述べるまでもないであろう。Jung（1935）は「ありがたい，神経症になる決心をしてくれた！」という表現までしている。

注7）山中（1978）は，思春期のいわゆる登校拒否を，未熟な自我の"成熟"のための必然的要請としての"内閉"として捉えているが，このクライエントは幼稚園児でありながら，「退行と次なる〈新生〉をもたらすための《繭の時期》」としての内閉をしたと言

えるようである。

注8）この遊びはある種の緘黙症に特徴的な口唇期プレイと解釈することも可能である。なぜなら東山（1977）が指摘するように，彼らは「まるで口で甘えたことがないように」セラピー場面で口唇期プレイを表現することが少ないが，逆に，この「特急で通過した口唇期」を「プレイ場面の中で再体験することこそ重要である」のだから。Jung（1930）も神経症者の退行について次のように述べている。「彼の発達はこれまで一面的であった。人格の本質的な諸部分が顧慮されないままであったので，それゆえに結局，彼のいわば挫折が招かれたわけである。だから彼は退行しなければならないのだ」（筆者訳）。

注9）このような自我の発展・人格の成長を示すテーマは，ほとんどすべての広義の神経症レベルの子どもたちの心理療法過程に共通に現れてくるものと思われる。それは本ケースで特徴的に現れた"通る"テーマがむしろある種の症状に特異的に出現するテーマであるのに対置されるが，このことは，神経症というものが一方でその神経症症状発生の固有の病因的意味をもつとともに，他方そのほとんどの場合，人格の不均衡や未発達という側面をももっていることを考えれば当然のことであるだろう。逆に言えば，われわれは神経症者の心理療法にあたって，多くの場合，この両面を常に見ていくことにつとめなければならない。この点については稿を改めて論じたい。

文献

1）Erikson, E. H.（1963）：*Childhood and Society*. Second Edition. New York：W. W. Norton. 仁科弥生訳（1977・1980）幼児期と社会1・2．みすず書房．

2）Fordham, M.（1969）：*Children as Individuals*. London：Hodder and Stoughton. 浪花博・岡田康伸訳（1976）子どもの成長とイメージ．誠信書房．

3）Freud, A.（1946）：*The Psycho-Analytical Treatment of Children*. 北見芳雄・佐藤紀子訳（1961）児童分析．誠信書房．

4）東山紘久（1977）：河田論文に対するコメント．京都大学臨床心理事例研究, 4．

5）Jung, C. G.（1930）：Einige Aspekte der modernen Psychotherapie：Praxis der Psychotherapie.（1957）（*G. W.* Bd. 16）Zürich：Rascher．

6）Jung, C. G.（1935）：*Analytical Psychology：Its Theory and Practice*. The Tavistock Lectures. London：Routledge & Kegan Paul. 小川捷之訳：分析心理学．みすず書房．

7）Jung, C. G.（1945）：Die Psychotherapie in der Gegenwart：Praxis der Psychotherapie.（1957）（*G. W.* Bd. 16）Zürich：Rascher．

8）Kalff, D. M.（1966）：*Sandspiel*. Zürich：Rascher. 山中康裕他訳（1972）：カルフ箱庭療法．誠信書房．

9）河合隼雄（1967）：ユング心理学入門．培風館．

10）河合隼雄（編著）（1977）：心理療法の実際．誠信書房．

11）Klein, M.（1957）：*Envy and Gratitude*. London：Tavistock Pubulications. 松本善男訳（1975）：羨望と感謝．みすず書房．

12）Kramer, E.（1971）：Kunst-therapie mit Kindern. In Biermann, G.（Hrsg.）*Hand-*

buch der Kinderpsychotherapie. München/Basel：Ernst Reinhardt.
13) 西村洲衞男（1975）：森谷，桐畑論文に対するコメント．京都大学臨床心理事例研究，2．
14) 西村洲衞男（1976）：森谷，桐畑論文に対するコメント．京都大学臨床心理事例研究，3．
15) 大場登(1976)：子どもの心理療法過程に現れた"家族の変化"イメージ．日本心理学会第40回大会発表論文集．
16) 大場登（1977）：ある場面緘黙症児の心理療法過程．上智大学臨床心理研究，1．
17) 大場登他（1977）："弔い"イメージを箱庭に表現した小児神経症者の心理療法過程．芸術療法，8．
18) 大場登（1978a）：幼児期に maternal deprivation を経験した一少女の心理療法過程．上智大学臨床心理研究，2．
19) 大場登（1978b）：子どもの心理療法過程に現れる"鍵テーマ"の研究．日本心理学会第42回大会発表論文集．
20) 大場登（1979）：登校拒否・家庭内暴力少年の母親面接による治療例．上智大学臨床心理研究，3．
21) Pearson, G.(1968)：*A Handbook of Child Psychoanalysis*. New York：Basic Books. Übersetzt von Bischof-Elten, G.(1972)：*Handbuch der Kinder-Psychoanalyse*. München：Kindler.
22) Rambert, M.(1971)：Das Zeichnen als therapeutisches Mittel. In Biermann, G. (Hrsg.) *Handbuch der Kinderpsychotherapie*. München/Basel：Ernst Reinhardt.
23) 霜山德爾（1973）：家族の病理．滝沢清人他編：現代人の病理 3．誠信書房．
24) 霜山德爾（1975）：仮象の世界．思索社．
25) 鑪幹八郎（1978）：大場論文に対するコメント．上智大学臨床心理研究，2．
26) 山中康裕（1970）：学校緘黙児の治療とその〈こころ〉の変容過程．名市大医誌，21，175．
27) 山中康裕（1977）：竹内論文に対するコメント．上智大学臨床心理研究，1．
28) 山中康裕（1978）：思春期内閉．中井久夫・山中康裕編：思春期の精神病理と治療．岩崎学術出版社．

［付記：本論は『芸術療法』（*Japanese Bulletin of Art Therapy*）Vol.9, 1978 に「箱庭・遊戯・描画表現を媒体とする小児神経症者の心理療法過程——"通る"テーマと"自我発達"のテーマをめぐって」の原題で発表されたものである．すでに20年以上以前のケースでもあることから，今回一般向きの本書に，一部加筆修正はしたものの，注も含めてほぼ当時の形のままあえて再録していただくこととした．当時は箱庭やプレイセラピーに関するケーススタディが学会誌に掲載されることもまだ稀な頃であり，その意味で，手前味噌ではあるが，本論はひとつのパイオニア的な意味を担っていたと言うこともできるかもしれない．その後心

理臨床の世界は飛躍的な発展を遂げたので，本論のような20年も前の論文で扱ったテーマは，現在では幸いにもプレイセラピーの基礎とみなされるようになった。逆に，一般の方にプレイセラピーや箱庭のことを理解していただくには，本論のようなもっとも基本的なセラピーの報告がお役にたつのではないかと思って再録に踏み切った次第である。現在ではプレイセラピーの基礎とも思われるZ君とのセラピーの過程であるが，当時ほとんど初心のセラピストとしてZ君との間で経験したことは，今でもありありと感情をこめて思い出すことができる。Z君には，プレイセラピーとはどういうものであるのか，まるで初歩から教えてもらったような気もしている。これまで依頼があっても一般書への再録はお断りしていたが，20年以上の年月も経過したし，長い間，山王教育研究所でお世話になった故小川捷之教授の3周忌にあたっての発刊企画でもあるので，先生への感謝の思いを込めて参加させていただくことにした。1999年4月30日　筆者記。]

事例1■コメント

心の成長と水路づくり

河 合 隼 雄

　大場登さんの「場面緘黙Z君の箱庭＆プレイセラピー」の事例は，遊戯療法とはどういうものか，子どもの心の成長はどのような経過をたどるものか，を非常にわかりやすく示してくれるものである。見事な例なので，全体の過程は理解しやすく，大場さんの「考察」によって，それはますます明らかになるので，これ以上言うこともないが，まったくの初心者の方にもよく役立つように，少しくどく感じられるかも知れないが，コメントをしてみたい。

　大場さんの大学の相談室を訪れたとき，Z君は家庭外ではまったく話さず，現在は幼稚園から帰ると外へも出ないが，以前は近所の子と遊んでいても返事をしないので，「殴られたり，蹴られたりし，無抵抗のZはしばしば大きい怪我をした」とのこと。それに生育歴に語られる内容から見ても，なかなか辛い状況にあることがわかる。

　生育歴を少し聞くだけでも，母親の養育態度に問題があると感じられるが，だからと言って母親に「Z君に対する態度をあらためる」ように助言しても，問題の解決にならないことが多い。もちろん，問題が軽度のときはそれが効果を発揮することもあるが，この例を見てもわかるとおり，母親は母親として子どものときの経験を背負って生きているのだから，それほど簡単に変れないのも当然である。

　このようなときよく言われることに，母親（または父親）が問題なのに，忠告しても変ろうとしないから駄目だ，などということがあるが，それでは問題は解決しない。このようなとき，われわれは，子どもの遊戯療法によって，その成長の可能性を引き出すと共に，母親とも面接を重ねて変化を目指してゆくのである。

　子どもの可能性を引き出すと述べたが，「引き出す」のではなく，厳密に言えば，それが自然に出てくるような状況をつくって待つということになる。その状況がすなわち遊戯療法で，Z君とプレイルームに入り，自由な遊びをして

もらう。この例を見て，Z君の箱庭に彼の心の大切なテーマが端的に示されているのを見て驚かれるかも知れない。

しかし，ここで極めて大切なことは，大場さんのZ君に対する態度，あるいは，二人の関係，であることを強調しておきたい。言語によって表現するのではないが，大場さんはZ君が自由にどのように行動してもそれを受け入れようとしているし，Z君はそれを鋭く感じとっている。だからこそ，Z君は自分にとって大切なことを遊びのなかに表現したのだ。

このことは，成人の場合について考えてみるとよくわかる。たとえば，失恋して悲しんでいる人は誰彼なくそのことを語るだろうか。決してそんなことはない。「この人ならわかってくれる，大丈夫」と思う人に対してはじめて心の内を語る気がするのではなかろうか。相手によるのだ。

子どもは勘が鋭いので，大場さんにすぐ信頼を寄せ，遊びのなかに大切な表現をした。ここに「表現」と言ったが，これは何もZ君が表現したいことがわかっていて，それを遊びによって示したというのではない。彼としては，ただ好きなように遊んだだけ，と感じているだろう。しかし，単に友達と遊んだのとは異なる，何かをやり遂げたような感じを体験したことだろう。だからこそ，続けて来る気も生じるのである。

関係がうまくできても，いつもZ君の場合のような表現活動が生じるとは限らない。大人の場合も，本題に入る前に前置きがあったり，何気ない話をしながら大丈夫な話し相手なのかを確かめることもある。遊戯療法の場合も同様で，本格的な表現がはじまるまでに，何回かの「前置き」のような回があることもある。

この例においては，ThとClの関係が第1回からうまく成立し，箱庭という非言語的な表現の場を得て，Z君は印象的な作品を作る。Thはこれを見てすぐ「通る」というテーマを感じた。そして，このテーマはいろいろな形で，プレイのなかに表現され続けるのだ。

人間の心の奥深くは，混沌としたものだ。何もかもが一杯つまっていて，エネルギーに満ちている。しかし，そのまま溢れ出てくると大洪水のようなもので，人間の心は破壊されてしまうだろう。そこで，それを上手に「水路づけ」をして，自分の利用できるエネルギーを取り出さねばならない。人間は生まれてから成人になるまでに，このようなさまざまの「水路づけ」を上手にするこ

とによって，その人にふさわしい能力を開発してゆくのである。

ところが，Z君の場合はThの「考察」にも述べられているように，さまざまの感情を溜め込んで，うまく出して来れない状態にある。そのことのひとつとして家庭外で一言も発することができない状態になっている。

赤ちゃんが育ってくるときに感情表現が可能になり，それなりの「水路づけ」が行われるのは，赤ちゃんと母親（あるいは母親代理）との間に，ほとんど一体といいほどの関係ができて，赤ちゃんの体験する感情を共にし，それを肯定してもらうためである。Z君の母親はある程度その経験をもったのであろうが，不幸なことに，「居ても居なくともいい」存在として育ち，そのために，Z君に対して必要な母子関係を十分に持てなかった。

Z君はThとの関係を土台として，もっぱら「水路づけ」に専念する。このようなところが自由な「遊び」の素晴らしいところである。その子にとってもっとも大切なことが，自然にどんどんと出てくるのだ。しかし，その意味を把握し，共感しているThがそこにいるからこそ，経過がすすんでゆくが，第6回ではThは「感動」の連続である。このようなThの感情の共鳴がなくては，セラピーは進展しない。Thは，「おなら」にも「通った！」と微笑んでいる。後の事例に出てくるが，「うんこ」も非常に大事なことだ。その深い意味を汲みとれず，「失礼」とか「汚い」などと感じるようでは，プレイセラピストにはなれない。

第11回，Z君は発言し，一応終結が考えられるが，まだ仕事が残されているとThは感じて継続する。これは，後の展開が示すように，非常に適切なことであった。

「水路づけ」によって，子どもの心のエネルギーは動きはじめた。しかし，これまでよりも大量のエネルギーが流れてきはじめると，それを上手に使用することが必要になる。比喩的に言うと，水源からたくさんの水を上手に引き入れてきたので，それに見合う発電所をつくらねばならないのだ。Clはこんなことを意識しているわけではないが，全体の過程を見ると，ほんとうにうまく行動しているのがわかる。

Clは「登園拒否」をした。これも下手をすると，「また悪くなった」などと心配するのだが，これは，Clが自分のふさわしい「基地作り」に専念するために，外とのかかわりは少し減らして，内側のことに力を使いはじめたのである。

プレイの方は「基地作り」に専念する一方，母親との関係を密にすることに力を注いでいる。しばらくは「家のなかに完全に内閉し」たのだから，よほどのことだったのだろうと思う。お母さんの子宮のなかにもう一度入りたいくらいの気持だったろう。

　有難いことに，母親も子どもの動きに応えて，暖かい関係ができあがってゆく。こんなときに，子どもはよく赤ちゃんがえりをする。Z君もそれをするが，母親がそれを受け入れてくれるので有難い。母親面接をしているので，Z君のすることの意味を理解して，それに応えてくれる。父も母親の変化を感じていることも伝わってくる。家族の誰か一人が変るときは，家族も共に変ってゆくものだ。

　このような例に接していると，Z君は家族全体を改変してゆくための，起爆力となるために緘黙という症状になったり，登園拒否をしたり，したのではないかとさえ考えられる。もちろん，Z君の意識としてはそんなことはないだろうが，この家族全体の変化を見ると，上述のように言いたくなってくる。ただ，このときに，誰が「悪い」とか「原因」などと言わず，Z君とのプレイセラピーにより，Z君のもつ潜在的可能性の発現に頼って，すべての改変を行ってゆくところが，心理療法的な考え方の特徴である。

　治療をどのようにして終るかは，大人の場合も子どもの場合も，難しい問題である。長い間，一対一の関係で意義深い仕事をしてくると離れ難い感情が起こってくるのも当然である。それによくなってきたので「終りにします」など不用意に発言すると，自分に対して関心がなくなったのか，もっと強いときは「見棄てられた」とさえ感じられる。と言って，いつまでもだらだらと続けていても意味がない。というわけで，終結のタイミング，その在り方は難しい課題で，本書のなかの後の例において，いろいろな場面が報告されるだろう。

　それにしても，これは見事な終結である。「おおば凧」と「ちび凧」があるのは，二人は，それぞれが今後，自由に飛んでゆくのだが，大地によって間接的につながっているのだ，などと思うと実に素晴らしいではないだろうか。「A大学を卒業して小学校へ行く」と宣言し，「卒業証書」をもらって終っていったZ君の行動には，ひたすら感心するばかりである。子どもの素晴らしさというのは，ほんとうに想像を超えるものがある。この楽しみを味わうので，われわれはプレイセラピーに生き甲斐を感じることができるのである。

事例2

パワーを求めて

渡辺美帆子

I はじめに

　この事例は，筆者が心理療法を学び始めて間もない頃に担当した，イニシャルケース（初めての事例）である。意欲の乏しさと問題行動を抱えて来談したA君は，体格こそ立派なものの，何かをその身にいっぱいにつまらせているような表情が印象的な男の子だった。1年間の遊戯療法過程を通してめきめきとパワーを取り戻すなか，A君は徐々に，日常生活で居場所を得てゆき，周囲への興味や関心，意欲が育まれ，自らに自信をもって他者と関係をもつ世界へと開かれていくこととなった。エネルギーが流れる通路やその生かしかたを見出せずにいたA君と，初めての事例にとりくむ筆者の勢いや戸惑い，新鮮な思いとが体当たりではじけあい，未熟で荒々しくはあるが，筆者には今なお宝箱のような存在感でもって生き生きと思いだされてくる事例である。

II 事例の概要

　筆者が初めてA君と出会ったのは，母親面接がすでにいくらか経過してからのことであった。当時，A君は小学校2年生，大柄な体つきに，今にも泣き出しそうな表情をうかべた男の子だった。A君の家庭は，調理師の父親と母親，妹の4人家族である。幼い頃のA君の様子について，乳児の頃は人みしりがなかったが，1歳半で保育園に入園してから人みしりが始まった，その頃から夫婦でお店を始めたため多忙となり，子育てにゆっくり手をかける時間がもてなかった，などが，母親から語られた。「つかれた」「めんどくさい」が以前から

の口癖で,「ぼく何もできないから怒られるから何もしたくない」も,幼い頃からよく言っている言葉だという。3歳時に保育園より,「他児を突き飛ばしたりひっぱったりの問題行動がみられる」と報告があり,園の依頼により,公立の相談機関において母親との電話相談が数回行われた。その後しばらく訴えはなかったが,小学校入学後,学校で暴れる,登校をしぶる,脱走したり,パニックを起こしたりするとのことで,再度電話相談が始まった。そのときに,母親相談担当者の紹介により,筆者とA君が初めて出会うことになったのである。

　まずは,筆者が直接A君の自宅に週に2度訪れ,二人きりで一緒に勉強したり,遊んだりというかたちで関わり始めることになった。顔合わせで初めて会ったときはろくに筆者の顔も見られなかったA君だが,第1回目の訪問ではうってかわってにこにこと嬉しそうに話しかけ,すっかり終らせた宿題を誇らしげに見せてみたり,次々とおもちゃを出しては時間いっぱいまで遊びまくったりして,筆者にもとても楽しいひとときであった。その後しばらく落ち着いた状態が続いていたが,3カ月ほどたったころ,引っ越すことになったので終りにしたいと家族より申し出があり,関わりは急きょ中断を余儀なくされた。しかしその後まもなく,転校先の小学校で,パニックや脱走がたびたび起こり,以前より大変な状態になっているとのことで再度相談の申し込みがあり,母親相談担当者と筆者とで,先の相談機関において,継続的な母子並行面接を開始することとなったのである。その際,母親が相談票に記載した主訴は,「反抗的で何事も面倒くさがり,やる気がなく消極的。気に入らないと母親を叩いたり,大声で怒鳴ったりする。本人はイライラすると言っている。学校でもしばしばパニックを起こし,いやだ,いやだ,と大の字になって暴れる。友達もおらず,登校を嫌がっている」とのことであった。運動は嫌がるが料理は大好きで,好んで手伝いをしたがる,習い事としてピアノ,公文,絵の教室,スイミングに通っている,とのことであった。

Ⅲ　遊戯療法の経過

第1期（第1回～第8回）「パワーふっかつ!」

　第1期は,A君の身に吹き溜っていたあらゆるエネルギーが,ただひたすら

一方的に治療者を攻撃し続けるというかたちで，あますことなく発揮されていった。しだいにA君は，激しい戦いを通して，自分のなかに潜む「力」に目醒めていった。

第1回

自宅訪問で関わっていたときの突然の別れから3カ月，久々の再会にA君は照れたような表情を浮かべている。家でオセロの練習をしているとのことで，二人でオセロをすることになる。A君は家から持ってきた小さな磁石を「パワー」とよび，いざというときはこのパワーを置くと，コマの色を好きな色に変えられるという。子どもらしいよくあるずるさ，と治療者（経過中は以下Thと略記する）は受けとめていたが，しだいにA君は自分の番になるとコマを一切使わず，パワーだけで勝負し，Thのコマは一つを残してすべて自分の色に変えてしまうことを繰り返す。磁石だけでやすやすと勝ちを手にしていくA君に対して，正々堂々勝負して自分の力で勝ってほしいという気持がわき，ずるを指摘したくなるが，それは，子どもをありのまま受け入れるという遊戯療法のルールに反することかと迷い，口に出せずにそのままゲームを続ける。

ゲームが終るとA君はオセロのコマを「チップ」とよび，チップのほとんどを自分の手元に集め，「ぼくかねもち，先生びんぼう」と喜んでいる。と，終了間際に突然，オセロのコマの入った箱をバーン！と部屋中にぶちまけてしまう。部屋いっぱいにちらばったコマを見てThは一瞬あぜんとしてしまい，どうしよう，時間内に終れないのではとあせりを感じて，〈どっちが早くたくさん集めるか，競争ね！〉と声をかけると，A君は笑って急いで集めはじめる。ところが，無事すべて集め終えたところでまたもや，バーン！とまきちらしてしまう。困ったThが，〈一個でもなくなっちゃうと，来週勝負できないよ〉と言うと，A君はうなずき，はしゃぎながら集める。最後どうしてもあと一個がみつからずThがあせっていると，A君が一生懸命探して見つけだしてくる。

初回でいきなり，Thとして〈困った！〉状況を体験したが，オセロをぶちまけたときのA君の気持よさそうな笑顔が印象に残った。

第2回

今度は持参した人形を使って，同じようにオセロのコマの色を自由自在に変えていく。Thは少しためらったあと，思いきって〈A君，今日はずるしないでやってみようよ。ずるしなくてもきっと勝てるよ〉と言うと，「うん，今日

はずるしない」と答え，人形なしでとりくみ，勝ってとても喜ぶ。が，その直後いきなり「おわり！」と叫んで刀を 2 本つかみ，「チャンバラやろう！」ともう一本を Th に差し出す。A 君はいきなりものすごい勢いで Th を追いかけまわし，渾身の力をこめて Th の刀に叩きつけてくる。とても興奮して，体中に汗をびっしょりかきつつ，部屋（部屋といっても，50 畳はあろうかという広々した小体育館のようなところである）を縦横無尽に走りまわり，Th を攻撃し続ける。その勢いに圧倒されつつも，Th はなるべく二人の刀が気持よくぶつかるようにと，A 君の刀を受けとめる。A 君は疲れるとままごとでいろんな料理を作って食べ，「パワーふっかつ！」と叫んで再びチャンバラを始める遊びを繰り返す。

第 3 回
　始めから激しいチャンバラが展開される。前回は比べものにならないほどの激しさと真剣な表情で，あらん限りの力を発揮し，ものすごい勢いでバンバン！と切りかかってくる。Th は心底おそろしく，なるべく真剣に立ち向かおうと思いつつも，あの刀が体に当たったらどんなに痛いだろうと内心びくびくしてしまい，よけるので精いっぱいになる。A 君は部屋中を走り回り，息をきらし，汗をびっしょりかいている。やられてばかりでは……と思い，たまに〈しゅりけん！〉〈ビーム！〉などと反撃してみるが，A 君はまるで魔法を使うかのように刀をさっと軽くひとふりするだけで，それらを無効にしてしまう。Th のどんな攻撃もそうしてかわす姿は，あれほどすごい攻撃力をもちながらも，相手の攻撃から身を守るすべはもちあわせていないかのような，痛々しさも感じさせる。Th をファミコンに現れる強大なボスとみなし，何度も死亡させる。疲れると「パワーぎれ」と言って料理を始めるが，料理は必ずあらゆるもの（スプーンから車まで）をごった煮する。料理を食べ，パワーが復活すると，また激しいチャンバラを展開し続ける。
　非常に体力を消耗させられる回だったが，疲れきっている Th をよそに，A 君は全身に汗をキラキラ光らせながら，すがすがしい笑顔で帰っていく。

第 4 回
　オセロで，A 君が Th のコマに対して「バイキン……」とつぶやいたので，Th もコマの色が変わるたび，〈バイキン増えたね〉〈バイキン減ったね〉とそえていく。〈黒がバイキンなら白はなに？〉と A 君にたずねると，「せんたくも

の」。その後,「このたての列全部一気に白にしたい」と言い,結局パワーを使って盤上をすべて白に変えると,突然刀をつかみ,「チャンバラしよう！」。Thを「バイキン」とよび,「バイキンは何に弱いの？」とたずねてきたので,〈う〜ん……洗剤かな〉と答えると,以後A君は「洗剤パワー」をひたすらThに浴びせかける。バイキンが死んで倒れていると,その間にA君は部屋の片隅を「洗剤」(大人でもやっと一つ抱えられるほどの大積み木)で囲って,とりでを作り始める。「バイキンが入ってこないように」と,汗をかきかき,必死に取り組む。とりでは徐々に大きくなり,やがては部屋を横半分に区切ってしまうほど,ずらーっと洗剤が並ぶ。完成するとA君はとりでに身をひそめ,「さあ,どっからでもかかってこい！」と自信満々。Thは近寄るだけで「洗剤パワー」にふれ,しだいに弱っていく。ひたすらとりでに隠れているだけのA君に,〈今バイキン弱ってるから,やっつけるチャンスだよ！〉と声をかけてみると,とりでから飛び出して刀で踊りかかってくる。とどめをさすと静かに刀をおろし,「……バイキン死んだ……」。

時間となり,片づけようとすると,A君は「これ(とりで)お母さんに見せたい」と言う。二人で呼びにいき,母親は母親相談担当者とともに「へえ,すごいねえ」と眺め,そのそばでA君は誇らしげにとりでの説明をする。母親をプレイルームに招き入れるということに,Thとして戸惑いも感じたが,A君がこれを母親に見せたいと思った気持,そしてそれを見た母親の気持はどんなだったのだろう,と思いをはせる。

第5回

必殺技をいっぱいに書きめぐらした連絡帳を持参し,それを今日使うのだとはりきっている。チャンバラでの攻撃はますます激しさを増し,刀がもろにThの体に当てられることもあり,よけることすら難しくなってくる。Thが何度か痛い思いをしたあと,〈危ないことはだめだよ〉と言うと,A君はふいっと横をむいて「つかれたからおしまーい！」と刀を片づけてしまう。

ボーリング勝負では,A君のみが大きなボールを使ってどんどん点数を重ねて喜び,一方,Thが一本でも倒すと,「今のずるだからだめ！ やり直し！」と言って点数を入れさせない。A君は得点を,黒板に書ききれないほどケタはずれなまでに大きくしていく一方で,Thを0点にし続けるのにも必死なように思われる。

第6回

相変わらずの激しいチャンバラをひととおり戦い終えると、ボーリングや魚釣り遊びを楽しむ。どの遊びでも、A君は次々と莫大な得点を重ね、Thはどんなに頑張っても、「今のだめ、ずるだから」などといわれ、0点のまま。野球では、ThがA君の要求に合せてどんなに低く投げても、「高すぎるよー」と、打つ気のないような空振りを繰り返す。試されてるのかなーと思いつつ、ひたすら投げていると、しばらくしてA君が、「もういいよ。ぼく高い高いって、インチキしてたから」。

第7回

椅子を10個ならべ、ゲートボールをすることになる。A君はものすごい勢いでクラブを振り、バンバン打ちこんでいくが、遊びながら「力」という言葉を頻繁に口にし始める。「こんなに打てるって、力があるってことかなあ」。Thが打つときは、球が椅子の間を通過しないよう、椅子の前に陣取ってキーパーのようにすべて素手でシャットしていく。A君に手加減を指摘され、Thが本気で打っても、どんな球も全力で飛びついてシャットしてしまう。〈A君すごい運動神経だよ！〉と言うと、「運動神経良くして、やせて、筋肉つけるの！」「こうしてたら、筋肉つくかなあ」。そう言うと、その場に座りこみ、「友達はやせてるから8歳でも筋肉があるの。ぼくは太ってるからないの」とぽつりとつぶやく。シャットで手が赤くはれ、痛くなっても、「手に筋肉をつけるためなの！」と我慢している。

しばらくして、「つかれた。粘土しよう！　粘土曲げる力競争ね！」と言い、A君は粘土で、へび、象の赤ちゃん、うんこを作ると、それらすべてをひとつにまとめて「悪魔」という。「先生はいつも悪い役だから、今日は優しいもの作っていいよ」と言われ、Thは正義の味方を作るが、できたとたん、すぐA君の「悪魔」にねりこまれてしまう。「粘土でまた力がついたような気がする」。今年はサンタさんに「力」をくれるようお願いした、と、笑顔で帰っていく。

第8回

粘土で作ったモノ同士で戦いをする。A君は、何だかよくわからない大きなモノを作り、それに対しThが作りあげたいろんなもので戦いを挑んでも、すべて即座にA君のモノにくっつけられ、ねりこまれ、モノはどんどん大きくなっていく。まるで、A君にどんどんパワーを吸い取られていくような感覚を

味わう。その後A君は，何やら太くて長い，コブラのような，ちょっとおそろしげなモノを作り，かたわらに小さなかたまりを置いて，「これ（大）がお兄ちゃん，こっち（小）が赤ちゃん」と言う。そして視線を宙に浮かべ，「お兄ちゃんのお父さんはもっともっと大きいの。天井をつきぬけちゃう，すごーい大きいの。それでお母さんはお父さんよりもっともっと大きくて，いつもとは逆でお母さんのが大きくて，お母さんは世界中とそのまわりの黒いのを，お弁当箱にしちゃうの」。興奮気味に一気にまくしたてるA君のそばで，Thは何も言えずぽかんと顔をあげたまま，一瞬広大な宇宙のイメージが頭をよぎりつつ，聞いている。

　この時期，学校生活ではしだいに積極的な面が現れ，授業ではうるさいぐらいに手を挙げたり，嫌がっていた体育も，率先して着替えるようになっていった。特にサッカーでは，キーパーとしてみんなに認めてもらっているという。友人関係も芽生えはじめ，学校にはあまり行きたくないけれど，友達と遊ぶ約束ができるので行くのだと言っているそうである。その他，漢字に興味をもち始めて本をよく読むようになったり，ひとりで電話がかけられるようになったり，母親には「おかーしゃん」とよく話しかけ，言葉のやりとりを求めてくるようになるなど，普段の生活でも徐々にA君のエネルギーが，生き生きと動き始めている様子が母親から語られた。長年口癖だった「めんどくさい」「疲れた」という言葉も，ここしばらく聞いていないという。また，ひっくり返って暴れるパニックはいまだあるものの，以前ほど激しいものではなく，その立ち直りも早くなったとのことであった。

第2期（第9回〜第17回）「あぶあぶチーム」

　激しくあふれだしていたエネルギーは，やがて「チーム名を決めての戦い」や「スポーツ」といったかたちで発揮され，少しずつ秩序をおびてくる。また，A君が治療者を対象として意識するようになり，戦いを通して，治療者からひたすら何かをとりこみ続ける遊びが繰り返される。その一方で，ふとした折りに，自分の気持を言葉にし，治療者に語り始めるようになる。

第9回

　いつもは待ちきれずに部屋へかけだして行くA君が，来るなり母親のかげに

隠れてもじもじしており，Thのそばに来ようとしない。いつもと様子が違うA君にThはわけがわからず戸惑ってしまう。A君はただひと言，「お母さん言って」。母親が言うには，今日は本格的な野球をするために，二人じゃなく三人でやりたい，三人めの人にキャッチャーをやってもらいたいと言っている，と。「三人いないとちゃんと野球できないよ」とそっぽをむく。玄関から先に動こうとしないA君のそばにThも腰をおろし，しばらく二人で座り込む。予想もしない事態に，ThはA君に拒絶されたようなショックを受け，何と言葉をかけてよいやらわからず，内心あせりつつも少しずつ気持を聞いてみる。A君はただひたすら，「野球しかやりたくない。今までみたいな練習じゃなくて，本当の野球がしたい。試合がしたい」「そのためには三人必要」と繰り返すばかり。〈そっかー……，本当の試合できないの，残念だねえ……〉などと言葉をかけていると，5，6分ほどたった頃だろうか，A君は何かをふっきったようにすっと立ち上がり，「でも二人でやってみる」とついに玄関を上がる。

　いつもの部屋に入ると，さっきのしぶりがうそのように，「サッカーやろう！」と元気に叫び，部屋の両はじに分かれてシュートの打ち合いを始める。Thはけむに巻かれたような気分が残りつつも，いつものように遊べることになりほっとする。A君は痛みをまるで感じないかのように一本一本に力を込め，ものすごい力で蹴ってくる。顔は真剣そのもの，全身汗をびっしょりかき，息をきらしつつ，何本も何本もひたすら蹴ってくる。その勢いに，迎えうつThは恐ろしく，よけるのが精いっぱいである。けれど，何かA君ばかりが頑張っているような気がして，Thも思いきってシュートを打ってみると，意外にも得点は素直に認められる。その後，それぞれがチーム名を決めて戦うことになる。A君は自らを「あぶあぶチーム」と名乗り，その場にペタンと座りこむと，座ったまま手足をうまく使ってキーパーをし始める。「今ぼくあぶあぶしてる赤ちゃんなの。先生のシュートをとると，復活するの」と言う。あどけない表情で手足をバタバタさせた赤ちゃんのような状態でシュートを待ち，そこへThが放ったシュートを受けとめたとたん，すくっと立ち上がり，「ふっかーつ！」と叫んで，さまざまなポーズで「気」を集めると，今度はものすごい勢いでボールを蹴り返してくる。この遊びを何度も何度も繰り返す。〈復活すると赤ちゃんは何になるの？〉とたずねると，「大人」「怪獣かも」。その後，「今度はもっと赤ちゃんなの」と言うので，〈お母さんのおなかのなかにいるとき

かな〉と聞くと「そう」と答えて，また同じように，シュートを受けとめて，復活し，全力で蹴りかえす遊びを繰り返す。「今度は粘土したい。もっともっとたくさん粘土をくっつけたい」という言葉を残して帰っていく。

第10回
　前回とうってかわって，早く遊びたくて仕方のない様子のA君に，Thは思わずほっとする。前半は激しいチャンバラで，何度も〈痛いよ〉と伝えるが，執拗にThを打ち続ける。「何か武器もってきていいよ」と言われThが見つけてきた白いロープを気に入り，それでThのおなかをくくり，もう一方のはじを黒板の足にぐるぐるに結びつけて，「これでもう絶対はずれないよね」。体を固定され，座りこんだThのまわりを丸く囲むように，今までよく遊びで使っていた粘土，新聞紙，おもちゃ，ガムテープ，刀など，さまざまなものを置きはじめる。さらに手かせ足かせのように，輪投げの輪をThの両手足首にかける。がんじがらめのThの前でA君は自作の歌を唄いながら料理をする。できたものをThに与えてくれるが，Thが口に入れたとたん，「実は毒入りです」とニヤっと笑い，そのたびにThは死にかける。その後A君は手首にかかっていた輪をとり，それをThの頭にのせ，「先生てんしになった」。

第11回
　舞台の上で野球やサッカーを激しく繰り広げる。A君は全身全霊をこめてバットをふり，ボールを蹴り飛ばしてくる。遊びながら，〈体育もがんばってる？〉と聞いてみると，「ううん，そこではこんなふうにできないから」〈体育ではパワー出ないの？〉「そう」〈ここなら出る？〉「出るー！」そう叫んで強烈なシュートを放ってくる。ふいにカーテンをつかんで座り込み，Thのシュートを受けとめると，「大人になったぞー！　ふっかーつ！」と叫んで立ちあがり，シュートを決めてくる。〈今のあぶあぶチーム？〉「そう，ドラゴンボールZあぶあぶチーム」。野球もサッカーも，やはり自分の勝利を得点にして，黒板に莫大な点数を書き込んでいたが，やがて黒板に近づき，「今度は点数なしにしよう。点数やると面白くない」とつぶやく。この頃から，遊びの途中でふとA君がどこかに隠れて姿を消し，探しているThの前にパッ！と現れて驚かせる，という遊びを楽しむようになる。

第12回
　いつもの部屋が使えなかったこともあり，箱庭のある小さな部屋で遊ぶこと

になる。A君は砂の上にウルトラマンを置き，それに対してThがどんどん敵を送りこむが，すべてたやすくやられて，奪われ，ウルトラマンの味方として背後にたくわえられていく。Th側の戦士をすべて奪うと，最後に「敵に見つからないように」と，ウルトラマンを砂中深くに埋め，その上にさらにトンネル，椅子，ガードマンを置いていく。この回あたりから，遊びのあいまにふと静かなまったりとした空気が流れることがあり，そんなときA君は，おうちで料理をしてみたこと，妹とおやつをとりあったことなどを，ぽつりぽつりと話してくれるようになる。

第13回

いつの頃からかA君は，着てきたジャンパーを，プレイが始まると同時に脱ぐようになる。「ジャンパーを脱ぐとさらに力が出る」と言う。今回もジャンパーを誇らしげに脱ぎ始めたので，〈あ，A君，パワーアップするんだね〉と言うと，「でも脱ぐ前も強いよ」と笑い，ちょっとした余裕を感じさせられる。ダーツ遊びでは，A君の得点はどんどん大きくなり，Thはどんなにがんばっても０点のまま。得点を上げ続けるA君に，〈点数がどんどん増えるって，どんな感じ？〉とたずねると，両手をわっと挙げ，体全体を伸ばしたポーズを一瞬とったあと，「うれしい！」と叫ぶ。Thはこれまで，莫大な得点化については，数字だけが虚しく先走りして，A君が自分の力をリアルに体験できていないようであまりいい印象をもてなかったけれども，A君にとってはめきめきと育まれていく自分のパワーを実感するための，大事な作業なのかもしれないとの思いもわいてくる。

第14回

箱庭が以前遊んだままの状態で残っているのを見て，「あー，よかった，よかった」とつぶやく。前々回と同じく，Thがどんどん敵を送りこむが，すべて簡単にやられて奪われ，A君の味方になっていく遊びを繰り返す。砂箱がA君の味方で埋めつくされると，「まんぱいになったから，おしまい」と言って立ち上がり，舞台に向かう。今回はA君が一人で舞台に立ち，すごい勢いでボールの壁あてをするのを，Thは椅子に腰かけて観客のように眺めることになる。〈学校でパワー出てきた？〉とたずねると，「うぅん，出ない！ ここでしか出ないの！」〈ここで出るパワーが，外でも出るといいね〉「うぅん，出ない方がいいと思う」〈どうして？〉「何となく」。

その後おもちゃの野球ゲームで、場外ホームランを打ったA君は「おこらすこと言うから、本気出ちゃった」と笑う。Thが驚いて、〈先生、おこらすこと言った？〉「おそいって、言ったから」。言われてふりかえってみると、A君が続けて空振りしていたときに、アドバイスのつもりで、〈あー、スイングがちょっと遅いのかな〉と口にしていた。悪かったな、気をつけないと、と思うと同時に、A君が彼なりの出し方で素直な感情を表現しつつあることを、嬉しく感じる。

第15回

おもちゃの野球ゲームで、いつもならバンバン勢いよくバットを振ってヒットやホームランで得点アップを目指すA君が、今回は、バットを振らなくてもボールがどこかしらに当たって球場をのろのろと転がり、やがてヒットやホームランの穴に勝手に入っていくのをとても面白がり、この遊びをひたすら続ける。このような楽しみ方はA君にはとても珍しいことのように感じ、本当に楽しいのかな、今日は気分がいまひとつ乗らないのかな、などと思いつつ、Thも共に眺めている。ボールがゆらゆら揺れて転がりながら穴に入ったら「合格」、まっすぐすーっと入ってしまったら、「つまんないから不合格」などと言っていたが、少しして、「やっぱり合格とか不合格とかつまんないからやめる」。あとはひたすら、ボールが何もしなくてもゆらゆら転がってヒットになるのを、心底おかしそうにゲラゲラ笑って喜ぶ。これまで、勝ち負けや得点化にこだわり続けてきたA君が、ようやく、そうした評価の世界から解放された、力のぬけた遊び、楽しみに、開かれつつあるのだろうか。

第16回

部屋に入るなり目を輝かせながら、「今日ね、ぼく考えてきたの。粘土で、戦いやるの」。いつものだな、と思っていると、「戦いでもね、スポーツなの」と嬉しそうに笑う。「ね、ね、何のスポーツだと思う？」と言いながら、粘土を大きく二等分して一つをThに渡し、自分の持っているかたまりをドシン、ドシン、とぶつけてくる。〈わかった！ すもうだ！〉「あたりー！」。しばらく粘土ですもうを組んだあと、土俵を作りたいというので二人で新聞紙を広げ、その上ですもうをとる。

次はバスケットで、ポールやゴール、ボール、選手をすべて粘土で作り、戦う。試合はA君チームの一方的な試合運びが展開され、Thチームはボールに

からみようのないまま，次々とシュートを決められてしまう。ふと，いつもと違い，A君が一切得点をつけようとしていないことに気づき，〈今日あんまり得点やらないね〉と声をかけると，「得点つまんないんだもん」。A君チームの一番強い選手は「万京（兆より大きい単位）パワーもってる，これだけ強いから得点なくていい」のだという。いつもと同じく，Thは負けるたびに選手を奪われ，A君チームの選手はすごい勢いでその数を増していく。A君はコートを二分し，手前を自分の陣地として，Thが入ってこないようにと，境界線にたくさんの選手たちをずらーっとならべる。〈すごいガードだ！　どこからも入れないよ！〉とThが言うと，キャッキャと嬉しそうに笑う。A君側の境界線は少しずつTh側に侵入して領土を広げ，ついにThは領土を失い，一面，A君の領土となる。

　時間となり，二人で粘土をひとつずつ丁寧に袋にしまう作業にとりくんでいると，ふいにA君が，「幼稚園（当相談所のこと）来る以外楽しくないよ。春休み終わったら学校の勉強もっと難しくなるし。ぼく今の勉強だってできないし」と，しんみりと語り出す。「ぼく幼稚園ならパワー出るの。学校だと出ないの。幼稚園で遊ぶとパワー出るの」「だから学校でもずっと遊んでなきゃ」と，おかしそうにゲラゲラ笑いだす。けれどまた神妙な顔つきに戻り，「春休み終わったらもう幼稚園来ないの？　ぼく幼稚園来なくなったら，またパワーしぼんでっちゃう」。そうか，A君はそんな心配を抱えてたんだ，とThは初めて気づき，学年が変わっても今までどおり遊べるということをきちんと伝えてあげていなかった……と申し訳なく感じる。〈4月以降もまた遊べるよ〉と伝えると，わっと笑顔を浮かべたあと，また真剣な表情で「あのね，あの……高校とか大学とか，小学校でもね，……学校行かなくてもいい学校ってあるの……？」。たどたどしくも，一生懸命自分の気持を伝えようとしてくれるA君の姿にThは感激しつつも，いざその場では，一体どんな言葉をかけてあげればいいのかわからず，〈そっかー……〉〈お勉強やってたとき，算数とってもよくできてたよ……〉〈んー，そういう学校，あるかなあ……〉などと，苦しまぎれの言葉で応じることしかできずにいる。

第17回
　前回袋にしまっておいた粘土の味方たちを，生き生きとした表情で新聞紙の上にならべ，今度は剣道で戦う，とはりきっている。A君の得意技は「掃除機

パワー」で，それを使うとThのパワーを吸い取れるのだという。Thの味方は，やはりたやすくやられて次々にするするーっと，A君に奪われ，A君の味方がどんどん増殖していく。新聞紙一枚がA君の味方でいっぱいになると，新しい新聞紙を出して同じ遊びを繰り返し，とうとう新聞紙4枚が，A君の味方たちでびっしりと埋めつくされる。迫力あるその光景を眺めながらA君は，「これ全部ぼくが分身したやつなの」と，満足そうな表情を浮かべる。使った粘土たちをそのまま袋に戻しながら，「来週も続きできるね」などと言っていたが，その後「今度粘土やめるね。粘土は卒業するの」と言う。Thが少し驚いて，〈A君が，粘土から卒業するの？〉とたずねると，「ううん，粘土が遊びから卒業するの。もう遊ばれなくなる。それでそのまま固くなって，ボールになって遊ばれるの」。わかるようなわからないような，けれど何かとても印象に残るA君の言葉だった。

この頃になると，学校の担任の先生からは，明るく元気になった，言葉の意味に興味をもち，やる気になってきている，といったことが報告された。学校の児童劇では，「かさこ地蔵」の地蔵役に立候補し，無事演じきったようで，何事にも自信がなく暴れるしかなかったA君が，ただじっとたたずんで道ゆく人を慰める地蔵役をつとめたことは，とりわけ感慨深く思われた。勉強への不安から，3年生になりたくないと口にしているが，学校はいやではないようだ。また，学校や友達のことをたずねられると，「自分のことだから，聞かないで」と答えた，などが，母親から語られた。

第3期（第18回〜第27回）「先生はぼくの仲間になるの」

これまで一方的に攻撃をむけられ，また奪われる存在だったThが，A君によって「仲間」として認められ，共に道のりを歩む間柄となる。自分に自信がもてるようになったA君は，Thと対等な二者関係を築くことを求め，やがて，治療の場からの別れを宣言する。

第18回

ビー玉で勝負をするが，A君が勝ってThの持ち玉を奪っても，意外なことにそれをすぐまた返してくる。同じ数で互角にせりあうときを一番楽しんでいるかのようなA君の姿は新鮮にうつる。その後，A君が一人で楽しそうにトラ

ンポリンで跳びはねだしたので，Thも上がって，となりで一緒に跳んでみる。跳びながらふと，A君がこれまで体に触れられたがらなかったことを思い，なぜか，今を機にA君と触れあえないだろうかという思いがThのなかにわきおこり，内心どきどきしながらそっと，A君の手を握ってみる。A君の手に抵抗感はなく，しばらく手を握りあったまま跳んだのち，思いきって，〈A君，左手も！〉と手をさし出すと，Thの手を握り返し，二人で両手をつないだまま，ビヨンビヨンと跳び続ける。あれほどさんざん体当たりでぶつかっていた二人だが，互いの手に触れあうのはこれが初めてのこととなる。その後，短いチャンバラでThが負けて死ぬと，「ボスが死んだから次は仲間と冒険だ。先生はぼくの仲間になるの」。A君とThとの関係が，肩をならべるものへ移ろうとしていくような感覚で，嬉しく感じる。A君はThをお供に戦いにでかけ，見えない敵に対峙すると，はたと動きをとめ，静かに目を閉じて耳をすまし，「集中……集中……」とつぶやいて呼吸をととのえた後，だーっと勢いよく切りかかって，次々となぎ倒していく。

第19回

　ワニ叩きゲームで，Thが取り組む番になると，いつのまにかそばでA君も素手でワニを一生懸命叩いており，二人で戦ってついに最高得点をたたき出し，共に喜ぶ。そして「迷路作ろう！」と，広い会議室で大々的に迷路作りにとりかかる。Thの身のたけほどもある会議用の大きなついたてをいくつも出してつないだり，机をならべたりしながら，休むことなく作り続ける。はじめ近道を作るが，一度通ってみて，「簡単すぎてつまんない」ので，そこは封鎖する。「さあ，冒険だ！」と，いざ二人で迷路に入っていく。ところどころに敵が潜んでおり，前を歩くA君が，武器となるアイテムを拾いながら敵を次々と倒していく。ついにゴールにたどり着くが，出口を出たところにたくさんの椅子が横一列にずらーっと並べられており，「当たりの椅子とはずれの椅子があるよ」と言う。「でもぼくがいるから当たるよ」の言葉がなんともたのもしく，A君に指定された椅子にThが座り，A君も座ると，しばしの沈黙のあと，「……ピンポンピンポーン，二人ともあたりでーす」。

第20回

　ワニ叩きゲームでA君は満点を目指すものの，何度やっても50点となるが，「ぼくどうしても50点だね。でもまあまあだな」とつぶやく。今回は大積み木

の片づけが大変そうだったので，遊びを少し早めに終わりにして，二人で片づけていたが，突然A君が，今まで聞いたこともないような低い，ドスのきいた声で「ドアーッ！　ダアーッ！」と叫びながら積み木を蹴飛ばし始める。今まで会ったことのないA君に出会っている気がして，Thは少し怖く感じる。

第21回

フリスビーの投げ合いで，うまく投げられないThにむかって，「ヘタ！　ヘタ！　投げかた悪いよ！」「相手にならない！」などと叫ぶ。が，途中に一度，「さっき天井に当たったやつは，先生の今までのなかで一番良かったよ」とほめてくれる。A君は，自分がうまくキャッチするたびに，大積み木を「防御」と言って，自分のそばに一個ずつ置いていくよう，Thに指示する。Thが放ったものをうまくとるたびにA君のかたわらで増えていくその大積み木は，外界からくるものをうまく処理する「まもり」の力が，A君のなかでたくわえられていくイメージと重なっていく。

第22回

「積み木でぼくのお城作ろう！」と，一人で大積み木をいくつも運び出し，人一人がちょうど入れるほどの四角い家を作る。最後にドアをつけ，チャイムがわりにマグネットをつける。クイズに答えるとそのなかに入れてもらえるということで，Thは玄関口で，家のなかにいるA君から出されるクイズに答えていくが，どう答えても「間違い」と言われ，なかに入れない。A君は「先生，あっちに自分ち作って！」。Thが控えめに小さな家を作ると，A君は電話を2台持ってきて，二人の家に一台ずつ置く。それぞれの家に入っていると，A君が向こうから，「貧乏！　貧乏！　ぼくの家は大金もち！　もっと家を大きくしろ！」「ブーッ！　アーッ！　○△×ー！（わけのわからない叫び）」などと，いろんな罵声をあびせてくる。A君に負けないくらい大きな家をThが作ってしまっていいのだろうかと迷っていると，やがて電話をかけてきて，「ぼくの家に遊びに来なさい！」と，ものすごくテレくさそうに叫んでガチャン！と切る。嬉しくて遊びに行くと，いろんな料理を披露してくれる。その後も「先生の家もっと大きくしろ！」「うちとつなげればいい！」と言うので，二人で積み木を動かして，二つの家をくっつける。「わーい，いっぱい遊んだから，まだいっぱい遊ぶぞー！」と，その後もダーツ，フリスビー，輪投げなどで遊ぶ。最後，片づけをせずに寝そべっているA君に，〈A君，片づけはちゃんと

やろうね〉と声をかけると,「うるせえー!」と叫んだり,Thに物を投げてきたりする。軽く注意すると,「うるさいこと言う人は当たってもいいの……」〈先生うるさかった?〉「……うるさいかもしれない」〈ごめんね〉。また,片づけているThのそばで刀をバンバンと床に叩きつけながら,ThをチラッとみTh「先生,これに当たりたい?」。思わずドキッとして〈当ててみたいの?〉と聞くと,「言ってみただけ」。今までの,遊びを通して出されてきた攻撃性とはまた違うかたちで出てこようとしている,A君からの生々しい攻撃性に,Thは知らない子に接するような戸惑いやちょっとした怖さを感じている。

第23回

直径1mはある赤い大玉にかぶさろうとし,こけてしまうと,「復讐だ!」と叫んで,以後ひたすら「カービー」と名づけたその赤玉への復讐に徹する。部屋中をかけまわってカービーをなぐったり,蹴ったり,刀で刻んだりして,激しく攻撃しつづけ,その間Thにはその実況中継をするよう求める。「A君すごいです! でもカービーも負けてません!」などと言っていると,A君はふりむいて,「ね,カービー死にそうだって言ってよ」。そのようにThが実況すると,A君はとどめをさすようにカービーを刀で激しく連打したのち,「カービー死んだ……」と静かにつぶやいて刀をおろす。その後も,別の名前をつけてひたすら復讐する,を繰り返す。ThがA君に頼まれたものを取りに少しの間部屋を出て,戻ると,A君は刀が胸に刺さった状態で倒れ,「死んでいる」。「カービーを見たら生き返る……」と言うので,部屋の隅に隠されていたカービーをThが見つけて目の前にもっていくと,「死んで復活したパワー!」と叫んで再び復讐を始める。

第24回

野球では,打つ前に静かに目を閉じ,呼吸をととのえ,さまざまなポーズを決めて「雷や雪のパワー」や「霊気」を集めると,一気に力を放出してパワフルに打ってくる。かくれんぼでは,'発見'のとき,お互いワーッ!と抱きついたりしてじゃれあうこともある。遊びを中断して,舞台に二人並んで座り,おしゃべりをしたりもする。「今日はいっぱい練習したから疲れてるの」〈誰と練習したの?〉「学校のひと。楽しいよー!」。その後の野球では,A君の分身ばかりが現れるので,〈ほんとのA君は今日少しは出てきたかな〉とたずねると,「少しね。さっき車にいた先生と話したときだけ」。Thが相談所の駐車場

に車を停めたときに，ちょうど来所してきたA君に会い，あいさつをしたときのことのよう。〈ほんとのA君にはどうしたら会えるかな〉「1面から8面まで突破すれば，鍵が手に入るよ。5本連続先生がヒット打てば，突破できるよ」〈よーし，がんばるぞ〉。そのThの挑戦は成功するが，本物に変身する機械が壊れていた，と言われ，再挑戦する。また成功するが，本物は一瞬現れたものの，すぐ自殺してしまう。A君は，生き返らせるにはあと5本打たなければだめだと言い，やや時間のばしの感もあったので，〈じゃ，1本だけね〉とThから提案し，ヒットを打つと，ようやく生き返る。

第25回

チャンバラでは，刀を手に部屋中をかけまわり，戦いの場所を次々に変えながら，「どんな場所でも勝てる！　自信マンマーン！」と叫んでThをやっつける。次はうってかわって受け身となり，Thが投げるボールをA君がうまくよける遊びをする。よけきれずボールがA君の体にあたってしまうと，「ガーッ！」とうなって投げ返してくる。〈怒ってるみたいだね〉とThが言うと「当たると怒るの」とニヤっと笑う。久々の粘土の戦い遊びでは，Thは何を作って送り込んでも負け，A君のモノにとりこまれ，モノがどんどん大きくなって，襲いかかってくる。「たのしぃー！」と，ニコニコした笑顔を何度も見せる。

第26回

夏休みに入り，相談所の工事が始まったため，他の施設の部屋を借りて遊ぶことになる。飛行機セットを作ろうとするが，早々にThに任せてA君は材料の竹ひごを股にはさんで，「たまたま攻撃ー！」と言いながら，Thの体につきさしたりしてはしゃいでいる。ゴムヒモを腰に巻いて，「ダイエット！」と言いながら走る姿はとってもユニーク。〈夏休み，どうしてるの？〉「宿題。でもほとんど終っちゃった」〈じゃ，いろいろできるね。何するの？〉「ぼーっとする」。片づけの際に突然，「ここに来るのいやになっちゃったな」とつぶやく。Thは驚いて〈どうして？〉とたずねると，「暑くなって疲れるから」。〈そう……夏休み中は今日だけだよ〉と伝えると，Thに背をむけて，ホーッとため息をつくふりをする。まだしばらくA君とのプレイが続いていくことをイメージしていたThにとってA君の言葉はあまりに突然で，内心動揺してしまう。実はこの時期，家庭の事情により今後の来所がしだいに困難となってきていたのだが，そのことを知りつつ，でも何とかなるだろうと楽観視してしまってい

たThにかわり，A君が先に現実と向き合わざるを得なかったんじゃないだろうか，あの言葉は，けっして彼の本心ではないんじゃないだろうか，そうさせたのはThでは……などといったうしろめたさや申し訳なさに似たいろんな思いが，Thのなかをめぐる。

　学校生活においては，もうパニックになることはなく，授業中も落ち着いており，休み時間は友達と遊んでいる，とのことであった。相撲をとると高学年の子にも勝つことがあるそうで，子どもの相撲大会にも参加してきたという。今まで書けなかった自己紹介の紙を初めて書くことができ，将来の夢の欄には「お料理の先生になりたい」と書かれていたという。
　家庭においては，少しこわい存在だった父親と楽しく遊ぶことが増え，家族とのゲーム遊びで負けてしまっても，以前のように泣きわめいたり暴れたりすることはなく，クッとこらえて「もう一回」と言えるようになった。買い物や電話の受け答えの仕方を素直に覚え，母親は，ものごとを教えやすくなったように感じるという。両親のあいだでも，随分変わったな，大人になったな，と感じることが増えたという。
　そんななか，第18回ごろからは，仕事を再開した母親の代わりに，母方祖母がA君と来所していたが，その祖母ももう仕事を休みきれなくなったという事情により，今後の約束が突如として困難となる。実際，A君が学校で問題を起こすこともなくなってきており，家族としてもあまり困らなくなってきて，来所への意欲が弱まったということもあったかと思われる。こうしたことから終結を考えざるをえない状況となってしまったが，母親相談担当者とThとのあいだで，残された課題はまだあるものの，問題行動が減る，自分を出せるようになる，といった当初の目的は一応の解決をみたのではないかとの話し合いがもたれ，祖母面接でもそのことを確認し，次回，少し間をあけて3カ月後を最後の約束として設定した。

第27回
　久々に会ったA君はまたひとまわり大きくたくましくなったような印象を受ける。初めて最終回なるものを迎えることになり，最後の時間を一体A君とどうやって過ごせばいいか心もとない気持でいたThは，母親担当者がアドバイスしてくれた卒業証書制作をA君に提案してみるが，A君は「作れない。それ

だったら遊ぶ方がいい」。そしてすぐに，「3本勝負しよう！」と言って，いつもどおりのA君対Thの戦いを始める。スーパーボール飛ばし，野球ゲームはA君の圧勝で終わり，チャンバラでも，ものすごい勢いで刀をふりまわしてThをやっつけると，「ふうーっ……」と深く息を吐いて刀をさやにおさめ，「勝った……」とつぶやく。その後も，かくれんぼ，バスケット，玉転がしなど，毎度おなじみの戦いで次々とA君は勝利をおさめていく。Thが〈A君，今までやったいろんな遊びやってるねー〉と言うと，「今までの遊びおさらい……復習してるの」「最後だから」。さあ次の遊びへ，というところでとうとう時間になったが，「お願い，この1球だけ打ちたい」といわれ，Thもそうしたい，と思い，最後にA君が赤玉をバットで打って終了となる。

〈さあ，最後の片づけだ〉とThが声をかけると，「最後のかたづけ……」「ぼく明日からつまんなくなる。ここに来れないんだもん。ここに来ないと力が出ないんだよ。あと1年くらいやりたかったよ」とせつなげな表情でThをみつめる。もうこれっきり振り返ってはいけないということではなく，疲れたらまたパワーを復活させる場所があるんだということを伝えたくて，〈またいつでも遊びにきてね……〉と言葉をかけると，「ホント？」と少し驚いた表情を見せる。片づけているThのそばでA君は，ふらふらしたり，Thを部屋にしめだそうとしたり，階段の手すりに身を乗り出して，「自殺しようかなー」とThを見てニヤリと笑う。そしていよいよお別れというとき，最後に確かめるように「本当に遊びに来ていいの？」とたずねるので，〈うん。だからそれまで学校がんばって〉と伝えると，「うん」と答え，最後は何度も「さよーならー」と手を振って帰って行く。

IV 考　察

　この遊戯療法過程を通してA君が一貫してとりくんだのは，主にパワーの復活にまつわる作業だったように思われる。さまざまなパワーを発揮することで力を手に入れることを望んだA君にとって，「力」とは，内側で確かに実感される自分の強さであり，「パワー」はその内なる力を目醒めさせるために必要なものであった。これまでさまざまな事情により，うまく駆使できずにいたその「パワー」は，遊戯療法の随所でいかんなく発揮され，それによって手に入

れた力は，A君に自信や居場所をもたらし，自分らしく生き生きと生きられる世界へと開かれていった。

　第1期においては，自由にのびのびとエネルギーを発散できる場と，それを真剣にうけとめる相手を得たことで，これまで出口をみいだせずに吹き溜っていたエネルギーを，これでもかというほど激しくあふれださせるパワーが復活する。

　初回こそ，自ら持参した磁石にパワーを託していたものの，治療者のずるの指摘で身ひとつで勝利を手にしたことをきっかけにあふれ出たエネルギーは想像以上の迫力で，その顔つきも攻撃も，鬼気迫るものすら感じさせられた。けれど初回の最後で，部屋中にぶちまけたオセロのコマを，最後の一つまで探しあて，無事箱におさめることができたのは，A君がエネルギーをあますことなく発揮したあと，それらを自らの内におさめていくことができたこの遊戯療法の過程が表されているかのようである。激しい戦いのなかA君は，ひたすら自分の得点を上げていく一方で，治療者をあくまで0点に抑え続けていたが，いくらがんばっても認めてもらえないというThが体験した無力感はそのまま，これまでA君が背負ってきた生き方そのものだったのかもしれない。そんな，これまでの無力な自分と重なる治療者を繰り返し打ち負かし，勝利を重ねるにつれ，しだいにA君は，圧倒的な勝利をもたらすそのエネルギーは，自分のもつ「力」なのかもしれない，と感じ始める。自分は何もできない無力な存在ではなく，すごい力をもっているのかもしれない，もっと強くなりたい，もっと力がほしい，そんな目醒めが，A君のなかに生じたのである。第8回において粘土を通して表現されたものは，A君の内なる世界に茫漠と広がり，縁をもてずにもてあましていたさまざまなイメージが，お弁当箱という枠組みにおさまりをみせていくかのようで，治療者にも非常に印象深い回となった。

　第2期で，治療者を対象として意識しはじめたA君は，今度は対象（治療者）のもつ力もとりこんで，自分のものにしていくパワー（掃除機パワー）を駆使する。欲しいものをどんどん手に入れて満たされていくなか，A君は徐々にゆるぎない自分という土台を獲得していく。

　第9回で，治療者との一対一の関係性が芽生え始めていることにためらいを感じたA君は，二人の関係性を薄めるものとして「3人目の人」を欲するが，やがて覚悟を決めて，治療者との二者関係に自ら足を踏み入れていく。A君が

「あぶあぶしてる赤ちゃん」から,「復活」するために必要な何かを放つ存在となった治療者は,A君が執り行った儀式めいた行為により「てんし」へと奉りあげられ,A君にとって意味のある対象として生まれ変る。以後二人は,戦い遊びを通して,A君がひたすら治療者をとりこむことに没頭し続けるという混沌とした二者関係に埋没していく。初回にA君が持参してきた「磁石」は,このものすごい吸引力を表してもいたのだろうか。

そうやってとりこまれていったものは,自分の世界を「まもる」(第16回)ものや,自分の「分身」(第17回)として蓄えられていく。自分という器のまもりが固められ,またその内側が満たされていくなかで,少しずつA君は,自分のなかにある思いや気持を,言葉で表現し,治療者に伝えられるようになっていく。第17回では,これまでの遊びで大いに活躍してきた粘土が,今度はそのまま固くなって不変のものへと変容し,新しい遊ばれ方,生きざまを迎えるという。これは,自分という土壌が固まってきたことで新しい自分へと生まれ変りつつあるA君自身のことが,粘土の死と再生の物語として語られたように筆者には感じられた。

第3期では,自信に満ちた自分を手に入れたA君が,Thを自分から切り離す作業にふみきったことで,二人の間に,一個の人間同士としての対等な二者関係が芽生えていった。

第18回で初めて手と手を触れ合わせた二人は,そのまま手をとりあうように「仲間」関係へと移行していく。その際,治療者は一度A君に殺されたのち,A君の仲間として生まれ変った。この,いったん「(こと)切れる」ことで,その先に新しい出会いがもたらされるというのが,「死んで復活したパワー」(第23回)だったのかもしれない。とりわけ印象的だったのが,それぞれでとりくんだ家づくりだった。自分の家ができたとき,あれほど治療者をとりこんでいたA君は,治療者の侵入を拒む。「自分」をもちつつあるA君にとって,これまで癒着してきた治療者を,一度自分から切り離すことが不可欠な作業だったのだろう。唯一のチャンスとしてクイズが出されるが,どう答えても二人の間に「(ま)ちがい」が起こる。混沌としていた二人の「間」に「違い」が生じてきたのである。そこで治療者も自分の家をつくり,それぞれが自分の居場所,空間を得て,個と個として存在して初めて,コミュニケーションがとれ(電話がつながる),出会うことができた。

さらにA君は互いの家が対等であることを求め，やがては二人の家をつなぐなど，それはそのまま，治療者とA君との，真の二者関係が築かれていくプロセスでもあった。こうしてもたらされた治療者との「分かれ」は「別れ」に通じ，やがてA君は，治療の場からの別れを宣言し，終結という大仕事を成し遂げる。最終回は一見いつもらしい戦いどおしの遊びばかりだったものの，そのどれもが，勝者敗者が決まって終わり，という，これまでにないさわやかで歯切れのよい二者の戦いが自然と展開されていった。別れるにあたり治療者としては，A君に残された課題などを余韻として感じるものの，「ぼくどうしても50点だね。でもまあまあだな」（第20回）の言葉のように，ほどほどのところで気持をおさめることができるようになったのも，A君が身につけた力だったのだろう。ほどほど，まあまあ，それは，初めての事例ということで粗削りな勢いや欲にのっかっていた治療者に，A君が最後に教えてくれたことであったように思う。

事例2■コメント

死と再生

河合隼雄

　前の事例で，遊戯療法がどのようになされ，どのように展開してゆくか，について述べたが，それを知ったうえでこの例を見ると，もちろん，いろいろと異なるところはあるにしろ，大筋において似たような展開が認められ，全体としての理解ができたことと思う。子どものもつ力，可能性が，攻撃性，破壊性を伴って表現され，どうなるのかと思っている間に，だんだんと収束され，子どもの身についたものとなってくるにつれて，破壊性がなくなり，関係も建設的になってきて終りとなる。このような経過は前例とよく似ているが，今回はそれをたどりつつ，そこに示される，「死と再生」のテーマに焦点を当てて述べることにしよう。

　第1回，A君はオセロをするが，ズルをして勝ってしまう。Thは「A君に対して，正々堂々勝負して自分の力で勝ってほしいという気持」と「子どもをありのままに受け入れるという遊戯療法のルール」との間に葛藤を感じる，と述べている。こんなときに「ズルをしてはいけない」というのは普通の人の反応である。ここで，ズルをそのまま許容するのが遊戯療法なのだろうか。

　ここで，「子どものしたいようにさせる」のが遊戯療法である，と安易に考えてはならない。「子どもをありのままに受け入れる」とは，どういうことだろう。ここで，ズルをする嫌な子，とか変な子と思いつつ，ともかくズルをさせるのは，「受け入れる」ことになっているだろうか。

　「受け入れる」とは難しいことだ。ほんとうにものごとを受け入れる，というのは実に大変なことだ。「見逃す」，「勝手にやらせる」は「受け入れる」ことにならない。受け入れるのは「私」なのだから，私がそのことを納得していなくては駄目である。

　このことは，大人のカウンセリングでも同様である。クライエントが一般には許されないことをする，と言ったり，現実に行ったりしているとき，Thはどうするのか。高校生が実は煙草を吸っていると言ったとき，どうするのか，

極端な場合，「死にたい」，誰かを「殺したい」と言うことさえある。それをどう「受け入れる」のか。これは実に難しい。しかし，それができなかったらカウンセリングにはならない。

遊戯療法の場合も同様である。A君は口癖のように「疲れた」「めんどくさい」と言うとのこと。前回に述べたことを思い出していただくと，A君は自分のために利用できるエネルギーが極めて小量なので，すぐ疲れるのだということがわかる。A君がパニックになり，暴れたり，怒鳴ったりしているときは，A君のコントロールできないエネルギーが暴発しているので，そこからすぐにA君は「元気がよい」「力がある」などと考えてはならない。A君は自分のエネルギーを使うための水路づけがほとんどできていないのだ。

そこまで少ないエネルギーで，「勝ちたい」気持が強すぎるとズルをするより仕方がないのではないか。そこまで納得すると，「ズル」を許容するのではなく，「ズルをせざるを得ないA君」を「受け入れる」ことができるのである。しかし，こんなことは初めからできるものではない。初心者のThとしては，しっかり受容はできないにしろ，ともかくA君の動きに従いつつ次の動きを待つしかない。もちろん，これは単純に「ズルはいけません」というよりはましである。

しかし，A君はThの不完全受容に満足できなかったらしい。オセロのコマをまき散らすという思いがけないことをする。しかし，これは「競争で集める」という形で，Thにとっては，はるかに受容しやすいことなのだ。それでも不十分だったのだろう。もう一度やってみて，A君は最後の一つを自ら見つけ出すということにより，Thと共に今後協同作業をしてゆける状況を巧みに演出する。子どもの心というのは実に素晴らしい。

A君はその攻撃性をチャンバラによって表出する。このときも自分は攻めるばかりで，ある意味でズルをしている。しかし，Thは「相手の攻撃から身を守るすべはもちあわせていない」と痛々しく感じる。これは大切なことだ。A君の攻撃はほんとうの「攻撃力」をもっているのではない。そのような有効なものであれば，防御にも使えるはずだ。それができないというのは，A君はちゃんとした「水路」をつくりあげているのではなく，攻撃のときは，言わば洪水のような現象を起こしているだけなのだ。

そう考えるとA君がバイキン殺しの後で，「とりで」を構築するのは，実に

大切な仕事であることがわかる。そしてバイキンの死んだ後で，わざわざ母親を連れてきて，とりでを見せたことの意味もよくわかるのである。A君を常に脅かしていた外敵が，死んでA君のとりでを鑑賞する母親の姿として再生してきたのだ。
　A君はこれが大いに嬉しかったのだろう，母親像の急激な変化を望み，母親をプレイルームに入れ込もうとする。これが第9回である。A君とすれば，第4回に母親をプレイルームに連れてきているのだから，こう考えるのも無理はない。しかし，プレイルームにおいて行われる象徴的実現の世界と，外的世界が急激に混合してしまうと，A君の心のなかに大混乱が生じて，せっかく生じかけた世界の改変のプロセスが歪んだり，停止したりしてしまう。そこで，ThはA君の気持がわかりながらも，プレイルームの特別な空間――それは神聖な空間と言ってもよいほどだ――を守り通す。A君はそれを何となく感じとったのか，気分を切りかえて母親抜きで遊びはじめる。
　このとき印象的なのは，A君は赤ちゃんになり，「お母さんのおなかにいるとき」を体験し，ある意味では再生するのだ。これはプレイルームが外界とは隔絶された空間として守られていたからこそ可能になったことと思われる。
　これ以後，この遊戯療法においては，何度も，死と再生のテーマが繰り返し現れ，その度ごとにA君は成長を遂げ，変化してゆく。これを見てもわかるとおり，外的現実においては，自殺も他殺も否定すべきことであるが，象徴空間においては，つまり，遊戯療法，箱庭や絵画療法，夢分析などにおいては，それが再生へとつながってゆくときは，むしろ肯定的な意味をもってくることを知っておくべきである。と言っても，自殺や他殺を安易に受け入れるのはよくないのも当然である。こちらも生きている人間として，いろいろな感情を体験しつつ，死と向き合ってゆくからこそ，そこに再生のドラマが生じるのである。この遊戯療法の過程を見ると，それがよくわかるであろう。
　この療法には注目すべきことが多いが，そのなかで特に印象的なことに触れておく。第3期になって，第18回でThとA君とが手をつないでトランポリンで跳び続けるところは印象的である。それまで「体当り」的な接触はあったが，「A君がこれまで体に触れられたがらなかった」ことを考え，今がよいチャンスとThがA君と手を握り合い，「A君，左手も！」と言って，二人で両手をつないで跳び続けるところは，その姿が目に浮かぶようである。「スキンシップ」

の重要性などと言って，子どもを見ると抱きたがる人がいるが，A君のような子は，最初からそんなことをすると，怖がって来なくなるだろう。「関係」のもち方について，このような繊細な配慮を必要とするところに，遊戯療法の「療法」たる特徴がある。

　最後に述べておきたいのは，「終結」についてである。大人のカウンセリングであれば，言語的に表現するのでわかりやすい。「長い間お世話になりました」という類のお礼の言葉を述べるクライエントも多い。カウンセリングの過程において成し遂げたことを，言語で表現して確認することもある。あるいは，「名残り惜しい」気持が表明されることもある。

　このThはこれがイニシャルケースであるだけに，どのようにして終るのか不安を感じるのも当然である。このときの母親担当者のアドバイスによって卒業証書の制作を考えるが，この人はあるいは大場さんの事例の報告をどこかで見聞していたのだろうか。

　ともかく，そのようなThの提案がA君によって見事に拒否されるところが面白い。その子なりの終り方があり，それは子どもにまかせておけばいいのだ。A君の場合は「今までの遊びのおさらい」をするが，実はこれをするのもひとつの終り方であって，他にも例がある。これはカウンセリングの場合，過去の経過を思い出して，「〜のようなことを申しあげましたね」などと言うのと同様である。このように過去を振り返って終結を確かなものにするのである。

　また最後に，何かあるときはまた来られるのを確かめるのも成人の場合と似ている。このようにして，「終結」らしい終り方もあるが，子どもの場合は，以上に述べたような気持が錯綜するなかで，外面的には極めて淡々と終ったり，あるいは，感情の動きをとめようとしてか，さっと走り去って行ったりすることがあることも知っておくべきである。

　事例1，事例2と「終結」がわかりやすいのが続いたので，このことも指摘しておく。いずれにしろ，子どもは子どもなりにそれぞれの思いを込めて，最終回を経験してゆくのであり，治療者はその心の動きをよく理解するように努めねばならない。

事例3

プレイセラピーにおいて「遊び」が「遊び」でなくなる瞬間
―― 集団になじめない小学校高学年男子の事例を通して

北 原 知 典

I　はじめに

　プレイセラピーを行う際，筆者はプレイルームが「子どもが遊びを通して安心して自分を表現できる空間」になるよう気をつけてきた。そのためには時間・場所など外的な枠組みと，治療者と子どもの間の関係性という内的な枠組みの両方が重要となる。プレイセラピーでは，これらの枠組みのなかで，湧き上がってくる子どもの感情やイメージを，治療者がいかに遊びを通じて抱え，子どもが表現や変容を行っていける場を提供してゆけるかが非常に大きな問題になると思われる。
　しかし，こうじ君（仮名）と出会ったとき，彼の内的に抱えていた怒りや苦しみ，そしてそこから生まれる攻撃性の重さと深さに筆者の心は圧倒されてしまい，治療者として枠組みのなかで抱えてゆくことができなくなった。それは筆者にとっては，「遊び」が「遊び」でなくなる体験であり，プレイセラピーにはこういう瞬間があることを身をもって痛感した。

II　事例概要

　こうじ君は，幼い頃に両親の離婚により父親と別れ，母親と弟との3人暮しをするようになった。その後も引っ越しを数回重ねるなど，安定しない状況がしばらく続いた。母親は生計をたてるために働かなくてはならず，来室当時もフルタイムで仕事をもっていた。仕事の疲れと育児の疲れもあり，つい子ど

には怒ってしまうことが多かったという。

　小学校中学年になり，そこではじめて離婚のことをこうじ君は母親から知らされる。その頃より，学校で先生の言うことをきかず，授業中ボーッとしたり，フラッと席を離れるという行動がみられるようになった。母親はそんなこうじ君を心配し，当時住んでいた地域の相談機関に通うが，その後，転居により相談が終結となった。

　転居後もこうじ君の学校での様子は変らず，担任の先生からの勧めもあって，筆者の勤めていた相談室に来室し，その結果，相談室で母親担当として女性の治療者が，こうじ君担当として筆者が担当となり母子並行面接を行うことになった。

　母親の仕事の忙しさと母親担当者の忙しさのなか，筆者がこうじ君と出会ったのは，申し込みがあってから2カ月後のことであった。

Ⅲ　事例の経過

第1期（第1回～第18回）

　プレイセラピーのなかでは，主に彼の好きなサッカーや激しいチャンバラなどを通じて，治療関係が形成されていった。それは時にぶつかりあいに近い激しいものであった。チャンバラでこうじ君が選ぶのは常にプラスチック製のバットであり，バットを握りしめて歯をくいしばって向かって来る姿には，真に迫る迫力があった。

　またこの時期，母親が信頼していた母親担当が交替するという継続の危機が生じ，こうじ君は筆者を「ギロチンにする」という行為により，大人たちに継続の覚悟を突き付けた。

第1回

　はじめて会ったこうじ君は，自己紹介をする筆者のことを無視し，ひたすらぶつぶつ独り言をいいながら，壁に向かってボールを蹴っていた。「ここをこうやって蹴ればドライブするんだよな」という風にまったく筆者にもプレイルームにも興味がなさそうにボールを所在なげに蹴っているこうじ君の姿に，筆者は拒否されたというより，どうしたらよいかという強い戸惑いのようなものを感じていた。

〈ここはどういうところだと聞いてきた？〉「どーせ，検査とか試験とかして判断するんでしょ」と投げやり気味に答えては，ボールをひたすら一人で壁に向かって蹴る。そんなこうじ君に筆者は〈サッカーが好きなのかな？〉と声をかけ，トランポリンを縦にして，ゴールを作ってみせた。するとこうじ君は，「おれ，キーパーやるからお兄さん蹴って」と手袋をはめてゴール前に立ち，筆者の蹴るボールを歯をくいしばって跳ね返し始めた。そんなゴールで必死に守っているこうじ君に，筆者は"なかなか人に心を開くことができずに，必死になって自分の殻を守っている姿"と，"暖かく見守るように接しようとする筆者に対して「そう簡単にはいかないぞ」という姿"を見たような気がした。この回の最後まで，相談室への来室を「どうしようかな」と言っていたこうじ君であったが，面接の最後には，「来る」と筆者に答え，相談室に定期的に来室して遊ぶ約束をすることができた。

　この初回を通して筆者は，次のことを強く感じた。彼は相談室や筆者に対して，無関心を装っているように見えるが，その心の奥には切に人との関わり，暖かみを求めている"飢餓"のようなものがあるのではないかということであった。彼は歯をくいしばって耐えたり，頑張り通すことでしか内面の飢餓から自分を守る術がなかったのではないだろうか。それが彼の人に対する警戒心・不信感を強めたのではないかと思われた。

　そこで筆者は，まず彼のこうした警戒心や不信感が和らぐように当初は心掛けたが，このときには内面の飢餓から生まれる激しい攻撃性や深い怒りには，あまり意識を向けていなかったように思われる。

第2回〜第3回

　第2回では，トランポリンを跳びながら，「今日生まれ変るかもしれない」と言い，帰りに部屋を出る頃には「生まれ変っちゃった」と筆者に語った。第3回では，雨のなか，傘もささずに母親を待っていたためにずぶ濡れの姿で来室した。サッカーゲームをわざわざトランポリンの上で行ったが，トランポリンの上のサッカーゲームは二人の動きにつられて揺れ動き，彼の土台の不安定さと同時にこの治療関係の不安定さを感じさせた。

　しかし，母親の忙しさ，母親担当の忙しさは相変らずであり，なかなか次回の約束が決まらないことも多かった。そんな折，母親担当の退職が決まり，新しい母親担当への引継ぎが第4回で行われることとなった。そのような先の見

えなさに，筆者はセラピーが軌道になかなか乗っていかないという焦りと，継続に対する不安感を感じていた。

第4回

まず最初にこうじ君を含めて，新しい母親担当の紹介が行われた。「ギロチンやりたいな」というこうじ君の言葉とニヤけた表情に，筆者はザワザワとした胸騒ぎを感じたが，できるだけ平然としながらこうじ君のギロチン作りのアイデアに付き合っていった。

「お前をギロチンで処刑する。後ろを向くんだ」。こうじ君は筆者に有無を言わせずに後ろに向かせると，輪投げの輪で後ろ手に手錠をかけはじめた。筆者の胸騒ぎはますます高まり，治療の原則に従い止めるべきかなどさまざまな考えが頭をめぐった。最初は楽しみを含んだ雰囲気であったこうじ君も，途中から表情が徐々にこわばりはじめ，だんだん本気になってきているようであった。彼の表情はまるで何かに憑かれているようでもあり，凄味が感じられた。

筆者は，彼のこの鬼気迫る迫力に押されてしまったところもあり，結局，彼が椅子を組み合わせて作ったギロチン台に寝ることとなった。筆者もどうしたらよいかわからなくなっていた感じもあるが，"こうすることにも何か意味があるのかもしれない"，"ギロチンを筆者には落とさない"という気持もあり，結局そのまま流れにまかせることにした。

彼はそんな筆者に関わりなく「母親にもみせる」と部屋を飛び出し，母親，旧母親担当，新母親担当の3人をつれてきた。筆者は何か"さらされもの"になった気がし，いたたまれなかった。そんな筆者に彼はギロチンをおろそうとしたが，躊躇し母親の方をみた。そして結局やさしく筆者にあたらない形でギロチンを降ろした。

終了後，筆者は何とも言えない疲れがどっと出て来るのを感じたが，同時に彼の表現したものに，うまく治療者として対処できず，彼に大きな負担をかけてしまったという力不足を痛感した。そして第5回，第6回をこうじ君はキャンセルし，来所しなかった。

結局この第4回の遊びが，母親担当が替わるという治療継続の危機に，母親，治療者たちに対して継続の覚悟を促すこととなった。そしてこの回以後，"継続のあやうさ"というものは感じられなくなった。

第7回〜第13回

　ボールのぶつけ合いやプラスチック製のバットを使ったチャンバラなど，何かを激しくぶつけ合う遊びが多くなってきた。こうじ君はそれを歯をくいしばりながら，時には筆者のボールをポケットに手を入れたまま，小憎らしそうに「ひょい，ひょい」とよけて見せた。プラスチック製のバットのチャンバラは火花が出そうなぐらいに激しく，時折筆者の手に当たったときの痛さはとてもつらいものであった。こうじ君はそんな筆者の痛みに関心なさそうに「大丈夫？」と尋ね，しばらくの間は力を加減するが，長続きはせず，すぐ元通り激しくなるのであった。

　また時折，筆者を"後輩"，自分を"先輩"としてみたて，筆者に「ボールをとれ！」と特訓するようにノックをしながら威張ってみせたり，時にこうじ君の激しさについていけず，遠慮してしまう筆者に対し，「大人の力を見せてみろ！」と言うようになった。また時間の終りに筆者をなじるなど，筆者にさまざまなものを求める面も多く見られるようになった。

第14回

　こうじ君の希望で卓球をすることとなるが，こうじ君はこれまで卓球をしたことがなく，ネットの張り方からラケットの持ち方まで筆者が教えることになった。「手が痛くなる」などの文句をぶつぶつ言ったり，時折やめそうな気配も見せながらも，「こう？」と聞きながら卓球をする。しかしラケットで卓球台を叩いてしまうことが多く，衝動的に叩いては筆者の方を見て，「あっ」とやめることが多かった。

第15回〜第18回

　この頃になると，筆者も彼の激しさに付き合えるようになり，「なかなかやるじゃん」という言葉をもらうようになった。しかし，足の怪我をしてやってきたこうじ君に，〈今日はサッカーできないね〉と言った筆者の不注意な言葉に対し，「別にサッカーをしにきているわけじゃない」と教えられることもあった。

第2期（第19回〜第38回）

　こうじ君の激しさに向きあえるようになってきた筆者は，彼にとっての共犯者となり，母親を巻き込む遊びが増えてきた。こうじ君は，母親に対してさま

ざまな罠・仕掛けを作るが，母親は彼の作った罠・仕掛けにはかからなかった。しかし筆者には母親を巻き込むことに対しての迷いがあり，共犯者になりきれない不自由さを感じていた。

　そんななか，彼の攻撃性は筆者が限界と感じるほど強くなり，さらに筆者に対し本気を出すことを怒りまじりで要求するようになった。しかし一方では，筆者に静かに語る場面もみられるようになり，筆者との間で何かが形になっていった時期でもあった。

第19回

　筆者に大きな樽の玩具のなかに入るように言うと，こうじ君はその両方の口を物で塞ぎ，「邪悪なものを閉じこめなくちゃ」と，どんどんバットやラケットなどを隙間に入れ始めた。筆者は閉じこめられていく息苦しさや身動きの出来なさを訴えてみるが，構わずに楽しそうに続けていく。そしてそれを母親に見せるために筆者をおいて呼びに行ってしまう。

第20回

　筆者の後ろにある玩具棚に向かって，「壊してやる！」とサッカーボールを蹴り始める。筆者の後ろでプラレールの線路やミニカーなどが「ガシャ！」と悲鳴をあげる。逆に筆者が蹴ると，彼の後ろの自転車が「ガシャン！」と悲鳴を上げる。こうじ君は自転車を，筆者は後ろの玩具たちを守る蹴り合いが始まる。

　時間近くになって，向き合ってはじめてキャッチボールをするが，こうじ君の球は常に速球で，わざととれない球を投げたりする。そんなこうじ君に対し，筆者は〈まだ，こうじ君はキャッチボールができないみたいだね〉と声をかける。

第22回

　「隠れるところがないから，見つからないようにシールドを作ろう」と部屋の隅にあった大きめの木製の積み木をこうじ君の指示のもと，二人で運び，積み上げていく。しかしそれだけでは材料が足らないようで，部屋にあった面接用の机・椅子，黄色い樽，とび箱まで動員してシールドを作っていく。そのシールドからすべり台を上り，トランポリンの上に滑り降りて着地できるような一つの道筋も作る。そのトランポリンへ続く道筋にアーチを作っていたが，「大人でも通れるようにしたいんだけど」と筆者も手伝いながら，危なげだが

なんとか大人が通れそうなくらいのアーチを作る。

　母親を呼び，その目の前で通って欲しそうにこうじ君自身が道筋を通ってトランポリンへ行くが，母親は遠慮気味にのぞくものの，通らなかった。こうじ君は作ったアーチを蹴り壊して部屋を出ていった。

第23回
　こうじ君が遊んでいるプレイルームには，小さな面接室が併設されており，プレイルームから直接廊下へ出る方法とその面接室を経由して廊下へ出る方法がある。こうじ君はその小さな面接室に母親をおびき寄せ，プレイルーム側のドアに物を積み上げ，廊下側のドアを二人でふさぐ罠を作ることに夢中になる。母親をここまで巻き込むことに対し，迷いのあった筆者は〈怪我しないかな〉と心配するが，こうじ君は「ボクシングの選手を二人ぶっ倒してしまうパワーがあるんだぞ」とどんどん積み上げて行く。しかし2度のチャレンジとも，母親は積み上げた方をすり抜けて出てきて，閉じ込めることに失敗する。

第25回〜第29回
　「父親は野球の強い所にいるんだ」と初めて父親のことが語られた。また暗闇のなかでプラスチック製のバットでチャンバラをするなど激しさが増し，あまりの痛さと怖さに筆者は初めて制止をする。また『ガラスが刺さった話』，『公害病の話』，『友達の病気の話』などが語られ，「なんでこんなに嫌なことばかり思い出すんだろう」という場面も見られた。時には窓の外を二人で眺めながら『地価高騰』，『円高』の話をし，地価を高騰させて儲ける人たちに対して，「住みたいところにも住めなくなる。それってずるいよね」と語ることもあった。また，部屋のさまざまな玩具・遊具を工夫し，体を鍛えはじめた。

第31回
　筆者に木製の積み木を運ばせながら，「瓦礫の砦を作るから」と広いプレイルームを半分使い，大きな砦を作り始める。木製の積み木がなくなると，「使えそうなものは何でもいいんだよ。だから瓦礫の砦なんだ」と机・椅子，黄色い樽，とび箱，電子オルガンなど部屋にあるあらゆる物を結集し，砦を作り上げて行く。しかし寄せ集めの材料ということもあり，強度がなく危ない部分も多かったので，その部分だけは筆者が補強することとなった。ある程度強度はあるが，いつ崩れるかもしれない瓦礫の砦が出来上がった。

　こうじ君の指示通り，母親を呼びに行くと，すでに部屋の電気が消えており，

こうじ君は砦のなかに入っていた。「早く入ってきて」というこうじ君の言葉に，筆者は暗いなか砦に恐る恐る入って行くが，途中でそれ以上進めなくなってしまう。躊躇しているとこうじ君が「こっち」と筆者の手をつかみ引っ張ってくれる。このとき初めて，こうじ君の心の琴線に触れたような心地がした。

　母親に見つけてもらうと，こうじ君は前方の木製積み木の壁を崩す。すると，まるでトンネルの開通式のように見事に崩れ，明りが砦のなかに注いで来た。それはまるで冬眠から覚めたような，繭から出てきたような心地であった。

第33回〜第35回

　筆者の背中にのっかってくるなど身体接触が出てくるが，なぜか背中にのっかっていたこうじ君を筆者は落としてしまう。また相変わらずバットのチャンバラも激しく，あまりの痛さにこうじ君のバットを取り上げてしまうこともあった。何かしらこうじ君と筆者の間で新しい関係が出来そうでありながら，どこか筆者のなかに受け入れがたさというか，限界のようなものが表面化してきた。

　また母親を呼び，彼と母親，筆者と母親担当者がX字にキャッチボールをする場面もあった。

第37回

　歯を食いしばってワニ叩きゲームをしている姿に，筆者は無頓着に〈そんなに激しくいつもやっていたら疲れない？〉という言葉をかけてしまう。しばらくしてこうじ君は，急にエキスパンダーを取り出すと，それを鞭のようにして「俺が鍛えてやる。まず防御力をあげてやる」と筆者の背中を叩き出した。「1，2，3……10，11……」筆者は最初どうしたらいいかわからず，〈どうして僕は叩かれなきゃいけないんだろう〉などと言いながら我慢している。しかし背中にあたるエキスパンダーは思い切りではないもののかなり痛く，戸惑っているうちに肘にヒットし，あまりの激痛にうずくまってしまう。「あたりどころが悪かったか」と言いつつ，こうじ君はたじろいだり，悪びれたりする様子もなく，淡々と叩く回数を数えて行く。「……45，46，47……51，100回叩いてやる」。苦痛に顔をしかめながら，筆者のなかでさまざまな想いや感情が駆け巡ってゆく。"なんで自分がこんな目に"，"なんで止められない"，腹立ち，怒り，無力感，あきらめ……。しかし，なぜか80を過ぎたあたりから〈(この痛みに)負けてはいけない〉という想いが心の奥底からフツフツと湧き，〈よー

し！〉と歯を食いしばり立ち上がり，耐えきってしまう。「……99，100。終り」。しばらく，二人とも何もできず，黙り合う。するとこうじ君は，唐突に「ここにミニ四駆ある？」と，ミニ四駆作りを始める。

第3期（第39回〜第48回）

百叩き以降，攻撃的な遊びは激減し，ミニ四駆が遊びの中心となる。コースを走らせながら，ミニ四駆を自分なりにチューンナップ，時に軽量化を重ねてゆく。最初はモーターが空回りしたり，スピードが出なかったりしていたミニ四駆も，彼自身の工夫により，あっという間に筆者以上に詳しくなり，スピードが増し，スムーズにコーナーを曲がれるようになっていった。

こうした作業が，現実生活においてもこうじ君一人の世界をもつことを可能にし，内緒でミニ四駆を買うなど，『母親の知らない世界』をもち始めた。また母親面接でも彼の友達との関わりが進み始めた内容が多く語られるようになった。

一方で，母親の実家へ引っ越しする話が持ち上がり，約2カ月後の別れを意識して会わなくてはいけなくなった。しかし，なかなか引っ越しの話題がこうじ君から語られず，筆者としてはいつ話題として取り上げたらいいか迷う時期が続いた。

第44回

アクリルカッターを持参し，玄関で「この植木の葉っぱ削っていい？」，「この靴べら削っていい？」と聞いてくる。部屋では危ない手つきでありながら，ここで作ったミニ四駆を削り，軽量化させてゆく。途中からこうじ君一人では難しくなり，筆者がこうじ君の指示どおり，肉ぬきをして軽量化してゆく。

第45回

「ここで初めてミニ四駆を作ったんだぜ」というと，筆者にコースを作らせ，こうじ君はミニ四駆のチューンナップをする。母親を呼び，初めて母親の目の前でミニ四駆を走らせる。母親も初めてミニ四駆の速さを実感したようで，彼のミニ四駆の説明を聞きながら，その詳しさに「私たちにはなんのことかまったくわかりませんね」と母親担当者と感心する。

第46回

こうじ君は母親と会話しながら，「友達にマンガ貸してと言われたけど無理

だよね。今度，引っ越すから」と母親に語る形で筆者に伝えてくる。しかし部屋に行き〈今度，引っ越すんだね〉と聞いても「うん」と言うのみで，それ以上は答えない。

このときはコースで走らせずに，床にキャッチボール風にミニ四駆を走らせる。コースにしばられない解放感を味わう。

第4期（第49回～最終回）
実家に帰ることが決まったものの，その時期がはっきりせず，落ち着かない感じのなかでの面接が続く。プレイに激しさが戻りはじめ，再び筆者は受け止め難さを感じ，心のなかで苦しさや葛藤が再現されてゆく。筆者と前の時間のケースの子どもとのやり取りをにらみつけた直後，こうじ君の激しさが急激に高まり，2回目の百叩きにつながった。しかしそのことが契機となり，激しい攻撃性は収まりはじめ，終結に向かっていった。

第49回
箱庭用の真鍮製の大仏を手に取ると，「大仏を使って踏み絵をしよう。俺は宗教なんて信じない。大仏は外から来た神様で日本の神様ではない」と筆者を事務室の前までつれて行く。事務室にいた他の相談員を見届け人のようにさせると，筆者に廊下で大仏を踏ませようとする。筆者は，この大仏がこうじ君にとってどんな存在なのかわからないこともあり躊躇する。「これは踏み絵だ！強く踏め！」筆者はなんか居心地が悪い感じがありながらも，こうじ君の言葉のもつ強さに覚悟を決め，ギュッと踏むことにする。

「最近，俺ケンカ弱くなっちゃったんだ。昔はいじめられてもパシッて叩いたら一発で泣かしちゃったのに」。そんなことを筆者に語りながら，廊下を歩き，部屋に戻ると埴輪粘土で埴輪を作りはじめる。しかし途中で，「そうだ，あれ作ろう」と言いながら，彼が作ったのはおちんちんであった。

作った後，自分で机を倒してバリケードを作るとそのなかに入り，母親の前で筆者にボールをぶつけさせる。「助けてくれー。俺はいつもこんな目に合わされているんだ」と叫んで見せる。終了間際，大仏に作ったおちんちんを付け，それを母親に見せる。

第52回
母親を呼んでくると，母親に対して筆者にノックを命じる。大仏の踏み絵の

ときのような居心地の悪さに筆者があまり強い打球を打てないでいると,「何やってんだ!」と怒り,自らノックをしはじめる。するとそれがいつのまにか,母親が投げて彼が打つという形に自然に変ってゆく。

第53回
こうじ君の「東京もやだし,日本もやだ。だってみんな嘘つきなんだもん」という言葉に筆者は重さを感じる。その後,「将棋をやりたい」というこうじ君の言葉に将棋盤を準備し,やり方がわからないというこうじ君にやり方を教えた。

第54回
前回に引き続き将棋をやる。しかし勝負がつかず,王が取られてもどちらかのコマがなくなるまで続いてゆく。時間になっても終らないなか,筆者は"終らなさ"に耐えかね,結局,玉砕戦法をとり,終りにしてしまう。「えー,真面目にやれよ」と怒るこうじ君。終了後,筆者は,重さに耐えきれず,収めてしまった自分に気づき,"終らせずに終る方法もあった"と反省する。

また母親を交えて夏休みで終りになることを話し合う。

第55回
こうじ君は,なかなか帰ろうとしない前の時間の子どもと筆者が相談室の入り口にて苦戦している所へ来室してくる。こうじ君はその子どもを睨みながら,相談室に入ってゆく。

バトル鉛筆は,鉛筆に技や数字が印刷されており,転がして出た面の数字や技をダメージとして相手に与えるゲームであるが,それを鞄から取り出して「本当に攻撃を受けるようにしよう」と言ったり,画鋲を持ってきて,「これを手に入れたまま握手するの」とトランポリンにブスッと刺したりする。時間通り帰れず,こんなに帰れないこうじ君を筆者は初めて見る。

また,この日に限り,いつも迎えにくる母親が,迎えに来られず,電話をかけてくる。その電話に出ながら,「今どこにいるの? もういいや! 歩いて帰れるかな? 帰っちゃえ!」と答え,帰って行く。

第56回
オモチャの刀を手にとると,「君は刀を落とし,鞘しか持ってないの」と筆者に鞘を持たせると,容赦なく激しく叩いてくる。まるで筆者の体にみみずばれでも刻もうとしているかのように,力が込められており,表情も険しい。筆

者もなす術がない。「100回叩いてやる」と言いながら，躊躇なく思いのたけをぶつけるかのようであった。

しかし今回は，筆者のなかにフツフツと湧いてきた怒りを押さえることが出来なくなり，言葉で制止したうえに，刀を取り上げる。「ちょっとまずかったかな」とすたすた行こうとするこうじ君を，筆者は逃がさずにつかまえる。〈今，ほんとうに思い切りやったろう！〉「うん」。そのとき，なぜか怒ろうとしたはずの筆者に違う言葉が浮かんできた。〈叩いてどんな感じがした！〉予想もしない言葉に「えっ」という感じで，こうじ君は戸惑ったようだったが，まるで独白のように，「叩かれる人の気持を叩く人はわからない……」と言った。その独白の重みに筆者ははっとして，〈そうか……そうだね……〉と言うことしか出来なかった。

将棋をすると彼は，最後に筆者の王を自分の駒ですべて囲んでしまう。そんな将棋盤を見ながら，「白紙になった」と帰っていく。

第57回〜第59回

以後，激しい遊びやぶつかり合いは影をひそめ，「キャッチボールをやろう」と取りやすい球を筆者の受けやすい所に投げるようになった。またこの相談所についても「ここは目の悪い人とか病気の人が来る所なんでしょ」〈ここは普通の人よりも少し重い荷物を背負っちゃった人が来る所なんだよ〉「じゃあ，父親が死んじゃった人とか？ 田舎に帰らなくちゃいけなくなった人も辛いよね」と今の気持を含めて話をしてくる。また「最近，俺，変なんだよな」と成績が次々上がっていく話をする。

最終回

30分遅れて来所し，二人でピッチャーとバッターに別れて野球をする。3アウト交代のルールで途中ピッチャーとバッターを交代させながら野球をする。時間になり，「三振したら終り」と，見事な球を投げて筆者を三振にしとめる。「今の球，スライダーなんだ」とはじめて変化球を投げる。

こうじ君は，普段と同じように「さよなら」と言い，玄関を出てドアを閉めてゆくが，ドアのガラス越しに「お世話になりました」と頭を下げて帰っていった。

Ⅳ 考　察

1．攻撃性について

　こうじ君は治療者に直接的な身体攻撃をするなど，時にセラピーとしての枠を越えるように思われる遊びを展開した。この彼の激しい攻撃性は，傷ついた彼自身の心の悲痛な叫びであり，怒りであったように治療者には感じられた。

　彼にとって父親は離婚により，母親は仕事により自分を守ってくれる存在ではなくなってしまった。第３回で雨のなかを傘もささずにずぶ濡れで来所したが，彼は雨が降ってきても避ける術もないまま，濡れるしかなく，自分で自分を守る術をもっていないようであった。そしてまた，そんな自分の姿を怒りをもって表現しているように筆者には感じられた。

　彼の激しい怒りは，「自分の寂しさに目を向けてくれない周りの人に対する感情」であったと同時に，それは個人的な感情を越えて，「このような目に自分をあわせるこの世そのものに対する感情」であったと言えるのではなかろうか。それは失った父親的，母親的な存在を取り戻したいという切なる感情でもあり，このことが筆者には心の切なる飢餓として感じられたのではなかろうか。しかしこれらの感情は，母親が自分たちのために身を粉にして働いている姿を見ている彼にとっては，体験することが難しく，心の内に埋み火のように持ち続けるしかなかったと思われる。

　そもそも，攻撃性とは，個として種を保存してゆくための本能であり，心の内から湧き上がってくる衝動であり，また保護者から分離して，個として能動的に存在してゆくための動力でもあり，内から生体に変革や発達を促す火のような役割をもっていると思われる。したがって，この攻撃性の課題は非常に人間にとって重要な課題であると言える。しかし，攻撃性とは内から湧き上がってくる衝動であり，この衝動を押さえたり，この衝動から守られる術をもたない場合，それは能動的な面よりも破壊的な面が強調され，内側から脅かすと考えられる。

　攻撃性に向き合うためには，母子一体感とも言うべき，保護者との安心した信頼関係をどの程度体験し，心の内に保持できているかが大切となる。しかし，こうじ君は，離婚や母親が経済的な担い手になることにより，この体験が十分

に得られにくい状態であり，攻撃性の能動的な面が活かされず，深い怒りへとつながっていったと思われる。

2．さまざまな容器について

こうじ君は，遊びのなかでシールド，バリヤー，砦，罠など何度か形を変えながら，自分を守るための容器とも言えるような道具を繰り返し作ってきた。これは，セラピー空間にさらなる守りを作れなければ，彼自身の内面に触れる作業が出来なかったということであり，それだけ深い問題をこうじ君が行っており，儀式的な空間が必要であったとも言える。

また，このような道具には多義的な意味があると思われる。第19回では黄色の樽が「邪悪なもの」を封印し，第23回では母親を閉じ込めるものとなり，そして第31回では瓦礫の砦が彼が変身するための場所となっている。

したがって，彼にとってこれらの道具は，自分を守るものという意味だけでなく，時に自分の内面から突き上げてくる邪悪なものを閉じ込めておくものであり，時に母親の存在を保持するためのものであり，また自分の傷に向き合い，変容するための繭とも胎内ともいえる場になったと言える。

このようにさまざまな容器を心に作ることは，この遊戯療法の大きなテーマだったのではないだろうか。この容器は言うなれば，母子一体感とも言える保護者との関係性や，治療者との関係性の象徴であったと同時に，こうした関係性を心にもつために入らなくてはならなかった儀式的な場であったと思われる。

前述したように，攻撃性は一種の衝動であり，抱えられず放置されると破壊的な色彩を帯び，内から自身を脅かすものとなる場合がある。そしてこれを抱えるには，支えとなるものが心の内に必要になる。それが保護者との一体的な安心できる体験であり，この体験が子どもにとってさまざまな容器となり，この容器が内外の脅威から自分を守り，戦い，隠れ，抱え，溜め，変容する役割を担うのではないかと思われる。しかし彼の場合，この容器が傷つきにより痛んでおり，内外の脅威から自分を守る術がなく，本来守られながら戦えるところが，必死な形相で戦うことでしか自分を守れなかったのではないかと思う。

彼は筆者との関係性のなかで，痛んでいた心の内の容器を遊びにおいて象徴的に展開し，作り直し，自分の内にある傷つきや怒りに触れ，自分一人の世界

をもてるようになったのではないかと思われる。それは時に，筆者自身が彼の心の体験を変容させる器になることでもあり，それが百叩きという形で象徴的に行われていたのではないかと思われる。

おそらくこの容器をもてることが攻撃性と向き合ううえで重要であり，容器を心の内にもち，それを能動的に使用するなかで万能感が育ち，潜伏期を迎える土台となっていくのではないだろうか。

3．相互作用のなかで起こったことについて——百叩きをめぐって

遊戯療法では，言語を主体とする心理療法と違い，遊びを通して，鬼や魔女などさまざまな役割を身体感覚を伴って創造的に体験することができる。それは非常に魅力的な方法でもある一方で，身体感覚を伴うために，心のなかの鬼や魔女そのものになってしまったり，傷つきを生に体験してしまう危険性もはらんでいる。そのために遊戯療法では，遊びを通して想像力が展開され，治癒へ向かっていくように，「子どもが遊びを通して安心して自分の内の鬼や魔女に出会い，表現できる空間や関係性」をどう作っていくかが重要となる。

この危険性は，本事例においてもみられ，百叩きでは，こうじ君は自分を脅かす衝動そのものとなり，筆者は直接身体で傷を受けることとなった。彼の場合，「安心できる空間」とは，「自分の傷つきや深い怒りと出会い向き合う空間」であった。そしてこの傷つきや怒りは，個人を越えたこの世に対する激しく深いものであり，向き合うことは生やさしい作業ではなかった。しかし，まだ臨床経験の浅かった筆者は，このことを安易に考えていたように思われる。

こうじ君の遊びは，筆者をギロチンにしたり，プラスチック製のバットで歯をくいしばりながら向かってくるなど激しい遊びをすることが多かった。その際，筆者は常に怖さと迫力を感じ，自分自身が脅かされるような心地がした。それは彼が内から脅かす衝動となり，筆者を脅かす存在になると同時に，衝動を投影された筆者と脅かされ戦う行為であったと言える。この行為は筆者の立場からみれば，筆者自身が彼を脅かすもの，彼に脅かされるものとなる体験であった。そのため筆者は彼との遊戯療法において，一種，彼の抱えている内的な問題を移されるというか，感染させられる形で，自分の内面にある傷つきや激しく深い怒りを感じざるを得なくなった。

しかし，若い治療者にとって，自分の内に湧いてくる怒りに向き合い，怒り

を彼に対して表現することは，非常に困難な作業であり，筆者自身守られることがないと出来ない作業であった。織田（1988）は，怒りの変容促進的な意味について考察しているが，その場合，怒りをイメージのなかで体験し，心理化することが必要となる。しかし，筆者は彼の展開する遊びの激しい面に目をとられ，防戦一方となり，怒りや傷つきを体験することができなかった。それは戦うことでしか守れなかった彼と同じ状態であり，また自分を守ってくれなかった父親の姿と重なったのではないかと思われる。そんな筆者に対し，こうじ君は"本気になること"と"大人の力をみせること"を要求するが，この意味に気づけなかった筆者は，とまどう気持が強かった。

　そのため彼は，自分の怒りに向き合うためにも，筆者に対して身体という枠を通してでも体験させなくてはいけなくなり，それが第37回の1回目の百叩きにつながったと思われる。筆者はこの百叩きを受けるなかで，腹立ち，怒り，そして無力感，あきらめなど，何とも言えない重く苦しい感情の渦を体験した。それは彼の体験であったと同時に，治療者として制止することができないという怒りでもあり，そのことに対する無力さ，守れなさ，戦えなさでもあった。だが，筆者はここで傷に触れ，怒りを心理化するに至らず，呑み込み，身体をはって耐え切ることしかできなかった。

　結果的には，彼の感じていた怒り，無力感などの大変さを筆者が体験したことにより，第3期は，攻撃性がミニ四駆の遊びを通して展開していった。しかし，第44回でカッターを持参して相談室の植木の葉や靴べらを切ってみようとするなど，筆者は正直なところ，激しさが消えてほっとした反面，心の奥底ではどことなくしっくりこないというか，嵐の前の静けさのようなものを感じていた。

　第4期では，引っ越しが一つの契機となり，おさまりそうにみえた激しい遊びが戻ってきた。第49回では，神とも言える大仏を第三者がいる前で踏ませるという踏み絵のような儀式によって，改めて筆者との関係性を確かめ直し，覚悟をうながしたように思われた。また，この踏み絵は，既成の神様を一度否定し，自分の神様，個人神話をもつための儀式でもあったのではないだろうか。

　第55回で筆者は，彼の時間になっても他の子どもとの関係を切れずにいた。そのことが彼の感情を刺激し，第56回の2回目の百叩きにつながったと思われ

る。2回目の百叩きは，1回目と違い，使用したものはプラスチック製の刀であり，文字通り殺すか，体を刻むかという勢いであった。このとき彼は激しく怒っており，筆者の内にも耐えられなさと理不尽さから来る激しい怒りが湧きあがり，怒りをもって刀を取り上げ，制止した。この怒りを生きた体験によって彼は，筆者との相互作用の関係性から離れ，一人の内的な世界をもった個人として旅立つ準備が出来たと思われる。

4.「遊び」が「遊び」でなくなる瞬間

　意識，無意識の相互作用は，ある特定の枠のなかに治療者として，そしてクライエントとして二人が存在する限り，避けようのないものだと言える。この事例において言えば筆者は自分および彼の傷つきや怒りに触れて，彼と一緒に傷ついてしまったために圧倒され，心が動かなくなってしまった。このように「治療者がクライエントとの相互作用のなかで未解決な問題に触れることで一緒に傷ついてしまい，治療者として機能しなくなる瞬間」は「遊び」が「遊び」でなくなる瞬間とも言えるのではなかろうか。それを避けるためには，子どもが治療者との遊びを通して治癒に向かっていくように，治療者自身も子どもとの遊びのなかで自分の問題や傷つきを見つめて生き抜くという，とても困難な作業が必要となる。サミュエルズ（1990）は『傷を負ったヒーラー』という分析家と患者の間で布置される元型について述べている。患者は分析家が分析家自身の傷に触れる姿に呼応して，心の内なる可能性に開かれるようになる。そこで分析家がヒーラーとして傷に触れられずに，患者と同一化し，一緒になって傷ついてしまっていては，患者のなかに可能性は開かれない。

　時代背景を考えた場合，このような内面の激しさを伴った事例は増えていく傾向にあるのではなかろうか。時には，治療者として子どもの抱える問題の重さや激しさに，治療者自身が機能せず，無力感や非力さに打ちのめされ，傷つくことは避けられないように思われる。その場合に大切なことは，打ちのめされ傷ついても治療者としてそこに生き抜くこと，存在しつづけることなのではなかろうか。

V　おわりに

　筆者はこれまで会ってきた子どもとの関わりのなかから，さまざまに糧となるようなものをもらってきた。しかし，そのなかには，その時点ではうまく気づくことができず，宿題のように持ち続けてゆくものが多く，尽きることがない。子どもとの出会いのなかでもらった宿題を宝物として大切にしながら，かつ厳しく自分を見つめ直し，これからの出会いに生かしていきたいと思う。

付記：この事例は，第3回遊戯療法研究会の事例検討においてさまざまな先生方にご意見をいただいた。そのときの体験はこの事例を見直す際の大きな糧となっている。なかでも安島智子先生，岡村達也先生，倉光修先生には司会，コメンテーターとして，貴重なご意見をいただいた。
　こうじ君や保護者の方には，若く力不足の筆者に対し，見直す機会を与えていただいた。この場であらためて謝辞を述べるとともに，彼との出会いをこれからの臨床に生かしてゆくことで，その気持にお応えできればと思う。
　そして日頃の臨床を支えてくれている方を含め，多くの人に心から謝辞を述べたい。

文献
織田尚生（1998）：心理療法の想像力．誠信書房．
アンドリュー・サミュエルズ（村本詔司・村本邦子訳）（1990）：ユングとポスト・ユンギアン．創元社．

事例3■コメント

「遊び」の意味

河合隼雄

　この事例はなかなか困難な事例である。これに正面からぶつかって苦闘しているなかでの北原さんは「遊びが遊びでなくなる瞬間」という体験をしたことを報告している。このことは，そもそも「遊び」とは何かについて考えさせると共に，「心理療法」とは何かについても考えさせられるのである。そこで，まず「心理療法」そして，そのひとつとしての「遊戯療法」とは，どういうことをするものなのか，事例に即して考えてみたい。

　遊戯療法においては，事例1，事例2に示されたように，Thの受容的な態度と，それに支えられてのクライエントとThの関係を土台として，クライエントの心のなかの潜在的な可能性がいろいろな形をとって発現されてくる。Thはその内容をよく理解し，受容を続けるが，それが「遊び」であるために，自らもその相手をしたり，参加したりしなくてはならない。そのように参加しつつ，子どもの表現を理解して見ていると，そこには何らかの大切なテーマが認められ，それが発展して，子どもも成長してゆく。このような遊戯療法の過程は先の事例において具体的に了解できたと思うが，この例においては，第37回に示されているように，こうじ君がエキスパンダーでThの背中を叩き，Thは「腹立ち，怒り，無力感，あきらめ……」を体験するところがあり，これは「心理療法」として，どう考えるのかという疑問が湧いてくる。「私ならそんな辛抱はできない」，「遊戯療法で子どもの攻撃はどんなに凄じくとも『受容』するのだろうか」などと感じなかっただろうか。

　このことは実は成人の心理療法の場合も同じなのである。たとえば，「先生は私の気持が全然わかっていない。そんなのはカウンセラーではないですよ」と怒るクライエントがいる。カウンセラー失格だからよそへ行く，というときもあるが，毎週やってきては，「あなたはカウンセラーとしては駄目ですよ」と言い続ける人もある。もっと難しいのは，「死にます」とか「父を殺します」などという人である。とめようとすると，「先生は私の苦しみがわからないか

ら，そんな常識的なことを言う」と責めたてる。

　要するに，Thとしてどうしていいかわからなくなってしまうのである。このようになると，「治す者」「治してもらう者」という区別は極めてあいまいになってくる。Thも一個の人間としてその場に必死になって立ち向かわねばならなくなる。「もうどうしようもない」と感じているときに，はっと解決の道が見出されるが，それはThが見出したのか，クライエントが見出したのかわからないほどである。まるで，筋書のないドラマにThとクライエントが巻きこまれ，ともかく二人で演技しているうちに，ふと面白い筋が見出されるようなものである。こうなると，どちらが治療者かわからないほどになる。実際，クライエントの一言にThが癒されると感じたり，大切なことを学んだと思うこともよくある。このような役割の逆転が生じるところが，心理療法の特徴なのである。これは実に困難でエネルギーの必要な仕事である。しかし，ここに心理療法の本質があるとさえ言える。

　遊戯療法の場合も同様である。たとえば，本例の第37回で，こうじ君がThの100回叩きをする場面など，父親が子どもに厳しいしつけをしているところや，先輩が後輩を鍛えている（それはしばしばいじめに近くなる）場面などを連想しないだろうか。

　第49回「俺は宗教なんて信じない」というこうじ君が「踏み絵」などという極めて宗教的なことをしようとしているところが面白いが，ともかくThはこうじ君の命令で大仏を踏みつける。

　第37回のときもそうだが，このような経験を踏まえて，北原さんは「プレイセラピーにおいて『遊び』が『遊び』でなくなる瞬間」という表現をしている。しかし，そもそも「遊び」というのは何だろう。

　遊び論は極めて大切なことで，遊戯療法をする者は，是非ともそれを知っている必要があるが，ここにながながと論を展開する余裕はない。一般に，遊びは「仕事」との対比で低い評価を受けていたが，遊びは他の動物と異なり人間のみの行う行為で，遊びから文化や宗教が生まれてくることを指摘し，遊びの価値を高く認めたのが，ホイジンハ（Huizinga）である。ホイジンハは遊びのなかから宗教的儀式の生まれることを指摘し，遊びの意義を強調したが，これに対しては，フランスの学者，カイヨワが，遊びはまったく自由にできるが，儀式は細部までなすべきことが決められていて，この両者を混同することはで

きない，と批判した[注1]。

　確かに，カイヨワの言っているのはもっともだが，現代において既成の宗教の，細部まで決められた儀式によって，「超越的存在」への接近や，畏敬の感情などを体験する人はずい分少ないのではなかろうか。それはしばしば形式にのみとらわれ，その本来的内容は消え失せている。したがって，現在においては，既制の儀式が本来の意義を失い，むしろ「遊び」が時にその代替として意味をもつことになってくる。

　こうじ君にとって，まったく自分の意志も責任もかかわらないところで，父親を失ったという体験は，とうてい言語で表現できないものであっただろう。彼がそのことを小学校中学年に母親から知らされたのは，その問題を二重に深くしたのではないかと思う。子どもは10歳前後のころに，自分という存在がこの世に唯一人の人間として存在しており，それは，ある種「孤独」なものであることを実感する。それを体験し，父母や自分の周囲の人たちとの関係を確認しつつ，自分の存在を根づかせてゆく。アイデンティティということの自覚の萌芽の時期と言っていいだろう。そんな時期に父親のことを知り，こうじ君はいわく言い難い不安や怒りなどを感じたことであろう。「授業中ボーッとしたり」していたのも了解できる。

　こんなことは表現のしようもないし，こうじ君の心の奥深く封印されたままになりそうだった――と言っても，それはいつか何らかの形で爆発するのだが。そこに現れたのが北原さんであり，こうじ君は北原さんなら何だか伝わりそうと感じたのだ。それは，遊戯療法の場面で，だんだんと表出され，北原さんはその窮極の場では「『遊び』が『遊び』でなくなる」と感じた。しかし，前述してきたような遊び論を踏まえて言うなら，ここのところは，「単なる『遊び』が『遊び』の本質へと迫る」ようになったと言うべきではなかろうか。そして，遊戯療法の狙っているのは，このような本質的な『遊び』なのではなかろうか。

　その頂点が第56回であろう。Thは大人と子どもという関係をこえて，人間と人間としてこうじ君に対し，怒りをぶっつけようとするが，Th自身も予想外の言葉が口をついて出てくる。「叩いてどんな感じがした!!」。これに対して，こうじ君は「叩かれる人の気持を叩く人はわからない」と言った。これには，Thもはっとしたが，読んでいる私も襟を正したい感じがした。こうじ君はこ

れまでにどれほど大人たちに「叩かれ」てきたか。そのとき，叩かれているこうじ君の気持をわかろうとする人は一人もいなかったのだ。

　ここで，Thが自分も思いがけない言葉を吐くところが印象的である。つまり，このような，「治療者が子どもをうまく治す」などという考えを壊してしまう力のあるケースの場合，治療者は自分の意志や思考などにのみ頼って「治す」ことなどできないのだ。全力でぶつかっている間に，思いがけない解決の道が開かれるのである。

　と言っても，何も考えず最初からこうじ君に怒ってばかりいるような場合，遊戯療法は成立しないだろう。この事例を見て，やはり怒るときは怒ったらいいのだ，という単純な理解をしないで欲しい。「怒る」と言っても上から下へ怒っても意味がない。怒りを介して，ThとClが対等に向き合うのが素晴らしいのだ。だからこそ，こうじ君も「叩かれる人の気持を叩く人はわからない」と，ズバリと言えたのだろう。

　結局のところは，父性と母性のバランスという当然のようなことになる。子どもの感情を十分に受け入れつつ，Thの感情をまっすぐに出すところが大切だ。第49回で，こうじ君が大仏さんにおちんちんをつけたのも，上述のような意味があるように思う。こうじ君にとって，大仏は母性的な像に見え，それまでのThの応答が，あまりにも母性的な方に傾き勝ちなのに対して，それにおちんちんをつけることを願ったのではないかと思う。

　第56回の後には，こうじ君の成績が上がることが報告され，彼が授業中にボーッとしたりしていないことがわかるのである。

　それにしても，こうじ君が第2回に「今日生まれ変るかもしれない」と言っているのが印象的である。先の例で「死と再生」について述べたが，こうじ君はこのプレイセラピーによって，相当な変化をすることを予感していたのであろう。しかし，「死と再生」に立ち会うThも，ほとんどそれと同様の体験をしなくてはならないことを，この例はよく示している。

　注1）：このあたりの遊び論については，河合隼雄「遊びの意義」『青春の夢と遊び』岩波書店，1994, pp.140-152. 参照。

事例 4

遊戯療法としての「遊び」を可能にする視点

青 木　聡

I　はじめに

　遊戯療法とは,「遊び」を媒介として行われる心理学的な援助であり,「遊び」が十全に展開することが基盤となる。そのためには,セラピストがクライエントの体験世界に自覚的に参入していくことが何よりも大切だと思われる。そしてクライエントの体験世界のなかで,セラピストが自分の反応を引き出されながら,共に「遊び」を生きることが不可欠であるだろう。しかし,ただ漫然と遊ぶのではなく,隠れた主題に即した「遊び」を可能にするための視点をしっかりともたなければならない。この事例報告では,場面緘黙男児との全7回の遊戯療法を通して,「遊び」においてセラピストがもっていた視点のいくつかを論じたい。

II　事例の概要

　以下は,インテーク時の母親からの情報である。インテークはインテーク・ワーカーが行い,カンファレンスにおいて筆者に面接担当が依頼された。
　クライエント：Aくん（以下Clと略記),インテーク時3歳7カ月。
　主訴：保育園で友達と話ができない（申し込み票に母親記入)。
　家族：父親（37歳・会社員),母親（32歳・パート),姉（13歳),兄（5歳),Cl。
　父親は離婚した先妻との間に2人の子ども（姉妹）がいる。離婚時に,いったん先妻が2人の子どもを引き取り,戸籍上の姓も先妻の姓に変更していた。

しかし，Clの姉（父親と先妻の長女）は小学校1年（6歳）より，父親・Cl の母親と3人で一緒に暮らすことになった。ところが，母親と姉は関係がうまくいかず，姉はもっぱら父親の両親にのみ甘え，父親の実家のそばに住んでいたこともあって，実質上は父親の両親が姉を育てていた。母親はそのことで一時は離婚を考えるほど精神的に不安定になったが，最終的には姉を娘として引き取るために家裁に申し立て，Clを出産直後に姉の姓を変えた（姉10歳時）。また同時期に，父親の実家の近くから母親の実家のそばに引っ越している。その後も母親は姉のことが負担でかなり悩んだ。姉は中学入学時に，生意気ということで友人関係で問題を起こしたり，上級生に目をつけられたりして荒れたが，現在は落ち着いている。兄は溌剌としていて元気。父親は子煩悩で子どもの面倒はよくみる。母親は印刷会社で働いていて，忙しいときは帰りが8，9時になることもある。母親方の祖父（母親の父親）の容体が悪く，年内もつかどうかと言われている。

問題の経過：周産期，乳児期に特記すべき問題はなし。生後6カ月から保育園へ通わせているが，言葉が遅く，片言2歳半。家では，話し始めたら，あっという間にうるさく話すようになったが，外に出ると，一切話をしない。特に，保育園へ一歩入ると，体が萎縮して，全然しゃべることができず，遊べない。友達がまったくいない。母親によれば，「乳児期の家庭のごたごたが原因かもしれない。姉のことで精一杯で，Clに目を向けられなかった」とのことであった。

来所経路：保育園巡回指導の先生（心理）に紹介されて教育相談所へ。

Ⅲ　面接経過

Clは筆者（以下Th）が担当し，毎週1回45分間，遊戯療法を行った。プレイルームは相談所2階の教室大程度の板張りの部屋で，箱庭が二つ横並びに置いてあった。母親はBTh（女性）が担当し，2回目から同じ時間に別室で面接を行った（本稿では，Clの面接経過のみを報告する）。事例中の「　」はClの言葉，〈　〉はThの言葉，（　）は補足説明である。

インテーク　X年8月30日

インテーク・ワーカーが母親から上記（事例の概要）の情報を得た。

第1回　X年9月20日　10分遅れ　Cl面接のみ

　待合室で，Clは母親の後ろに隠れて下を向き，しょぼんと元気なさそうに立っている。弱々しいおじおじした感じ。母親と離れることを嫌がるので，母親に一緒にプレイルームに入ってもらう。プレイルームに入るとおそるおそる母親の手を離し，おもちゃの棚を遠巻きに眺めている。しばらくすると，ビームライフル（電子音のするライフルのおもちゃ）を見つけて目を輝かせて駆け寄るが，撃とうかどうしようか迷っている様子。母親はそれを見ながら，『ここでThと元気良く遊びなさいね』などの声かけをしている。Thが試しに〈ぐわーっ〉とClに襲い掛かるふりをすると，控えめにThを撃ち始める。そこで，さらにThがおばけボール（直径1mぐらいのビーチボール）を転がしてClをゆっくり追いかけると，走って逃げながらThを撃ち，やや元気になる。母親が『じゃ，行くわよ』と声をかけても，Clは無視して，ビームライフルを置き，再び棚を見始める。この時点で母親はプレイルームを退室。

　母親が退室すると，Thの〈一緒に遊ぼ，好きなおもちゃを出していいよ〉に，Clは黙って次々と引き出しを開け，なかのおもちゃを確認していく。プラレール（電池で動くプラスチック製の電車のおもちゃ）を出し，ミニカー用のガソリンスタンドの横に整列させる。きれいに整列させた後，順番に電車を発車させ，ビームライフルで撃つ。Thは電車が壁につかえないように，Clの方へ向け〈待てー〉と走らせる。Clは逃げ回りながら電車やThを撃ちまくり，次第に明るく生き生きとしてくる。

　Clが引き出しのなかの人形を見つけ，箱庭に持っていく。Clの身長が低かったので，Thは箱庭を二つとも台から床に下ろす。Clはウルトラマンを自分で持ち，Thにバルタン星人を渡す。Thがバルタン星人でウルトラマンに〈たぁー〉とチョップをすると，Clは待ってましたとばかりに戦闘開始。圧倒的にウルトラマンが強い。勢いよくバルタン星人を何度も跳ね飛ばす。ところが，突然ウルトラマンは飛んでいき，砂のなかに入ってしまう。Clはその上に熱心に砂をさらさらとかけたり，固めたりしている。さらにThからバルタン星人も奪い取り，しっかりと埋める。

Thがバルタン星人を砂から〈だぁーー！〉と飛び出させ，砂をかけているClの腕などをチョップ。するとClは大慌てでウルトラマンを砂から掘り出し，反撃開始。ウルトラマンはめちゃくちゃに強く，バルタン星人をぶったり，はたいたりする感じ。次第にウルトラマンだけでなく，自分の手でもウルトラマン人形の手の形を真似てThへチョップしてくる。そこでTh自身が〈変身だー〉と箱庭のなかに入り，バルタン星人の動作でウルトラマンと戦い始める。Thがウルトラマンの攻撃を跳ね返し続け，〈どーだ，まいったかー，ぐわっはっは，ウルトラマンも変身しないと埋めちゃうぞー〉と言うと，即座にClも「ヘンシンダー」と初めて言葉を発し，別の箱庭のなかに入る。

　それぞれ自分の立っている箱庭から外に出ないようにしながら，お互いに相手のわきや横腹を人差し指でつつきあい戦う。Clは箱庭のなかでのつつきあいに大喜びで「キャーキャー」言いながら，箱庭の上で飛び跳ねたり笑い転げたりしている。

　時間になったので，Thが〈元に戻るぞー〉とくるくる回りながら小さくなって箱庭から出ると，Clも「モトニモドルゾー」と言葉を発して，Thの真似をしてくるくる回り小さくなって箱庭から出る。〈保育園で友達ができるまでここでたくさん遊ぼうね〉「ウン」。片付けながら「ガソリンスタンドハコノママニシテイイ？」と言うので，〈うん，このままにしとこう〉と，ガソリンスタンドは片付けずに部屋を出る。

　Thの手を引っ張って走って階段を下り，待合室へ。母親がまだ迎えに来ていないのを知ると，いきなりThの横腹をプレイルームの続きでくすぐり始める（Clは身長が低いので，待合室の机の上に乗ってThをくすぐってきた）。Thが〈やったなー〉と反撃すると，「ウワー」と机の上から床に倒れ落ちてやられたふり。やられたふりが気に入ったのか，机の上から自分で落ちて死んだふりを繰り返す。「ミテミテ，シンジャッタノ」。Thも待合室のソファーから床に倒れて死んだふり。〈死んじゃったー〉。母親が来るまでかわりばんこに死んだふりをして遊ぶ。

X年9月27日

　母親からキャンセルの電話。『医者へ行って遅くなったので』。

X年9月30日

巡回指導の先生と電話連絡。『保育園では独りぼっちで静か。まったく友達と遊べない。ダウン症の子に相手をしてもらって，頭をなでてもらったりしている。一言も発しない。動きがない』などの報告をもらう。

第2回　X年10月4日　10分遅れ

　Thが待合室に迎えに出ると，ClはThの横をすり抜けて勢いよく2階へ駆けて行く。ウルトラマンを引き出しから出し，砂に埋め始める（あらかじめ箱庭は床に，ガソリンスタンドも前回の位置に置いていた）。熱心に砂をさらさらかけ，パンパンとたたいて固める。「テツダッテ」。Thがその真似をし始めると，しばらく棚を眺め"ドラえもん"や"ドラゴンボール"の人形を数体持ってきて，大切そうに一体一体丁寧に埋める。神聖な儀式でもやっているような不思議な動作で，真剣に砂をかけて人形を埋めている。そのとても集中した雰囲気に，Thは参加できないほど。「ナニシテルノ？ テツダッテ」〈うん，きれいに埋めたねー〉「ウメタンジャナイノ，シンダノ」〈死んだんだー！〉「ソウ，ミンナシンダノ」。

　すべて埋め終るとまた棚へ。飛行機の模型をThへ渡し，砂を指差して埋めろのサイン。ThがClの真似をして儀式風に飛行機を埋めていると，Clが次に手に取った飛行機が偶然棚に引っ掛かってぶら下がる。〈あっ，すごーい〉。Clは喜んでびっくりした瞳でThを見る。「アレー，ウワー，スゴイネ，ヒッカカッタヨ，ソラトンデルミタイ」。しばらく飛行機を持って部屋を走り回ったり，飛行機を棚に引っ掛け，ぶらぶらさせてニコニコ。

　ウルトラマン vs バルタン星人。前回より激しく吹っ飛ばす。バルタン星人を床に叩きつけ壁に投げる。「ヘンシンハ？ ジャナイトマケチャウヨ」。〈よーし，変身だー〉。Thがくるくる回って箱庭の中に立つ。するとClも「ヘンシンダー」とくるくる回って別の箱庭の中に立つ。そのClの動作と同時に〈元に戻るぞー〉とくるくる回ってThが箱庭の外へ出ると，「アレー，モトニモドルゾー」とClもくるくる回って箱庭の外に出る。それと同時にまた〈変身だー〉とThがくるくる回って箱庭に戻ると，Clは大笑い。「ヘンシンダー」〈元に戻るぞー〉「モトニモドルゾー」〈変身だー〉を笑いながら数回繰り返す。Clは「キャーキャー」大喜び。

二人とも変身して二つの箱庭を土俵にして相撲を取る。熱戦の末，ClがThを箱庭の外へ押し出す。〈Aくん強いねー，ウルトラマンみたい〉。Clニコニコ。「ボクウルトラマンミタイダヨ」。砂に埋めた人形の上で相撲をしたので，Clは心配そうに人形を掘り起こす。「アッ，ダイジョウブダッタ。コレモダイジョウブ，コレモダイジョウブ」。掘り起こされた人形は部屋を一周飛んで砂の上に立つ。Clは引き出しのなかから残りの人形を全部持ってきて，すべて砂の上に立たせる。壮観。40体ほどの人形が二つの箱庭の砂の上に立つ。「コウスルトスゴイネ，イッパイダネ」〈ほんとすごいね〉「スゴイスゴイ」。Clはジャンプをしながら箱庭の周りをあっちに行ったりこっちに来たり，あちこちから眺めては満足そう。帰る間際に飛行機を棚に引っ掛けて帰る。「コノママニシトイテ」。

　母親面接が終っておらず，待合室に母親がいない。Clは待合室のソファー間を飛ぶ。「コッチ」と，飛ぶ方向を指差してから飛び，自慢げな表情。そのうち椅子からThへ飛びついてくることを繰り返す。「モットハナレテ」と少しずつ飛ぶ距離を長くする。「エホンヨンデ」。二人で絵本読み。〈どどー〉〈ぎゃおー〉〈ごろごろ〉など，擬音に大喜びで真似をする。母親がなかなか来ないので，相談所内を探索して母親を探す。母親面接室に入っていき，母親に飛びつく。

第3回　X年10月18日　20分遅れ

　兄も一緒に来所。待合室で母親がThの方へ歩み寄ってお辞儀，『保育園のバーベキュー大会で普通にしゃべっていたんです！　友達ともうまくやっていました』。

　ThがClを抱っこして，階段のスイッチをつけたり消したりして遊ぶ。元気に階段を駆け上がりながら，積極的にThに話しかける。「〜だよね〜だよね」。

　引き出しからプラレールを取り出しながら，「これはしんかんせん，これはかもつ……」と声を出しながら示していく。「ぜんぶつなげよう」。部屋いっぱいにつながった電車を倒れないようにそろそろと走らせて，「ほら！」と嬉しそう。

　おもちゃ銀行セット。「これ100えん，これ50えん……」。次々とお金を取り出してThに見せて金額を告げる。〈Aくんすごいねー，お金数えられるんだね〉。

Clニコニコ。棚に駆け寄り,「あー,ミニカーだ。これできのうあそんだよ。せんせいミニカーすき？ あー,くもだぁ,へびもいる,きもちわるいねー……」と話をしながら,おもちゃを一つひとつ棚から出して床に置いていく。床に並べたおもちゃをビームライフルで撃ち,「やぁー」と足で蹴散らす。とても元気いっぱい。Thも一緒におもちゃを蹴散らして遊ぶ。部屋中におもちゃが散乱してClは大喜び。帰りに飛行機を棚に引っ掛けて,「このままにしといて」。

待合室に父親が迎えに来ている。「あれー,なんできたのー,まってて」。嬉しそう。母親面接室に走り込み,「パパだよ」。

- 保育園で友達が一人できたことが母親面接で語られたことから,Thと母親担当者で,もし保育園で友達とうまくいくようなら終りを考えることを話し合った。
- 巡回指導の先生と電話連絡。『一人しゃべれる子ができたよう。でも相変らずおとなしく,集団の遊びには入れない』などの報告をもらう。

第4回 X年10月25日 25分遅れ

Clはプラレールの電車を走らせ,床にほっぺたをつけて,いろいろな角度からじーっと見ている。バイクを棚から持ってきて,電車のスピードにあわせて手で走らせる。静かに一人遊びをしている感じ。Thが車を持ってきて一緒に走らせようとすると,「だめー,かぎがないとくるまはうごかないんだよ」〈あっ,そうか,鍵はどこ？〉「さがさなきゃいけないの」。二人で空想上の鍵を部屋中探す。棚のなかのおもちゃを一つひとつ調べたり,大掛かりに探す。「ここにもない,ここにもない」。結局,鍵は見つからないことになる。〈鍵見つからないね〉「いいよ,ぼくひこうきにする」とThにバイクを渡す。Thはバイクを走らせ,Clは飛行機を飛ばせて,その擬音の音量を競い合う。帰りにClが「こうしていこう」と飛行機を棚に引っ掛ける。階段を3段ずつ飛んで下りる。最後に階段5段を飛んでThに飛び込んで来る。「あっ,パパだ」。父親を引っ張って母親面接室へ走り,「パパだよ」。

- Clが保育園で友達とうまくやっているようなので,3回様子を見て経過観察にし,3カ月後に電話をもらうことにする。

X年11月1日
　連絡なし休み。父親だけ迎えに来る。
X年11月8日
　母親より予約20分過ぎに電話。『仕事が長引いているので来週にしてください』。

第5回　X年11月15日　20分遅れ
　何度もジャンプして自分で部屋の電気をつけようとする。はっと思いついたように椅子を持ってきて，その上でジャンプして電気をつける。電気がついたので，Cl大喜び。
　ウルトラマンを出して，バルタン星人をThに渡して戦いかけるが，突然「うめる」。埋める人形を探して棚をしばらく眺めていたが，カエル（セサミストリートのカーミット）の人形を見つけて気に入った様子。「ケロちゃん，ケロちゃん～～だね」と何か話し掛けている。そしてカエルで他の人形に砂をかけて埋める。しばらくすると，「これもうめちゃおう」とカエルの人形も埋め始める。すると半開きのカエルの口に砂がかかって，「あっ，たべた」。Cl笑う。他の人形の口にも食べさせるように砂をかけ埋めていく。Thも手伝う。「ほーら，たべてるー，まずいー」。
　「そうだ，いいことかんがえた。がいこつにもたべさせよう」。骸骨（ソフトボール大）の口に砂を入れていく。骸骨の口が砂で一杯になる。Clはしばらく静かに眺めていたが，いきなり骸骨の口の砂を吐き出させる。「ペッペッ」。他の人形の砂も吐き出させる。「ペッペッ」。砂を吐き出した人形は飛び上がって砂の上に立つ。「たすかったぁ」〈やったー〉。
　〈保育園で友達ができたんだってね〉「うん，～くん」〈いっぱい～君と遊ぶんだよ〉「うん，たのしいよ」〈ここは後2回来たらおしまいにしようね〉「うん，しってたよ」（Thは『えっ？（終結のことは）今初めて言うのに……』とClの反応に驚きつつ，少し淋しいが，相談所に来なくてもやっていけそうな強さをClに感じる）。
　出口でThの〈バイバイ〉に，Clは大きな声で「バイバイ」。それに対してThがもっと大きな声で〈バイバイ〉，するとClはさらに大きな声で「バイバイ」。曲がり角を曲がって見えなくなっても，声が聞こえなくなるまで，大声

で二人かわりばんこにバイバイを言い合う。

第6回　X年11月29日　15分遅れ

　2段ずつジャンプして階段を上がろうとする。身長の低いClにはかなり難しいので，Thの助けを借りて何度もトライする。

　飛行機の離陸を繰り返す。二人でリアルな音を出し合う。「ゴーッ」〈ギューン〉「ガー」。変な音を出して，笑いながら大声で互いにうなりあう感じ。

　ウルトラマンを取り出し，Thにクモを渡して戦う。ウルトラマンの圧倒的勝利。クモは床に叩きつけられ，壁に投げられ，こてんぱんにやられた後，埋められる。しかし，動作のゆっくりした落ち着いた戦い。また今回は変身しない。「ほいくえんで〜くんとウルトラマンであそんだよ」〈そう！〉「たのしかったよ」〈よかったね〉。

　Clは引き出しをあちこち開け，画用紙とナイフを見つける。画用紙をナイフで切る。これがとても気に入ったらしく，「ザクー，グサー」と何枚も何枚も切って喜んでいる。Thが大げさなアクションで切るのを真似して，Clも次第に大きなアクションで踊るようにナイフを振り回し，紙を空中に投げ上げて切りつけている。楽しそう。ナイフを振り回しているので危ないはずだが，むしろThには自由に動くClの姿が頼もしく見え，危ないことを忘れて見とれる感じ。

　ある紙の切れ端を取り上げ，「あっクジラだ。ほら，クジラだね。おかあさんにあげる」「あっ，これはメダカ」〈ほんとだー〉。時間いっぱい他の切れ端が何に見えるかを言い合う。Clはクジラとメダカを大切に別にして，残りの切れ端をくしゃくしゃに丸めてテープでぐるぐるに止め，ドッジボール大の球にする。「せんせい！」とThに渡してくれる。「せんせいにあげる」。

　飛行機を棚に引っ掛けて，「こうしていこー」。「やっぱりやめた」と，一度片付けたウルトラマンを引き出しから出して砂の上に立たせ，「こうしといて」。

第7回　X年12月7日　30分遅れ

　ミニカーのステーションを出して交通整理。「ピピー，あかはとまれだよ，あおですすめ」。Thに交通ルールを指示し，その通りにミニカーを動かさせる。

Thが交通ルールを守らないで暴走すると，Clが別のミニカーを勢いよくぶつけるという遊び。

時間になると，Clから「あっ，おしまいだ」。〈元気でね〉。Clは口をへの字に結んで無言でうなずく。突然ウルトラマンを引き出しから取り出し，飛ばせるように部屋を数周走り回り砂の上に立たせる。Thはこれが返事なんだ！　と思う。階段の上から「もう1かい」「もう1かい」と何度も何度もThにジャンプ。

・経過観察にする。3月になったら連絡を母親からもらうことに。

X+1年4月5日
母親から電話。『保育園で友達とうまくやってます。元気に遊べるようになりました。電話が遅くなってすみませんでした。2月に（母親の）父親が亡くなって電話できませんでした』。

X+1年5月20日
巡回指導の先生と電話連絡。『Clは友達とよくしゃべっている。元気になった。一人仲のいい子を中心に遊びが広がってきた』などの報告をもらう。

X+2年4月5日
事例発表の許可を得るためにThより電話。Clと兄がドタバタと走り回っているのが聞こえる。

母親：『去年とは見違えるよう。劇でセリフのある役を演じるほど。運動会で代表リレーを走ったり。とても元気です。友達もたくさんできた。本人に替わりますね』（受話器をClに渡しながら『青木先生よ，相談所で遊んでもらったでしょ』と話している）。

Cl：「だぁーれー？　パパのおともだち？」〈おぼえてる？　青木先生だよ〉「ふーん，しらない，だぁれ？」〈そっか，保育園楽しい？〉「たのしいけどなんでー？」（Clが母親に「もういい？」と受話器を戻しながら，またドタバタ駆けて行くのが聞こえる）。

Ⅳ 考　　察

1．Clの体験世界へ参入すること

　本事例におけるClからの最初の自発的な動きは,「ビームライフルに目を輝かせて駆け寄るが，撃とうかどうしようか迷う」というものだった。Clはビームライフルを撃つ側に同一化している（はじめ迷ってはいるが）ので，Clの体験世界には撃たれる側の布置が仮定された。そこでThはその役割を具現化する試みとして〈ぐわーっ〉と襲い掛かっている。このときClがビームライフルを撃ち返してきたことはポジティブなフィードバックと言えるが，これはThにとって幸運だった。はじめClはビームライフルを撃つことをためらっていたので，まずThが一緒に撃ってあげる（同一化している側をサポートする）方がより侵襲性の低い確実な入り方だったかもしれない。しかし非常に力のあるClであったため，Thがおばけボールで追いかけても，Thに撃ち返すことができている。

　こうしてThは，母親のようにClの体験世界の外側で声かけをする存在ではなく，Clの体験世界の一つの役割を担う新しい存在として，Clのプロセスに乗れたのだろう。このやりとりがあったため，すぐにClからThへバルタン星人を渡される（Clの体験世界の一つの役割を与えられる）ことになり，セッションがスムーズに展開していったと思われる。このように，ただ漫然と遊ぶのではなく，Clの体験世界全体に想いを馳せ，その一つの役割へ自覚的に参入していくという姿勢をThは心がけていた。

2．置く箱庭ではない，増幅の舞台としての箱庭

　Clは砂遊びでの戦いに熱中するにつれて，自分の手でもウルトラマン人形の手の形を真似てチョップを始めた。これは眠っていたClの内なる「ウルトラマン」が，手の動きを通して現れた瞬間だろう。

　Schuitevoerder (1992) は，箱庭に置かれた物になってみたり，置かれた人物のセリフを話してみるなど，箱庭に置かれた状況をTh-Cl関係で実際に即興劇化することが，それまで生きられていなかった自分の部分に迅速にアクセスさせる効果をもち，Clのプロセスの展開を早めることを述べているが，本

事例も同様の観点から考察することができる。すなわち，箱庭表現を出発点にすることで，C1の体験世界を反映した「遊び」が力強く展開したのではないだろうか。

　C1の強さを象徴するとも言える「ウルトラマン」は，はじめ箱庭内の人形同士の戦いによって表現されていたが，自然に手の動作へ，そしてThが先導した「変身」により全身的な動作体験へと増幅されていった。この増幅は，生きられていなかった内なる「ウルトラマン」を，実際に身体的に生きる体験としての意味をもったと思われる。

　本事例の場合，この増幅が箱庭のなかで行われたことは重要だろう。箱庭の枠に護られなければ，初回から場面緘黙のC1と「キャーキャー」と横腹をつつきあうことは無理だったと思われる。つまり，このセッションでの箱庭は，「置くことで表現する」ものとしてではなく，物語を演じる「舞台」として用いられていた。箱庭という「舞台」において，これまで生きられていなかったC1のプロセスの小さな表出が増幅され，C1が全身で「ウルトラマン」を演じてThと戦ったことが，C1のプロセスの展開を早めたのではないだろうか。言い換えれば，砂遊びで展開される物語が増幅され，Th-C1のやりとりにおいて実際に生きられたことが，短期終結につながったものと思われる。

　第2回では「変身」と「元に戻る」を何度も繰り返し，箱庭の内と外を出入りする。第1回での「変身」が，「ウルトラマン」を身体的に生きる体験であるのに対し，第2回での「変身」は，「ウルトラマン」と「現実の自分」の疎通性，浸透性を高めることになっていたのかもしれない。この第2回での「変身」により，内的な「ウルトラマン」を，箱庭の外の世界へと水路付けることができたのではないだろうか。次の第3回には，C1が保育園のバーベキュー大会で「普通にしゃべっていた」ことが報告される。外の世界でも強くなれたのかもしれない。

3．「埋める」と「飛ぶ」，死と再生

　C1のプロセスには「埋める」と「飛ぶ」が幾度も見られた。Thには「埋める」が緘黙につながっているように，そして「飛ぶ」がそれを乗り越える強さに感じられていた。

　第1回で，いったんウルトラマンとバルタン星人は戦い始めるが，突然C1

は人形を「埋める」。それはあたかも戦いのスイッチをoffにするような唐突さだった。しかし，Thがバルタン星人を〈だぁーー！〉と砂から「飛び出させる」ことで，再び戦いのスイッチはonになった。そのとき，ウルトラマン vs バルタン星人の戦いは，「Cl・埋める」vs「Th・飛ぶ」の意味をもち始めたと見ることができる。そして戦いが増幅され，Thの〈ウルトラマンも変身しないと埋めちゃうぞー〉で役割は入れ替わり，「Cl・飛ぶ」vs「Th・埋める」の戦いになったものと思われる。

　第2回でClは，儀式でもやるような「埋める」行為について，「ウメタンジャナイノ，シンダノ」と語る。Thにはこの「埋める／死」が，戦いにふたをして内的な「飛ぶ力」を埋葬する，Clの小さな自殺に感じられていた。それこそ儀式でもやるように真剣に埋めなければ，制御できない力が飛び出すように思われたのだろう（実際，はじめウルトラマンはめちゃくちゃに強く，破壊的でさえあり，制御された力ではなかった）。「飛ぶ力」の発現は，ある意味でClにとって大きな死を迎えることなので，真剣に「埋める」ことで抑え込んでいたのだろう。しかし，「模倣的な死の儀礼は復活を内包する本質的に新しい誕生の儀礼」であり，また「地下への降下と天上への上昇の組み合わせはイニシエーションの元型的な様式」でもある（Henderson, 1967）。Clは儀式でもやるように「埋める」ことで，再生への力をあたためていたとも言えるだろう。

　Thが第1回のようには人形を飛び出させることができないほどClが真剣に「埋めた」とき，「飛ぶ力」はなんとハプニングによってもたらされる。埋めようとしてClが手に取った飛行機が棚に引っ掛かってしまうのである。このハプニングによって，Clは飛行機を「埋める」のではなく「飛ばせ」，箱庭での相撲でThを押し出す強さを発揮し，「埋めた」人形を掘り起こして部屋を一周「飛ばせて」砂の上に立たせる。そして，飛行機を棚に引っ掛けて「飛ばせたまま」帰る。この流れ以降のセッションでは，「埋める」行為はすっかり影を潜めることになった。この流れのなかに，Clの「死と再生」とも言うべき大きな転換があったように思われる。ThとCl両者が，このハプニングをキャッチして共有できたことは本事例にとって大きな意味をもった。このようなハプニングにいつも開かれていて，それを「遊び」に織り込むことが，遊戯療法の鍵を握るものと思われる。

C1はその後，ソファー間を飛び，階段を飛び，飛行機や人形を飛ばせ，あたかも「飛ぶ力」をセッションを通じて自分に根付かせているようだった。そして第5回では，C1がほとんど一人二役で「埋める」と「飛ぶ」の対立に決着をつけている。このときC1は，人形の口に砂をかけて埋めていき，「ペッペッ」と砂を吐き出して人形を飛び出させるが，これは象徴的に緘黙とのつながりを思わせて興味深い。

こうしてC1は，自らの「死と再生」を「埋める」と「飛ぶ」の対立を通してやり抜き，「飛ぶ力」を自分のものとしていった。筆者には，これが本事例の主題に感じられる。このような「遊び」は，C1のプロセスに従うことと言えるが，これはThがC1の体験世界に自覚的に参入することで可能になったのではないだろうか。Thは，C1の内的な「埋める」と「飛ぶ」の対立を，「遊び」で展開するためのパートナーになって，C1の「死と再生」を支えていたのだろう。

4．擬音のやりとり・ナイフの踊り

C1とは，声がかれるまで擬音のやりとりを続けた印象が残っている。戦闘中の擬音や絵本読みの擬音，飛行機の離陸の擬音等をやりとりし，徐々に音量を上げながら「バイバイ」を言い合ったりした（この「バイバイ」は言葉のやりとりと言うよりは音のやりとりだった）。擬音は言葉ではないが，C1とはこれらの擬音により豊かなコミュニケーションがとれたように思う。このC1はいわゆる場面緘黙であり，保育園では一言も発しなかった。それゆえ，音を楽しむ擬音のやりとりが大切だったと思われる。それが保育園で話すきっかけの一つになったのではないだろうか。意味をもたない音のやりとりにより，行為として発せられる音に立ち返り，そこからC1は能動的な声を獲得していったように思われる。

また，C1がナイフを振り回して，踊るように空中の紙に切りつけ，切り分けられた紙の切れ端をクジラやメダカとしたことは，言葉の獲得という観点から考えると象徴的である。これは，まったく意味をもたない文字通りの"白紙"に意味を付与する，つまり無を「言分ける」（丸山，1990）行為だと言える。おそらく，音で戯れる擬音のやりとりが十分に為されたために得られた能動的な声の獲得が，何もないところに意味を見出す能動性につながったのだろう。

こうした能動性の獲得につながる「遊び」は，場面緘黙のClにとって大きな意味をもったものと思われる。

　付記：母親面接担当者の脇谷順子先生，保育園巡回指導員の名尾典子先生に心から感謝いたします。I am grateful to Dr. Arnold Mindell for supervising this case. 本稿は上智大学臨床心理研究20（1997）に掲載された事例報告を加筆修正したものである。

文献

Henderson, J. L.（1967）：*Thresholds of Initiation*. Wesleyan University Press. 河合隼雄・浪花博訳（1985）夢と神話の世界．新泉社．

丸山圭三郎（1990）：言葉・狂気・エロス．講談社現代新書．

Schuitevoerder, I.（1992）：Enlivening Sand Play through Process Work. *The Journal of Process Oriented Psychology*, Fall/Winter 1992, Vol. 4, No. 1, 55-64. 青木聡訳（1996）プロセスワークを活用した箱庭療法．imago, Vol. 7-12 11, 76-88.

事例4■コメント

遊びのなかのテーマ

河 合 隼 雄

　この事例は,「保育園へ一歩入ると体が萎縮して,全然しゃべることができず遊べない」という問題をもった3歳7カ月の子が,僅か7回の遊戯療法によって,友達としゃべるし元気な子になった,という見事な展開を示しているものである。これは,Cl自身の潜在力が大きかったことと,ThとClとの関係が第1回のときから,非常に適切に成立し,Thがその関係をうまく生かして遊戯療法を続けていったことが,この成功の大きい要因となっている。
　Thは「はじめに」のなかで,遊戯療法においては,Thは遊びのなかで「隠れた主題に即した『遊び』を可能にするための視点をしっかりともたなければならない」と述べている。まさにこのとおりであるが,困難なケースになると,意味のある主題（テーマ）を見出せずに苦労をする。その点で,この事例は見事に展開しているだけに,「テーマ」が非常に見出しやすい。したがってその点に焦点を当ててコメントを書いてみたい。
　まず第1回の遊びを見ると,ここにすでに実に多くのテーマが現れ,また有意義な変化も生じていることがわかる。実際にはプレー中にそれをいちいち詮索するのもどうかと思われるが,トレーニングの意味もこめて,それを丹念に見てみることにしよう（表1）。
　細かく分けすぎた感があるが,時にはこのようなことをしてみてもいいだろう。右側を見ると,元気のなかったClが徐々に攻撃性を発揮してきて,その質が変化し強化される様相がよくわかるだろう。ここで,前にも論じた,死→再生のプロセスが異なる形で繰り返されているのが認められる。待合室に行っても,まだ感情の高まりはおさえ切れず（日常に復帰する儀式もしたのだが）,死んだふりを繰り返して,次回も,死→再生のテーマが続くことを示している。
　なお,くすぐり合って笑うところで「攻撃性の社会化」という表現をしたが,これはある程度の攻撃性をもちつつ,社会的に容認されるものとして,「笑い」

表1

プレー	テーマ
おもちゃの棚を遠巻きに眺める	探索
ビームライフルを見つけるが,撃つか迷う	攻撃性(発現に迷う)
Thの襲いかかりに,控えめに撃つ	攻撃性(受動的)
Thのボール転がしに,逃げながらThを撃つ	同上
母親退室	母子分離(現実に)
ガソリンスタンドの横に電車を整列させる	エネルギーの発生の準備
電車を発車させて撃つ	攻撃性(対事物,能動的)
Th 電車をClに向けて走らせ,Cl 逃げながら電車とThを撃つ	攻撃性(対事物,対人,受動的)
Clはウルトラマンを持ち,Thにバルタン星人を持たせる	代理者の調達
バルタン星人とウルトラマンの戦い(ウルトラマンが強い)	攻撃性(代理戦)
Clはウルトラマンを砂に埋め,バルタン星人を埋める	攻撃性の消滅(深層との接触,変化への準備)
Th バルタン星人を掘り出しClを攻撃,Cl ウルトラマンを取り出し反撃	攻撃性(新しいエネルギーを獲得)
ClはThに直接にチョップする	攻撃性(対人的,直接的)
Th 変身	急激な強化への誘い
ThがClを負かす	敗北の体験
Cl 変身,ヘンシンダーと発言	急激な強化,発言する力を得る
互いにつっつき合って笑う	攻撃性の社会化
Th,Cl 元に戻る	日常への復帰
待合室でのくすぐり	残留感情の消化
死んだふりの繰り返し	死の準備(次回へのつながり)

というものがあり，「くすぐり合い」はその源初的な形とも思われるからである。笑いも嘲笑，冷笑などになると，社会性は減少してくる。

　ここでは一貫して「攻撃性」という用語を用いているが，英語表現のaggressionに近く，むしろ「活動性」とする方が適切なときがある。もっとも，子どもたちの「活動性」は，遊びのなかでは，特に初期の間は「攻撃性」として発現されることが多い。これらは，一般に言う「攻撃」よりはもっと肯定的意味合いで用いられている。

　このなかで，Thが仕掛けたときはClの態度を受動的とし，Clが仕掛けたときを能動的としているが，この分類はそれほど意味をもたない。常にClの「主体性」を尊重するべきであるが，Clの内面に生じているものに形を与えたうえで，Thが先に行動することがあっても，あまり問題ではない。Thの「仕掛け」が失敗に終るときは，遊びのテーマが進展しなくなるのでよくわかる。

　これはThの性格にもよるが，能動的なタイプの人は自分のはたらきかけが，子どもの内面の動きとズレていないか注意すべきであるし，受動的な人は自分の受動性がかえってクライエントの積極性を萎ませていないかに注意しなくてはならない。

　この事例の場合は，Thのはたらきかけはすべてうまく作用している。第2回では，第1回の終りの予告のとおり，「死」のテーマが出てくる。子どもの「集中した雰囲気に，Thは参加できない」ほどに感じているが，これこそ本来的な意味をもった「儀式」であろう。そして，青木さんも「考察」に述べているように，飛行機が棚に引っかかるハプニングは，ほんとうに興味深い。遊戯療法では，有意味なハプニングがよく起こるので，それによく注意を払わねばならない。もちろん，マイナスのことも起こり得る。

　第3回では，「つなぐ」という大切なテーマが現れる。Clは保育園で言葉を言うようになったので，友人との「つながり」がテーマになってきたと思われる。

　3, 4回の終りに棚に引っかけた飛行機を「このままにしといて」と言うが，Cl自身が飛んでいる飛行機のイメージの重要性を感じ，まだ相談室との継続的関係をもちたいことを示している（第6回で，「やっぱりやめた」と言うところが印象的。終ってもいいことを表現してくれたと思う）。

　第5回では，砂を口に入れたのを「吐き出す」というテーマが認められる。

Thはこのことを「考察」において，「象徴的に緘黙とのつながりを思わせて興味深い」と述べている。まさにその通りであるが，同時に，Clがこれまで受け入れ難いのに無理して取り入れていたことを，しっかりと自分で拒否できるようになったという，広い意味で考えた方がよさそうである。そのような態度が緘黙につながっていたのではあるが。

　この回で終結について話をすると，Clがあっさりとそれに従って，Thは「淋しい」感じを受ける。多くの場合，治療が非常にうまく進展しているときは，終結に際してThは「淋しさ」を味わうものである。子どものほんとうの気持は測り難いが，ともかく外見的にはあっさりとしていることが多い。

　第6回に示された「ナイフの踊り」は，実に素晴らしい。Clは先に「つなぐ」ことを行ったが，ここでは「切る」ことによって新しいものが創れることを体験している。人間は自立するためには「つなぐ」ことと「切る」ことの両方を身につけねばならない。Clは紙を「切る」行為の後で，そこに生まれてきたものを，「おかあさんにあげる」「せんせいにあげる」と言って，そこに関係をつくる（つなぐ）ことを行うのである。

　第7回は最終回であることを，Clは知っている。「交通整理」を行い，自分の心の中がよく整理されたことを示している。

　その後で，ウルトラマンを飛ばせるように部屋を数回走り回った後に，「砂の上に立たせる」。この遊戯療法によって，彼が自分の足でしっかりと立てるようになったことを示していて，見事という他はない。

　これでこのセラピーは終結となるが，もうひとつ印象的な事実は，このセラピー終了後1年経って，Thが電話をしたとき，Clは「しらない，だあれ？」と完全にThのことを忘れていることである。これは子どもと「深い」遊戯療法を行ったときに割に生じることである。これは，プレイルームのThとClの関係が非常に深いものではあるが，日常的な意味における親しい関係と異なるからであろう。言うなれば，心の深層に生じたドラマは，心全体に効果を及ぼしてはいるが，そのドラマ自身は忘れられてゆくのであろう。

　これは，先に述べたように，Thが別れを淋しく思っているのに，子どもの方はあっさりとしている，ということが生じるのと同様のことである。子どもはすでに日常生活における自分の活躍の方に心を奪われていて，深層のドラマにはとらわれていないのである。

この事例においては，いろいろな「テーマ」が提示され，その展開が非常にわかりやすかった。Thの考察も参考にして，遊びのテーマについて学んでおくのは，今後役立つところが大きいであろう。
　ただ，困難な事例になると（後に示すことになるが），このように明確なかたちでテーマが展開せず，四苦八苦しなくてはならないのも当然である。全体が混沌として見えるときでも，そこに何らかのテーマを見出そうとする努力は必要である。

事例 5

自分らしくあるということ
―― いじめられる啓太君の事例を通して

井 出 尚 子

I　はじめに

　ここに紹介するのは，啓太君（仮名）という男の子との約1年3カ月にわたるプレイセラピー（遊戯療法）の過程である。
　啓太君とのプレイセラピーを通して，筆者は，「自分らしくある」ということについて考えさせられた。ここでは，最初自分らしくいられず，どこかバランスの悪くなっていた啓太君が，「自分らしく」いられるようになっていく過程を紹介していきたい。
　なお，プライバシーの保護のため，本筋を変えない範囲で内容に一部改変を加えた。

II　事例概要

　小学校低学年の啓太君は，学校で友達とうまく関わることができず，また担任の先生にも怒られてばかりで，学校を休むようになってしまった。母親は心配して，当時筆者が勤務していた公立の相談室を訪れた。
　母親の話では，啓太君を産んで育てていた頃は，余裕がなくて大変なときだったそうである。近くに親戚も知人もおらず，父親は仕事が忙しくてほとんど家にいないため，頼る人のいないなか，母親は一人で子育てをしなければならなかった。また，啓太君が1歳のとき，母親は弟を妊娠中で，つわりがひどくて起き上がれず，お腹をすかせた啓太君を放っておかざるを得ない状況で

あった。優しい啓太君は，大変な状況にある母親を困らせることなく，放っておいても心配のない手のかからない子であったそうである。

　啓太君は，小学校に入ると友達にいじめられるようになった。そのことで母親が担任に相談に行っても，担任からは「本人が周りにちょっかいを出すからしかたない」と言われるだけであった。両親とも，担任に「啓太君が悪い」と言われていたので，ずっと啓太君を叱り続けてきた。「おかげで小さい頃は奔放な性格だった啓太君が，すっかり小心者になって，何をするにもいちいち親の顔色をうかがうようになってしまった」そうである。どうも啓太君と担任の相性が悪いようであった。啓太君はやがて不登校になり，母親と共に相談室を訪れた。そして，母親は他の女性相談員が，啓太君には筆者が，週1回1時間ずつ会うことになった。

Ⅲ　事例の経過

第1期（第1回〜第9回）　よい子の啓太君からズルする啓太君へ
第1回

　啓太君は線の細い男の子であった。どこかフニャフニャとした感じで歩き，小声でゆっくりたどたどしく話し，言葉数は少ない。筆者から〈初めまして，こんにちは〉と挨拶すると，母親に促され，筆者を見ないでふらふらっと視線をさまよわせて「初めまして，こんにちは」と挨拶する。筆者は気持のこもっていないどこか形だけの挨拶である印象を受ける。

　啓太君をおもちゃの倉庫に案内して，好きなおもちゃを選んでもらう。啓太君はアンバランスというおもちゃを選んで，プレイルームに持っていって遊ぶ。アンバランスは，積み重ねた木片を一つずつ引き抜いていって先に崩れた方が負けという，いつ崩れるかドキドキするおもちゃである。啓太君は順番を守ってお行儀よく遊ぶ。遊び終わると，きちんとおもちゃを片づけ，プレイルームから少し離れた倉庫に持ってかえろうとする。筆者は〈おいといていいよ〉と言うが，啓太君は次の遊びに移る前に，今まで遊んでいたおもちゃをきちんと片づけたがる。次に選んだのは，対戦式のピンボールゲームである。啓太君はすごい勢いでボタンを叩き，ボールが宙へ飛ぶほどであった。

　啓太君は，ルールもよく理解してきちんと遊ぶし，大人しくてよい子という

印象で，筆者には学校で言われている「周りにちょっかいを出す」というイメージと結びつかない。しかし，ピンボールゲームをやっているときには，それまでの大人しい啓太君からは思いもよらない乱暴とも言えるほどに力強い啓太君の意外な一面も見えた。

第2回

啓太君の年齢には難しい平成版人生ゲームというボードゲームを選ぶ。啓太君は難しすぎるルールを気にとめず，ゲームではなく「こんなにいっぱい」とお金がたまることを楽しんでいる。ゲーム進行は筆者に任せっきりである。お金をたくさん失うマスに止まったときは，ショックな表情はするが，指示には従う。物分かりのいいよい子という感じである。ゲームが終わると，自分から片づけをする。最後は逆転大敗したので，楽しくなかったのではないかな，と筆者は思うが，啓太君は「どうもありがとうございました。とても楽しかったです」と礼儀正しく挨拶をする。

筆者は第1回，第2回と啓太君に会って，どこかお行儀の良すぎる印象を受けていた。さらに，ゲームで大敗した後にまで「どうもありがとうございました。とても楽しかったです」と丁寧な挨拶をする。しかし，本当に楽しかったのか，そうでないのか，啓太君の感情がこちらには伝わってこないような感じを受けた。啓太君は飄々としていて，行き帰りに挨拶はするものの，こちらの心に届く挨拶をされた気がせず，どこか言葉だけが空々しく響いて，筆者は寂しい感じすら受けるのであった。啓太君の態度や言葉は，気持とつながっていないため，そうした態度や言葉を見せられると，啓太君の真の気持に触れられない思いがして寂しい感じを受けるのだろう，と筆者は考えた。また，ショックな表情をすることはあっても，それを口には出さないことから，啓太君はたとえ気持を感じていても，それを言葉にして伝えることが難しいのだろう，と思った。

第3回

迷わず平成版人生ゲームを選ぶ。筆者が最初から絶好調なのに比べ，啓太君は不調である。やがて啓太君は決定的に不利になり，堅い表情になる。筆者もいたたまれなくなる。筆者は，どこかお行儀が良すぎ，気持を口にできない啓太君を感じていたため，迷った末，〈ちょっとズルしちゃおうか？〉と誘いかけてみる。すると筆者が言いかけるや否や，啓太君はすぐさま「うん，そうす

る！」とズルをして不利な状況を脱する。筆者が悪いマスに止まると，啓太君はホッとしたように「わーい」と喜ぶ。その後も啓太君はちょっとしたズルをして「今のありってことで……」と筆者の顔をうかがう。筆者がうなづくと，嬉しそうにお金をもらう。最後は，見るからに啓太君の方が持っているお金が多く，数える必要もないくらいの圧勝だったが，啓太君が「いくら？」と聞くので，二人で持っているお金を計算する。計算して，〈すごいね，2億5,870万円だよ〉と筆者が言うと，啓太君は片づけをしている最中にも再度「いくらだっけ？」と聞いてくる。筆者が啓太君の持っていた金額を紙に書くことを提案すると，啓太君は紙に書いて壁に貼る。

第4回
平成版人生ゲームをやる。筆者の顔をうかがってズルをしようとする。筆者が容認すると，喜んでズルをし，その後どんどん自分に有利なようにズルをする。啓太君は多額の支払いのマスに止まってしまい，しばらく迷っているが，「じゃーね，あんたにこれあげるから見逃して」と筆者に一番安い紙幣を1枚差し出す。啓太君は勝つためにゲームをする，といった感じで，筆者はあまりゲームを楽しめないが，黙って啓太君の言う通りにする。ズルを重ねて啓太君の大勝でゲームが終わる。啓太君はお金をたくさん持っていることが嬉しいようで，「また紙に書く」と金額を紙に書く。

第5回〜第9回
オセロをやる。ルールがおかしいので，筆者は一応正しいルールを教えてみるが，啓太君は「いいんだよ」とそのまま続ける。筆者も啓太君のルールに従う。ボードゲームを啓太君は自分の都合の良いようにズルをして進める。意地でも勝ちたい様子がうかがわれる。また，ズルをしながらお金をたくさんもらうことを楽しんでいる。

野球盤ゲームをやるが，ゲームにはならず，啓太君はバッターになると投げられてくるボールに関係なくめちゃくちゃにバットを振りまくり，ピッチャーになるとめちゃくちゃに投球しまくり，楽しそうに声をたてて笑う。そのうち説明書に従ってゲームをやりだす。啓太君が勝ち，「勝った！　7対0だ。すごく勝っちゃった」と不自然なくらい何度も強調して繰り返し言う。

次の遊びに移るとき，啓太君が，片づけるのをどうしようかという顔をしているので，筆者から〈片づけないでいいよ〉と声をかけると，片づけをしない

で次の遊びをやり始める。

　第5回以降，終了時間になってもなかなか遊びをやめようとせず，筆者は終わらせるのに苦労するようになる。〈もう時間だから〉と説得して何とかやめさせる。

　また，遊びながら，学校の担任について，「先生がやだ，僕ばかり怒る」と語ったり，「学童やだ」と学童に対する不満を言葉少なに語ったりすることもあった。

　第9回の頃には，学年が上がって担任が替わり，啓太君は登校しだす。そして仲良しの無口な友人ができ，いつもその子と一緒にいるそうである。しかし，それまで通っていた学童で友達とのトラブルが続き，学童には行かなくなってしまう。

第2期（第10回～第13回）　公平なルール作り，そして部屋いっぱいのアクティブな遊び

第10回

　平成版人生ゲームの準備をするが，突然「野球しようかな，これやめてもいい？」と言い出し，野球盤ゲームをする。啓太君の作った独特のルールでゲームをするが，進んで公平にそのルールを守る。次に，モーター車をそれぞれ1台ずつ走らせて競争。小さな積み木で小さなコースを造る。そのコースを走らせきると，積み木を増やしてまた違ったコースを造る。そのうち大きい積み木を使いだし，部屋いっぱいに大きなコースを造っていく。ジャンプ台では，車が壊れるかと思うほど乱暴に車をジャンプさせる。筆者は終了時間がきたことを伝えるが，啓太君は「待って，これ走らせたら」と遊び続けたがり，終わらせるのに筆者は苦労する。

第11回

　円の中のおはじきに手持ちのおはじきを当てて円の外に出したらもらえる，という遊びをやるが，おはじきを当てても，なかなか円の外に出すことが難しい。啓太君は「こうやるとたくさん取れる」とだんだん強く投げつけるようになっていく。かなり力強く投げつけ，遂におはじきがカチンと割れてしまう。一瞬の気まずいような間の後，啓太君は「割れちゃった」と言っておはじき遊びをやめる。

野球をやる。啓太君がルールを決め，筆者はそれに従う。打ったら，塁に輪投げの輪をかけてからバットで塁をたたくと塁に出たことになる，という変ったルールを作る。さらにルールは自由にどんどん新しく変っていく。実際やってみて難しすぎる場合は，「これは難しすぎるから」と啓太君はまた新しいルールに変更する。紙に'3回ワンワンと言う'，'ものまねをする'などの指示を書いて塁に置き，塁に着いたらタッチアウトされる前にその指示に従わないといけない，というユーモラスなルールもできる。「書いていいよ」と筆者にも指示を書かせてくれることもあった。野球は啓太君が優勢だが，今までのような「どうしても自分が勝ちたい」という感じはなく，またルールの変更も自分に有利に変えるのではなく，二人が楽しめるように変更していく。筆者も遊んで楽しめる。二人とも体をよく動かし，今までになく声をあげてよく笑う。

　途中，迎えに来た父親にプレイルームのドアを突然開けられ，筆者は退出を願う。その日は終了時間になると，啓太君はスッと遊びをやめて帰る。

第12回

　ボードゲームで，啓太君がときどきちょっとしたズルをするので，筆者は〈あー駄目だよぉ〉と言ってみると，啓太君は自分にも筆者にも有利なようにズルをしてくれる。自分勝手にやる感じではなく，ズルとわかっていて笑いながら堂々とズルをやる。筆者はそれにイヤな感じは受けず，むしろズルが遊びになったような印象すら受ける。

　前回と同じように，野球をやる。ピコピコハンマーをバット代わりに使うのがユーモラスでおもしろい。

　ゴルフをやる。部屋いっぱいあちこちにトンネルやバンカーを置いて複雑なルールを作る。これもゲームとして楽しめるルールである。だんだんバンカーが増えて難しくなっていく。途中で終了時間がきて，〈残念だけど時間〉と伝えると，啓太君は「続きやりたい」と言う。〈写真撮っておいて，来週続きできるようにする？〉「うん。僕，撮る」と，啓太君が部屋いっぱいのゴルフのコースをポラロイドカメラで写真に撮る。

第13回

　前回撮った写真の通りにコースを作り，ゴルフの続きをする。筆者が勝つが，啓太君は「すごいね」と言ってくれる。さらに新しいコースが作られていく。

ワープゾーンや，上下に移動できるエレベーターがあちこちにでき，床だけでなく，積み木や棚の上なども使った3次元的なコースである。難しいコースでゴールに辿り着くのに時間がかかる。ようやく啓太君がもうすぐゴールというところで，「1回打ったら，これが動くことね」と打つ度にゴールが移動することになる。ゴールは，啓太君がそこに向かって打つ度に移動し，大きな積み木が階段状に高く積んである所をどんどん上昇していく。それを追いかけて，啓太君も積み木を高く登ってボールを打つ。そして遂には天井近くまで登って，ようやくゴールにボールが届く。啓太君はそこから周りを見渡し，天井近くの棚の上に蜂の死体があるのを見つける。ちょっとビックリしたように啓太君は「こんな所に蜂の死体があるよ」と言う。〈どれどれ〉と筆者も登っていって見ると，大きな蜂の死体が転がっている。啓太君は「気持悪い」と言って少し興醒めした様子であった。

　その次の回は，家族で遊園地へ行き，休みであった。どうしても相談室に行かないと，という切羽詰まった感じではなく，家族で行楽に出かける方を選べるような余裕が出てきたのだなと感じた。

　この頃，啓太君は学校，学童に通うようになっている。そのため啓太君は相談室に行けなくなるのではと心配している，という話を母親から聞いた母親担当者は「啓太君が来たければいつまでも来ていい」と伝えた。またこの頃次第に，今まで何も駄々をこねず聞き分けのよかった啓太君が，母親に噛みついたりぶったり蹴ったりして反抗するようになったそうである。母親は，啓太君が幼いときは頼る人もいなくて子育てが精神的にも大変で，啓太君の面倒もろくに見れず，ひどいことをしたかも知れない，と回想する。

第3期（第14回〜第19回）　静かな遊び，そして次へ続くもの
第14回

　モノポリーという，土地を買って家を建てていくボードゲームをやる。啓太君は，筆者への支払いもきちんとし，悪いマスに止まってお金が減ってもイヤな顔をせず，お金の増減，つまりゲームを楽しんでいる様子である。自分の土地に2度目に止まったとき，家を建てられると思っていたのに建てられないとわかると，啓太君はがっかりした様子だった。ルール変更に慣れていた筆者は思わず〈建ててもいいことにしちゃおうか？〉と言う。すると啓太君は「うん」

と，ゲーム進行とは関係のない所に家を建てる。ゲームの本筋のルールは変更せず，それとは別に二人とも自分の土地に2度目に止まったら家を建てることになり，本筋のルールと違うところで新しいルールを作って遊ぶ。筆者からそろそろ終了時間になることを伝えると，啓太君は「続きやりたいね」と言う。〈そうだね，続きやりたいね〉と答えると，「写真撮っておいて，来週また続きやれるようにしようか」と啓太君はゲーム盤の写真を撮る。啓太君の方から「じゃね，また続きやろうね」と手を振って帰る。

第15回
前回撮った写真を見て，モノポリーの続きをやる。カードゲームのウノもやる。筆者がルールを説明すると，啓太君が少しルールを変える。ルールを変えることが二人の間で遊びになっている感じである。啓太君は負けるが，「おもしろいゲームだね。もう1回やろう」と気に入る。途中で終了時間になる。「写真撮ろう。また続きやろう」と啓太君がカードの写真を撮る。「もう一枚。僕撮るの」と言うので，筆者はまたカメラを啓太君に渡すと，どうも違うらしく，「ううん，僕撮るの」とカメラを筆者に返す。話が通じない。啓太君が自分のことを指して「僕撮る」と言うので，ようやく筆者は意味がわかり，〈私が啓太君の写真を撮るってことね〉と言うと，啓太君は満足げにうなづいて，カードの前でポーズをとる。筆者は啓太君の写真を撮る。「隠しておこう」と啓太君は，2枚の写真をプレイルームのなかのおよそ見つからないであろう所に隠す。

第16回～第17回
写真を隠しておいた所へ真っ先に行き，写真を取り出し，ウノの続きをやる。ウノは2回とも啓太君の負けだったが，啓太君は結果を点数表に書く。そしてウノの点数表を「隠しておく」とプレイルームのなかに隠して，機嫌良く帰る。

第18回
ボードゲームをやる。ほとんど説明書のルール通りにやるが，細部に啓太君の決めたルールがある。途中筆者が，ルール通りやるとこれ以上先に進めないという困った状態に陥り，〈こういうことにしちゃダメ？〉と新しいルールを提案してみるが，「駄目だよ，ルールだから」と言われる。筆者は困って〈どうしよう，どうしたらいい？〉と啓太君に聞くと，啓太君は一緒に一生懸命考えてくれ，解決法を作ってくれる。

啓太君は「よし，下品にやろう」とコマを力強く盤に押しつけて進める。その後も何度も「下品にやろう」と言って，力強くやる。どうも'乱暴に'とか'強く'という意味で「下品に」と言っているようなので，筆者が〈強くとか乱暴にって言うんじゃない？〉と言ってみるが，啓太君の耳には入らないようで，「下品にやろう」と何度も言い続ける。

　粘土で「青の丸」など啓太君の指定した色と形をどちらが先に作れるか競争する。何度か勝負した後，「じゃ決めていいよ」と筆者にも指定させてくれる。啓太君は楽しそうに粘土をこねて形を作る。〈片づけなくていいよ〉と言うが，啓太君は「お世話になったから」ときちんと片づけて帰る。

第19回

　おはじきを部屋の向こう端の方にばらまき，こちら側の壁から手持ちのおはじきをとばして当てたら，当たったおはじきをもらえる，というルールを啓太君が作る。しかし遠すぎてほとんど当たらず，二人ともすぐに手持ちのおはじきがなくなってしまう。すると啓太君は，もう少し近くに積み木を横一列に並べて，そこからおはじきをとばして良いというオマケのルールを作る。そして積み木の線は向こう側の壁に向かって前進していき，筆者と啓太君のいるこちら側の陣地が拡がっていく。いつの間にか競争ではなくなり，二人で一緒に協力している。積み木の線が前進していくことによって，陣地内に入ったおはじきは全部啓太君と筆者の取り分ということになる。啓太君は後ろを振り返って「さっきはあんな向こうにいたのに，こんな所まで全部陣地になっちゃったね」と嬉しそうに言う。ついに積み木の線は向こう側の壁にたどり着き，部屋中自分たちの陣地になる。おはじきは全部取り分になる。啓太君は山ほどのおはじきを抱え，「すごい，こんなに取っちゃった」と喜ぶ。そして「遊んでもらったから」ときちんと片づけをしてから帰る。

　次の回は熱を出して休みであった。
　この頃，啓太君は安定して学校に通い，いじめられることもなくなり，「見違えるように元気な男の子になりました」と母親面接が終結となる。

第4期（第20回〜第30回）　「何しようかな」

第20回

　啓太君の作ったルールで野球盤ゲームをやる。啓太君がリードしているが，

ふと「これやめようか」とやめて，モノポリーをやる。学校が夏休み中だったため，〈来週来れる？〉と次回の確認をすると，啓太君は「わかんなぁい」と言う。迎えに来ていた父親が横から「来れるだろ」と言うと，啓太君は「うん，じゃ行く」。筆者はこのとき，啓太君にとってここでのプレイセラピーの必要性が薄れてきているのかも，と何となく終結を意識する。

第21回
モノポリーをやる。啓太君は持っていたお菓子の袋を開け，三つのガムを差し出し，「このなかの1個だけ，とっても酸っぱいんだよ。選んでいいよ」と筆者にくれる。筆者が選び，次に啓太君が選んで食べる。二人とも酸っぱくない。残り1個を「半分にしよう」と半分に割って二人で食べる。モノポリーは「30分になったら終りにしよう」と時間を決めて終りにするが，その後の残り時間は，「何しようかなぁ」とやりたいものが見つからない感じで，おもちゃを見て歩き回る。

その次の回は休みで，「学童の行事があるため，お休みすると言っています。でも僕はまた絶対行くんだと言っています」と母親から前日に電話がある。

第22回
「何しようかー」としばらく迷った後，レールをつなげて線路を作るプラレールをやる。計画的ではなく，その場その場でやりたいようにつなげていき，元気に部屋いっぱいに複雑な線路を作っていく。レールを使い終ると，電車を走らせる。「これはやめよう。別のことしよう」と威勢良くプラレールを片づける。

箱庭の砂をかき混ぜて「気持いいー」と感触を楽しむ。犬の人形を埋める。ワニを「これも埋めちゃったりしていいの？」と筆者に聞く。〈好きなことしていいよ〉と言うと，啓太君はワニに砂をかけて埋める。啓太君は「そうだ。砂に隠すから探して。向こう行って目つぶってて」と言い，犬とワニを隠す。筆者が探して見つけると，「じゃ今度は交代するから隠して」と交代して，筆者が隠して啓太君が探して見つける。啓太君は「今度はね，部屋のなかに隠して」と言う。二人で交代で部屋のなかに隠して，なかなか見つからないときはヒントをもらいながら探して見つける。

第23回
腕組みして「何しようかな」と散々悩んだ末，「ボーリングをしよう」と決

める。啓太君が好きな形にピンを並べる。啓太君が投球し，スコアをつける。倒れたピンを並べ直すのを筆者も手伝うと，啓太君は「ちがう，こうじゃないや」とピンを全部バラバラと倒す。筆者の顔をチラッとうかがってから，啓太君が好きなように並べる。筆者はピンを啓太君に手渡す手伝いのみにする。筆者が投球すると，啓太君は筆者のスコアを記入しかけるが，ふと手を止め，筆者に「書く？」と聞く。筆者は〈うん〉と自分のスコアを自分で書く。

第24回
人生ゲームで家を買うとき，啓太君は「一番高いのがいい」と言うが，持っているお金が足りない。「いいや，これにする」と妥協して安い家を買い，「好みのタイプの家だな」と満足そうに言う。「記念に，持っているお金まとめて置いておこう」と手持ちのお金を他のと分けて片づける。

この頃，筆者は啓太君の言葉数や語彙が増えてきていることを感じる。

第25回～第26回
「何しようかなぁ」と歩き回る。啓太君の遊んでいるプレイルームは1階にあるのだが，突然「2階に行って遊ぼう」と部屋を飛び出して走り出す。筆者は慌てて追いかけて引き止め〈この部屋で遊べるものにしよう〉と言うと，「うん」と素直に戻ってくるが，戻ってくる途中，今度は筆者の止める間もなく空いている隣の部屋に駆け込んで，そこにあったビー玉転がしを「これやろう」とプレイルームに持っていって遊ぶ。

第27回
45分遅れで来る。「あのね，学童でね，だらだらしてて遅くなっちゃったの。それで一度家に帰って，お母さんがいなくて待ってたら，お母さんが来たから急いで走ってきたの」と遅れた理由を，めずらしくたくさん話してくれる。〈そうか，大変だったね。ずいぶん頑張って来たんだね〉と筆者は答える。ボードゲームをやるが，すぐに時間になる。「今日は時間になるのがはやかったー。もう少し早く来てたら，これやりたかったな。これと，これも」と言う。「気持いいー」と2，3度，ゴム製の大ボールに飛び乗ってから帰る。

第28回
大ボールに乗りながら「何しようかぁ」と言う。前回やって時間のなかったボードゲームをやる。ビニール製の伸び縮みするトンネルを見つけ，トンネルくぐりをする。「次は先生やって」と啓太君が言う。筆者のことを「先生」と

呼ぶのは，初めてである。筆者もトンネルをくぐる。トンネルの向こう側に積み木を置いて，ボールを投げて積み木を倒すという遊びをする。交互にボールを投げる。トンネルのなかでボールが引っかかったら，「ここまでのは僕が取るから，ここからのは先生が取って」と分担して，ボールを取りに行く。

第29回
50分遅れで来たので，筆者はびっくりする。遊ぶ時間はほとんどない。〈今日どうしたの？〉「ゆっくりしてた」〈大変だったでしょ，無理しなくていいんだよ〉「ううん，いいの」と遅れた理由についてはっきりとは言いたがらない。帰りがけ，母親が「学校から帰ってきたときは覚えてて楽しみにしてたんだけど，遊びに出かけてすっかり忘れちゃって，ショックだったみたいですよ」と説明してくれる。啓太君は照れて母親の後ろに隠れる。

その次の回は学童の行事のため休みであった。

第30回
「何やろうかなー」とずいぶん迷い，おはじきを選ぶ。第19回にやった，部屋の向こう側におはじきをばらまいてこちら側の壁からおはじきをとばして当てるという遊びをやる。二人で協力して積み木の線で作った陣地を少しずつ少しずつ拡げていく。啓太君が率先してやっているのについていくだけだった筆者に，啓太君は「やっていいんだよ」と声をかけてくれる。全部のおはじきを取った後，お互い陣地を作って，相手の陣地内のおはじきを取り合うという対決をして遊ぶ。

第5期（第31回～第43回）　終結へ
（この時期は顕著に休みが増え，来室する間隔もあく）

第31回～第35回
ボードゲームやモグラ叩き，チップを積み重ねて先に崩れた方が負けというおもちゃを好んでやる。ゲームはルール通りにやる。チップを積むおもちゃは最初は二人で対戦するが，その後はいろいろな形に積んだり，二人で協力してどこまで積めるか挑戦して遊ぶ。

第36回～第38回
ゲームをしながら二人でおしゃべりする。〈学童楽しい？〉と聞くと「うん。居て最高につまんなかったのはクリスマス会」と啓太君は答える。プラレール

を40分位かけて作る。立派なのができたなぁ，と思わず筆者は感動する。

第38回は，初めて親に送ってもらわず，一人で来室する。モノポリーをやった後，「久しぶりに」とトンネルで遊ぶ。ボールを投げて反対側に出す遊びをやる。二人で代わりばんこに投げる。啓太君は少しずつトンネルを曲げて難しくしていく。

第39回

啓太君は組み立て式の木工工作の恐竜がいくつかあるのを見つけ，そのなかから翼竜を選ぶ。説明書を読み，まず色を塗る。「何色に塗ろう。よし，好きなように塗ろう」と，啓太君は絵の具を全色パレットに出し，各木片に好きに色を塗る。筆者は塗るときに〈これ何色にしたらいいと思う？〉と啓太君の意向を聞こうとすると，「何色って言われても……」と言うので，筆者も好きな色に塗っていくことにする。啓太君の塗り方は雑だが，気にせず熱中してどんどん色を塗っていく。〈そろそろ時間〉と知らせると，啓太君はトランシーバーを持ってくる。お互い見えない位置にいって，周りに何があるか，今自分が何しているか，お互いの状況を実況中継のようにトランシーバーで報告する。「交代しよう」と場所を交代してやる。〈さぁ時間〉と言うと，啓太君は大ボールに乗りながら，トランシーバーに向かって「ガオーガオー」と言う。筆者も〈ガオー〉。

第40回

翼竜作りの続き。色を塗った木片をボンドでくっつける。啓太君は説明書にこだわらず，好きなように大胆にくっつける。

第41回

時間を決めて，前半に翼竜の組立作業の続きをやり，後半はゴルフをやる。その頃，相談室が混んできてプレイルームの不足が深刻な問題となってきたなか，日常の生活で問題がなくなり休みも増えていた啓太君のプレイセラピーを続けるのは難しくなってきていた。筆者としては，必要性が薄れてきているのではと感じつつも，まだ遊び続けている啓太君に対して，こちらから終結を申し出るのは抵抗があったが，思い切って，〈大事な話がある。啓太君も元気になったし，もうそろそろここ卒業でも大丈夫かなとも思うんだけど？〉と言うと，遊んでいた啓太君はパッと顔を上げ「もうお別れなの？」と聞く。その言葉に筆者は胸が締めつけられる思いがし，やはりまだ早すぎたんだ，と慌て，

〈今すぐってことじゃなくて,啓太君が来たかったらまだ来てもいいし,あとどれくらいとか何回とか決めてもいい〉と言うと,啓太君は「じゃ,あと2回」と決める。

第42回
翼竜作りの続きをやる。学校の様子を話してくれる。「野球しよう」と大ボールをボールにして野球をやる。そのうち大ボールを転がしていって鬼ごっこになる。陣地を作って,陣取りの決闘をする。

第43回
翼竜を完成させる。筆者が〈卒業証書を書こうか?〉と言うと,「僕も書く」と二人でお互いへの卒業証書を書く。それから,啓太君の申し出で,出来上がった恐竜の作品と一緒にそれぞれの写真を撮り合い,啓太君は筆者の写真を,筆者は啓太君の写真をもらう。完成した翼竜は「欲しい。部屋に飾っておく」と啓太君が持って帰る。

迎えに来た母親と一緒に帰っていく啓太君に,〈バイバイ,元気でね〉と声をかけると,筆者は思わず涙ぐんでしまう。啓太君は「バイバイ」と手を振って元気に帰っていく。

IV 考　察

1. よい子の顔の下に

最初に出会った頃,啓太君は聞き分けのいい大人しいよい子で,無口で自分の気持を言葉にすることもなく,かしこまっていた。しかし同時に,第1回のピンボールで遊んだときに見せたような,間隙をぬって現れてくる乱暴さもあった。その乱暴さは,それまでの大人しい啓太君とは不釣合いなものであった。表面に現れているよい子の啓太君とは違う,母親の言葉によると「奔放」な啓太君の存在を筆者は感じた。妙に大人しいのに突発的に乱暴なバランスの悪さは,友達と仲良くなりたいと思っても,その気持を言葉に表せず,代わりに突如として「ちょっかいを出す」などの乱暴な行動に表してしまう啓太君の学校での姿を彷彿とさせた。そんな啓太君のバランスの悪い状態は,まさに第1回で最初に啓太君が選んだアンバランスのように,いつ崩れるかわからないものだったのかも知れない。

筆者は，啓太君の言葉や態度が気持と切り離されていると考えていたため，それが良いことなのかどうか迷いながらも，ゲームの不調でショックを受けている啓太君の気持に焦点を当て，筆者の方からズルを誘いかけてみた。即座に啓太君はそれにのり，一旦ズルをしだすと，自分からどんどんズルをするようになる。とにかくお金をたくさん欲しい，勝ちたい，という様子を見せるようになった。

　優しい啓太君は，幼い頃から母親の大変さを察して，よい子という顔の下，自分の欲求を言って甘えたり困らせたりということを我慢してきたのだろう。自分の気持を抑えてよい子でいた啓太君の行動や言葉は，気持とつながらないものになっていく。また，担任に言われて両親が啓太君を叱り続けたことにより，啓太君はさらに自分を抑えざるを得なくなっていたのであろう。第3期に「下品にやろう」と頻繁に言って乱暴にボードゲームのコマを進めることから，啓太君はそれまで乱暴に物事をやることを「下品」と良く思われず禁じられてきたのだろう，と推察できる。しかし，自由に遊んでよい時間と空間を得ると，啓太君はズルをしてでも自分の欲求を通すようになった。お金を欲しがり，終了時間がきてももっと遊びたがる啓太君を見て，筆者は，啓太君の飄々とした態度の下には，「もっともっと欲しい」という気持が強烈にあったのだろうと思った。よい子という顔に隠れていた本当の気持を表現しだした啓太君は，今までは言わなかった学校や学童への不満も語るようになる。さらには母親にも強く主張し，反抗するようになっていく。そして，啓太君の行動や言葉には力強さや生命力がみなぎるようになる。気持とつながった行動や言葉というものは，そのように生き生きとしたものなのだろう。

2．拡がりと限界

　筆者は，生き生きとしだした啓太君を嬉しく思い，今まで自分を抑えていた啓太君に自由に自分を出して遊んで欲しいと願うと同時に，乱暴な面がどんどん全面に出てきて，ズルばかりして，終了時間になっても遊び続けたがる，これらのことは一体どこまで拡がっていくのだろう，という危惧にも似た思いをもっていた。現実の生活面でも，この頃，学童で友達とのトラブルが続いたようである。コントロールされないままに自分の気持や欲求を出してしまうことが，そうしたトラブルにつながったのかも知れない。

ところが，第2期で啓太君は既製のルールではない自分のルール作りを始める。啓太君の作るルールはとてもユニークであった。自ら作ったルールに従って，そしてそれを自由に変更しながら，啓太君はプレイルームいっぱいに遊んだ。自分を抑えて小さくまとまろうとしていた啓太君がズルをしだし，そして今度は，ズルが自分自身のルールを作ることへと発展していき，そのルールに従って大きく動きだしたのであろう。それは，今まで外の状況から求められていた「よい子」という顔を外して，自分のなかから出てくる気持や欲求に自分らしい秩序を与えていく作業であるように筆者は感じた。

　しかし，ルールは啓太君の好きなように自由自在に変えられていく。ゴルフのプレーでもルールは突然に変って，啓太君はどこまでも高く高く登りつめていく。大きく動きだした啓太君の世界はどこまでも拡がっていくかのようだった。そんな頃，第11回のおはじき遊びで，だんだん強く投げていくと，遂におはじきが割れてしまう。夢のように拡がっていく世界はどこかで限界に突き当たる。それは，第13回においてより決定的となったと思われる。ゴルフをしながら，意気揚々とどこまでもどこまでも高く登りつめていく啓太君は，天井近くで蜂の死体を発見して興醒めする。どこまでも遊びを拡げ続けようとしていた啓太君にとって，水を差すようなこれらの出来事は，一体どのような意味があったのであろうか。

　今まで自分の気持を抑えてきた啓太君は，ありのままの自分を出せる自由な時間と空間を与えられて，心弾むほど楽しかったのであろう。啓太君は生き生きとしてくる。どこまで自分を出せるのか，どこまで自分はできるのか，一度それらを止めていたものが外れると，無限の拡がりを求めて啓太君はやってみるようになる。しかし，プレイセラピーに時間と空間の限りがあるように，人間のできることにも限りがある。おはじきの割れたことや蜂の死体を発見したことは，自分の世界が限りなく拡がっていくような状態にあった啓太君にとって，ある限界として突き当たったものに思える。しかしそれらは，啓太君にとって，今まで自由に振る舞っていた自分を急速に萎ませてしまうような脅威的なものとしてではなく，治療的なものとして働いたのではないか，と筆者は考えている。充分に生き生きしだしていた啓太君にとっては，これらの限界はもはや自分を萎ませてしまうものではなく，それらを受け入れて自分を出すこととの折り合いをつけていくきっかけとなったと思われる。

3．限界のなかの拡がり

　その後第3期に入ると，第2期に身体いっぱいプレイルームいっぱい使っていたのとは対照的に，第1期と同じようなボードゲームなどの静かな遊びをやるようになるが，そのやりようはずいぶん違っていた。啓太君は，自分自身のルールを模索しながら作っていくことによって，「もっともっと」と勝つことやお金をもらうことばかりでなく，筆者とのやりとりとも言えるゲーム自体を楽しむようになっていく。ズルをしなくなり，たとえ「オマケ」をしてもらっても，それも「遊び」として楽しむ。まるで自分の力を試すかのように，どこまでもどこまでも拡がることを楽しむのではなく，限りがあるけれどもそのなかでの遊びを楽しむ。これは，世界の拡がりが，ある限界に突き当たったことによって萎んでしまうのではなく，深みという方向へ転換したことによるのではないかと思われる。限界のあるなかだからこそ真に深みのある楽しみを見いだせる。筆者には，水を差すような一連の出来事が転機となって，啓太君の遊びが拡がりという方向から深みという方向へ転換したように思えてならない。

　その頃から徐々に，終了を渋って遊び続けたがることが影を潜めていく。啓太君は，終了時間を渋る代わりに，遊びを次の回へと続けるようになる。その際，写真や点数表など具体的な形あるものにして，プレイルームのなかに隠しておいて来週へとつなげることをする。プレイルームのなかに，やっていた遊びや自分自身の写真を残しておくことで，自分がそこにいないときでもプレイルームを自分の場所とすることができたのではないかと思われる。限りのあるプレイルームでの時間を「もっともっと」と求めるのではなく，啓太君はプレイルームを自分のなかに「ずっとあるもの」として位置づけ，それによって，遊び続けたいけれども次があるから今は終りにする，と終了時間を守ることができるようになったのではないか。限界のなかに楽しみを見いだし，限りのある時間に永続性を見いだすこの過程は，気持と言葉や態度が切り離されていた自分をひとつのまとまりとしてつなげていくことと並行して起きていったのであろう。

　そしてそれは，おはじきを取りながら自分の領土を拡げていくという第19回の遊びへとつながっていく。プレイルームを広く広く高く高く動き回った啓太君は，第19回において，限りあるプレイルームのなかで少しずつ自分の領

土を拡げていき，遂にはそれをすべて自分の領土とし，自分の世界とすることができたのだと思う。

4．個であること

　プレイルームを自分の領土とした啓太君は，第23回にボーリングのピンを並べ直すのを筆者が手伝うと，それを払い倒して自分の並べたいように並べ，自分のやりたいことを主張する。しかし同時に，啓太君は筆者のスコアを自分で書くか尋ね，筆者の意思も尊重するようになる。そして第28回にトンネルで分担してボールを取ってくることにしたように，筆者とは違う独立した個として分担して何かをやるようになる。第30回で，啓太君についていく筆者に，筆者も自分のやりたいように「やっていいんだよ」と声をかけてくれたりもした。その回には，第3期の最後にやった領土を拡げておはじきを取っていく遊びをやり，さらにその後にお互いの陣地を作っておはじきを取り合って対決する遊びもやる。自分の領土すなわち世界をしっかりもった啓太君は，自分の意思を主張し，同時に相手も自分と同じように意思をもった個人として認めるようになる。お互いを違う意思と個性をもった個として認め合えるようになったことから，安心して対決し，そしてそれを楽しめるようになったのであろう。

　第3期で一山越えた感じがあったのか，第4期では啓太君は50分遅れでも来室して遊びに来たい気持は強く感じられるのだが，「何しようかな」と遊ぶものがない様子を見せる。遊んでも何かピンとこないようで不意に止めてしまうこともあった。また，来室することをうっかり忘れてしまうなど，来たいという気持と裏腹に，相談室に来る必要性がどこか薄れていっているような印象も受ける。そして第5期に入ると休みが顕著に増えてくる。

　この頃の啓太君は，最初に比べて言葉数も増える。「久しぶりに」と言って以前やった遊びをする啓太君は，どこか落ち着いた印象もあった。そして最後に，数回にわたる翼竜の木工工作に取り組む。それは，各部品に，啓太君は啓太君の好きな色を塗り，筆者は筆者の好きな色を塗り，二人で分担してそれぞれに作ったものを一つに組み合わせていくという作業であった。違う個性をもった個人として，自分らしさを各々に発揮しながらお互いが別々に好きなように作ったものを，最後に協力して組み合わせてひとつのものにしてゆくのである。人との関係のなかにあっても個を失わず，個でありながら人とつなが

る，それが自分らしくあるということであろう。
　終結については，果たしてこちらから申し出たのが良かったのかどうか，筆者はその後長く考えることになるが，今から思うと，啓太君は啓太君なりに自分らしくあるための一連の心的な作業を一区切り終えていったのではないかと思える。

事例5■コメント

内と外との呼応

河合隼雄

　この事例も実に見事で，学ぶところの多いものである。小学校低学年の啓太君は，友達とも担任の先生とも関係が悪く，そのために不登校になっている。それが43回にわたる遊戯療法によって，見違えるような元気な男の子になる。先の事例にしても，この事例にしても，この子たちが遊戯療法の機会に恵まれなかったら，「問題児」の烙印を押されて長い間苦しまねばならなかっただろう，と思う。ほんとうに，よいときによい治療者に会えてよかったなと思う。

　この事例は，Thも言うとおり，必死に努力して「よい子」であろうとして，自分らしさを失っていた啓太君が，のびのびと自分らしく生きることができるようになる過程として見ることができる。筆者もそれにまったく賛成であるが，この事例を通して，遊戯療法においてよく生じる，「内と外との呼応」という点に重点を当てて論じてみたい。

　この事例の最初の圧巻は，第3回に，礼儀正しくよい子の啓太君に，Thが「ちょっとズルしちゃおうか？」と問いかけ，啓太君がすぐさまその誘いに乗って喜ぶところである。ここで素晴らしく思うのは，Thもルールを守っていると「いたたまれなくなる」ので，ズルの誘いをすると，それに啓太君が即座に乗ってくるところである。

　それまでの啓太君は「逆転大敗」しても，「どうもありがとうございました。とても楽しかったです」などと言っているのだ。そこで，Thが啓太君の「よい子」ぶりを壊す目的で，「ズルをしてもいいよ」と言うのではなく，ほとんど自然発生的に，「ちょっとズルしちゃおうか？」と言い，啓太君もすぐにそれに応じるのである。

　心理療法の関係においては（成人も子どもも同様に），ThとClとが無意識を共有するような関係になる（図1参照）。そうすると，啓太君は凄いよい子ぶりを発揮しているし，Thもルールをちゃんと守って，よいセラピストの役を演じている。この「よい」状態に無理がある場合，それを補償するような

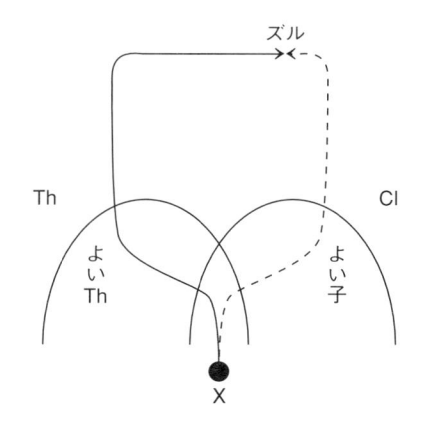

図1　ThとClの内界の布置

「X」（名前がつけられないほど，複雑なものだが，強いて言えば「悪」になるだろうか）が，二人の無意識に布置されてくる。そうなると，不思議なことに，啓太君が決定的に不利になるようなことが生じてくる。こうなると，Xの力がThにもClにも作用しはじめるのだが，ここでは，Thの方が早く気づいて，「ズルしちゃおうか」と言語化し，啓太君もそれに飛びついてくる。

　このように，内界の状態と外界の状況がうまく呼応して，ひとつのまとまりある全体像ができあがるのを，C.G.Jungはコンステレーション（constellation）と呼んでいる。これはもともと「星座」を意味する語であるが，一応「布置」と訳している。全体として，うまくできあがっているのだが，これは人間の意志や意図によってできたものではない。このようなコンステレーションに気づき，そこに「生きる」ことが，治療者の役割である。

　ここで，Thが「ちょっとズルをやってみるか」とClに言うのではなく，「ズルをやってみようか」という言い方をしているのもいい。日本語は主語があいまいなので，その特性を生かして，ThもClも共に事象にかかわっているような表現ができるのである。

　ここはうまくできたが，次の課題が生じる。啓太君が時間どおりになかなか終らないのである。これは当然と言えば当然である。啓太君はズルをしてから以後，プレーが面白くて仕方ない。いつまでもやっていたいぐらいだ。ゲームのズルを許すなら，時間など延長してもいいじゃないか，というところだ

ろう。

　しかし，ここで時間を守ることは大切である。人間にとって自由は大切なことであるが，それは何らかの規律と組合せになっている。ただ野放図な自由では意味がない。したがって，ゲームのときズルを許したThは，時間制限をしっかり守る必要があるのだ。しかし，こんなことを言っても啓太君が納得するのに時間がかかるのも当然である。有難いことに，ここでも外と内の呼応が起こる。第10回，父親が突然プレイルームに入ってきて，Thは退出を願う。これを見て，啓太君はプレイルームの規則は父親にもしっかり適用されると知り，このとき彼は終了時間をきっちりと守るのである。

　この事件はなかなか興味深い。プレイルームの内と外で呼応が起こったとも言えるし，Thの内面の苦悩に呼応して，うまく父親が顔を出したとも言える。うまくゆくときは，つぎつぎとこのようなことが生じるのだ。

　うまくゆくと言えば，Clが限界を知るようなことが適切に起こっている。第11回では，啓太君がおはじきをだんだん強く投げつけているうちに，おはじきが割れてしまう。ここで，Clはひとつの「限界」を知る。次に，第13回では積木を高く高く積みあげて昇ってゆくが，天井近くの棚の上に「蜂の死体」があるのを見つける。これらについては，Thが「考察」に述べているとおりである。今まで自分を抑えてきたClが，プレイルームのなかで伸び伸びと行動できるようになる。しかし，人間の自由は「限界」をもつことをClなりに納得していくのである。それにしても，よいタイミングに，よいことがうまく起こるものだ。内と外との呼応がピタリと生じている。

　それでは，おはじきが割れたとき，Thがよいときによいことが起こった，と思っているのに，Clはそれに構わずまだ，おはじき投げを続けるときはどうなるのか。このとき，Thは自分の「読みの甘さ」について即座に考えてみなくてはならない。「自由に対する制限」をもたらす自分の父性は，まだ不十分でないのか，あるいは，Clのそれまで抑えられていたものに対する怒りや攻撃の感情を自分は十分に共感できていなかったのではないか。このどちらの結論においても，自分の「心のなかの構えを新たにたて直す」ことをしなくてはならない。このようにして，ThはClに鍛えられてゆくのである。

　そして，限界を知ることによって，遊びが「拡がりという方向から深みという方向へ転換した」というThの指摘もうなづけるのである。これは何も子ど

もの遊びに限らない，人間の人生全般についても言えることである。遊びの展開の経過やThの考察などを読んでいると，この治療において，Thの心とClの心の間で実にいろいろな意味深い呼応が起こっていたことだろうと推察される。これがこの治療において見られる多くの「内と外との呼応」のベースになっていたのであろう。

　終了時間の話の続き。父親の出現を機に啓太君は終了時間を守れるようになるが，第12回は終り難い状況を迎える。そこで，Thは写真を撮っておいて次週に続けるという妙策を考える。このことはなかなかいい考えである。Clは終了時間に従うし，そこに生じた大切なイメージを明確にして保持する（写真撮影），ということになる。Clは直ぐにこれに乗ってきて，そのうえ，Clは自分の写真を撮ってもらって，プレイルームにそれを隠して帰る。これは，Clとプレイルーム，すなわちThとの関係が，Clがルームに来ない日でも続いていることを確認する行為と考えられる。ThとClの関係は，ますます確実なものになっている。それにしても，「制限」ということがあるからこそ，ThもClもよい知恵を出してくるものだと感じさせられる。野放図な自由は新しいものを生み出さないのである。

　啓太君は「競争ではなくなり二人で一緒に協力」するような遊びをするし，はじめの頃とは異なり「ほんとうに片づける」ことをするようになる。母親は目的を達したので面接を終了。そうして，第20回に次の来室の確認に迷うClを見て，Thは「啓太君にとってここでのプレイセラピーの必要性が薄れているのかも，と何となく終結を意識する」。

　私はこのとき終結について話し合うべきだったと思う。すぐに「やめよう」というのではなく，回数を少なくするとか，そのようにして何回かしてみて考えようとか，提案するべきではないだろうか。

　治療が非常によく展開し，ThとClの関係が深くなったときに，終結が難しくなるのは，成人のときによく経験する。このことは，「無料」で相談している場合，特によく生じる。せっかく成立している関係を「切る」ことが難しいし，特に日本ではThがうっかり申し出ると，Clは「見棄てられた」と感じるかもしれない。先の時間制限と同様に「料金」という外側からの力が作用していると，どのあたりで終るのか，という難しい内的問題にひとつの答えを見出しやすくなるのである。

「終結」に関する啓太君のアンビバレンツもいろいろなところによく示されている。「絶対に行く」と言っているが、プレイでは「何しようかな」ということになる。あるいは第25回では「急に部屋を飛び出し」たりする。遅れて来たり、来室を忘れたりする。

　この問題も外からの力がうまく解決をもたらしてくれる。「相談室が混んできてプレイルームの不足が深刻な問題となって」きたのである。このため、Thは思い切って終結のことをClに話すことができる。

　ここまで深い関係があるのに、「自分から終結を申し出る」ことにThはその後も長く考えたようだが、どんなに深い関係があっても、あるいは、あるが故に別れるのが心理療法家の仕事である。ThとClは卒業証書を交換しているが、まさに両者共に学ぶところが多かったのである。ここにも見事な「呼応」が認められる。

事例 6

三角関係を生き抜くこと
—— チックを主訴とする4歳女児とその母との関わりを通して

名 尾 典 子

I　はじめに

　ここに報告するのは，4歳女児との約2年間，全56回にわたるプレイセラピーの過程と，そこで起きていた，母との関わりについての事例である。本児は3人姉妹の末っ子であるが，中2の長女の不登校のため，母が地域の教育相談室へ来談し，長女も来談するようになって落ち着いたところで，本児がチックになり来談するようになった。

　当時，筆者はその教育相談室の新しく開設された分室に，初めての臨床の場として勤務し始めたばかりであり，本児は初めて担当するケースとして出会った。筆者は母子並行面接を試みたが，本児は母子分離が困難で，母も面接を拒んだため，初めは同席面接とし，時間の経過につれて面接の構造は変化していった。本児はプレイのなかで，筆者と母の間を行き来し，筆者と母に役割を与え，本児が構造を作っていたように思われる。

　また，長女の面接を巡る周囲の人間関係も錯綜しており，この家族を取り巻く状況からは三者関係の問題が浮かび上がってくるように思われた。長い年月の経過した今，その面接の過程を振り返り，改めて面接のなかで何が起こっていたのかを考えてみたい。

II　事例の概要

　クライエント：Cちゃん　女児　来談時4歳

主訴：チック（vocal tic），「チッ」という舌を鳴らすような音，「アホ」などの汚言

家族：5人家族。父親F（41歳）は大卒，会社員で出張が多く，不在がち。少し神経質。母親M（40歳）は短大卒の主婦。短気な性格。ショートヘアでいつもGパン。長姉A（14歳，Cの来談時中3）はX－1年10月より，不登校。中卒後，1年の浪人を経てX＋2年4月公立高校入学。次姉B（10歳，小4）は明るくさっぱりした性格で，成績も良い。地方に祖父母が在住（父方か母方かは不明）。

生育歴：正常分娩で生まれ，発達上は特に問題なし。人見知り，甘えは強かった。利き手は左で，矯正はしていない。幼稚園ではおとなしく，集団のなかに入りたがらず，友達が遊ぶのを見ていることが多い。自分ができないと思うと手が出ない。

問題の経過：AがX－1年10月（中2），友達のグループでいじめにあったことをきっかけに不登校になる。同年11月，Mが来室し，2週間に1回STh が面接。Mは学校にも働き掛け，先生が間を取りもつが失敗。X年4月末にAが来室。5月よりAのみ出席日数，勉強のことで週1回来室するようになる（M面接は継続せず，SThがAを担当）。5月末，母方伯父の紹介で大学病院へ。そこから他大学付属の相談室へ紹介されて週1回面接をはじめる（そこでの担当者KThはこの教育相談室にも勤務しており，SThの同僚であったが，KThはAを担当することになったことをすぐにはSThには知らせておらず，後に伝わることになる）。X年8月より，Cにチックが出始める。朝，AのことでMがSThに電話し，そのときCがチックのようなのでみてほしいとのことで，午後来室。SThがインテークし，Cをプレイセラピーに導入し，Thが担当となる。

III 面接経過

インテーク：SThが担当。SThのコメントでは，MはAのことからCにストレスがかかっていると考えているので，A，Cのことも含めてMを支えていく意味での面接が必要と思われる，とのことであった。

第1期　第1回〜第6回　X年8月28日〜11月6日
とにかくつながること

　面接開始当初は，Cの母子分離が困難であり，また，Mも面接を拒否したため，母子並行面接への導入ができず，Thは両者を抱えて手探りの状態で進んでいった。遅刻やキャンセルが続き，常に中断の危機にあった時期である。Cはなかなか遊び出せず，やってみても思うようにいかずに「帰りたい」を繰り返すので，Thとして無力感を味わいつつも，「とにかくつながること」を目標として，Cに安心感をもってもらえるよう，そして，Mにも相談室へ来ることの意味を少しでも感じてもらえるような場を作るように心がけた。

第1回

　Cに会う前にSThより連絡がなく，インテークの記録のメモのみが残っている。Thは初めてのケースでもあり，何をするのかよくわかっていないままに会うことになる。5分過ぎに来室。Cは小柄でかわいらしい女の子。恥ずかしそうにMの後ろに隠れている。ThはCを遊びに誘うが，黙ってうつむき，Mの服をつかむ。C，M，Thの3人でプレイルームへ。インテークのときに持ち帰ったうさぎのミニチュア二つを母に言われて返す。なかなか動き出せないCにMは「もぐらたたきしたら」と指示。たたき方は結構強いが，タイミングが合わず，なかなか出せない。全部出ると，「朝礼の順番」といってもぐらを並べる。「プールに入るの」とタオルをプールに見立てて一人遊び。何匹かのもぐらが溺れてしまう。「先に出た子から順番にプールに入るの」と順番を強調する。Cが遊んでいる間，Mが居眠りしており，CはときどきMを見て，「お母さん，眠ってる」という。その声でMは，はっとして起きる。だんだんうちとけてくると，Thに対して「どうして〜なの？」「なにこれ？」という質問をしてくる。大太鼓を鳴らして，「雷みたい」「ビリビリッて震えてるよ」と二人で耳を澄ます。Cは帰るのを渋り，Mにまとわりつくが，MはCを甘えさせない。Thの〈また来週遊ぼうね〉にうなずく。舌を鳴らすようなチックの声はずっと出ている。敏感で，豊かな世界をもった子，という印象を受けた。インテークのときに持ち帰ったうさぎの人形がCのイメージぴったりな感じ。Mの面接は誰が担当するのかわからず，Cのみ週1回で継続の約束をしたが，次週の当日，Mより電話で「急に行くところができたので」とキャンセルとなる。

第2回

　Cは元気がない。持ってきたかった物がない，と服のポケットを探したり，Mのバッグをのぞいたりするが見つからず，悲しそうな顔。いつまでも気にして遊べず，Thも戸惑う。Mに言われてもぐらたたきをするがうまくいかず，Mの膝の上に乗り，ThがMと話しているうちに眠ってしまう。M「先週は急にチックがひどくなって病院へ行った。汚言が出ていたが，薬でだいぶ良くなった。薬のせいで眠くなるよう。気に入らないことがあるとチックの声が出る。Aが不登校で，Mもそれにかかりきりで，Cには構ってやれなかった。Bは外へ行って発散するタイプだが，AとCは内に向かうタイプ。まわりの雰囲気を敏感に感じ取る」。ThはM面接を提案するが，「何か問題でもありますか？」と言われる。M自身は忙しく，一人で面接に来るつもりはない，と。ThはCのチックがひどくなりMが病院へ行ったこと，それをそのとき教えてもらえなかったこと，に無力感を感じる。

第3回

　Mから離れ，Thと二人でプレイルームへ。プレイルームのおもちゃを見て「これなーに？」とThに尋ねる。タコ，サメ，ヘビ，クジラ（Cは「イルカ」

写真1　第3回

と言う）を砂場に入れる（写真1）。サメがヘビやクジラを食べてしまうが，タコは食べられない。その後，クジラを砂に埋めたり，出したりしながら，「死んじゃった」「生き返ったよ」と言っている。CはMのそばに行き，「もう帰ろう」とまとわりつく。もぐらたたきは故障中で遊べない。Cはけろっぴの髪かざりのゴムを床に落とし，「死んじゃった」。Thもとっさに手で受けようとするが救えない。CはMにときどき耳打ちするが，Thは教えてもらえない。この後，Cが水ぼうそうにかかり，3回連続でキャンセルになる。

第4回

久し振りの来室で，Cはもじもじ。家でよくやるという折り紙をMと一緒にする。金魚を折り，金魚を溺れさせる。Thが助けようとするができない。鋏を使ったり，折り紙を折る手つきは器用。ThはCに教えてもらいながら折っている。あった折り紙を全部使い，海，チューリップ，やっこさん，コップ，亀などを一通り折って帰る。Mと立ち話，「薬を飲まなくても声が出なくなった。幼稚園に行くのも嫌がらなくなった」と言うが，プレイの間は「あっ」という声が数回出ている。

第5回

Cが前のクライエントに会ってしまい，緊張した表情。ThとCとMでプレイルームへ入る。Mは「もぐらたたきしたら」と言うが，Cは「折り紙をする」とはっきり言う。金魚を折り，それを通してThと会話。飛行機を二つ組み合わせて「合体ロボ」をつくったり，Mに手裏剣を折らせる。Mから離れ，ままごとでThがF役，Cは姉をやる。Mにもお茶を持っていく。作った折り紙はThが作ったものも全部持って帰る。

次週は当日電話にてキャンセル。「午前中外出していて，家のことをやる暇がなかったので今日は休みたい」と忙しそうな口振り。その次の週もMより電話があり，Cが眠ってしまったので休みたいと言うが，Thが来てほしいと言うと，遅れて来室する。

第6回

3人で入室。箱庭で，サメがシカや人を食べ，それを桃太郎が助けるのを繰り返す。紙粘土でバナナを作り，皮をむく。Thに団子を作らせ，Cがつぶす。重ねて「ホットケーキ」，粘土を1包使い，水浸しになりながら，雪だるまを作る。折り紙で船を一緒に折る。Thが途中で折り方がわからなくなると，C

が折ってくれる。ネコのキーホルダーを「にゃーお」とThにすり寄せてくる。M「それお姉ちゃんのじゃないの」，C「ちがうよ，前に買ったんだもん，バカタレ」とMに口ごたえしている。C，ネコになり切って，挨拶して帰る。ThはCのきつい口調にちょっとドッキリ。少し元気になったかな，という感じ。Mはチックについて「もう普通です」と言うが，プレイの場面では「あっ」という声が聞かれる。

第2期　第7回〜第23回　X年11月20日〜X＋1年5月20日
　　　退行，そして少しずつたくましく

　遅刻やキャンセルはありながらも，一応の関係はつき，Cのチックの症状も安定してくる。遊びは粘土，折り紙，絵，砂遊び，ままごとなどの他に，戦いごっこやぬいぐるみを通してのいじめっこを始め，少しずつ自信をつけ，たくましくなってくる。Mと離れて遊ぶ時間も増えてくる。

第7回
　初めて定刻に来室（今までは必ず遅刻していた）。C，黒の革靴でおめかししている。Mは「おでかけじゃないって言ってるのに……」と苦笑。Thがほ

写真2　第7回

めると，Cは照れてもじもじするが，胸を張って，先頭を切ってプレイルームへ，3人で入る。前回の粘土で作った雪だるまとホットケーキの色つけをする（写真2）。Thに「やって」「ちゃんと押さえてて」などと命令し，絵の具の色の補充をやらせる。粘土でバナナを作り，「手，真っ白」「せっけんみたい」とThとCで手を重ねる。砂で団子とハンバーグを作り，両手に乗せて「ごちそうだよ」とThの口に近づける。Mは居眠りをしており，Cが「眠っちゃだめだよ」と言うたびにMははっと目覚めるが，「ここでお昼寝だね」とThに合図して教えてくれるようになる。M「このごろ，傍についていなくてもパタンと寝るようになった。自立してきた」。Cは「また一緒にお団子作ろうね！」と大声で言って帰る。次週，連絡なしキャンセル。

第8回

熊のぬいぐるみを持参。ぬいぐるみをMに預けて入室。前回に作った粘土作品を眺めている。〈Cちゃんが全部作ったんだもんねえ，すごいね〉と言うと，Cは笑顔。粘土でヘビ，ホットケーキを作る。Thが作っている粘土も「貸して」とCがこねてくれる。ままごとでThがF役，CがM役をやる。突然Mが「Bが帰ってくる時間なのだが，Bは鍵を持っていないので家に入れないのではないか，心配なので家に戻る」と言い出し，Cにはここで遊んでいるように言うが，Cも一緒に行き，また戻ってきて遊ぶ。Thは約20分待ちぼうけになり，待っている間にThが作った団子をCが戻ってきて発見し，色を塗る。手にも色を塗り，手形をつける。CがMにまとわりつくと，M「甘えたいのよねー」とCの頭をポンポンと叩き，Mの対応に変化がみられてきた。C「こんにちは」「さようなら」と玄関の出入りを繰り返す。

第9回

大きな声で挨拶。Mが作った青い熊のぬいぐるみを持参。熊を高い所から落としたり隠したりし，Mにべたべた甘える。熊をThに探されるのをキャーキャーと喜び，部屋を走り回る。Cが熊でThにいじわるをする。「Mのそばがいい！」「先生なんか大っ嫌い」。あまりに何度も思いっきり言われるのでThはつらくなってくる。熊を寝かしつけて，粘土をやる。ThはCの「まねしなくていいから，自分で好きなの作って」という言葉にはっとする。帰りにMと次回について確認すると，C「なんでいちいち確かめるの？」確認したにもかかわらず，次回，連絡なしキャンセル。

第10回

　CはThに耳打ちして，今日の昼食を教えてくれ，Mにも「教えちゃった」と耳打ち。MとThの絵を描く。リボンにこだわり，何度も描きなおしてThとMにプレゼント。「おねえちゃん，学校行ってないんだよ。ずっと家にいるの。勉強してないの」と話してくれ，それを聞いたMが苦笑い。

第11回

　ジェニーちゃんとジェフの人形を持参。他のクライエントが忘れていった星とハートの形の粘土作品を見つけて，同じものを作る。「幼稚園でサンタさんからもらった」あめをThに3個くれる。Mの居眠りをみて，Cは「眠いの？寝ていいよ」と。次回は2週間後と伝えると「泊まっていこうかな……うそだよ」。

第12回

　前のクライエントに会ってしまい，とおせんぼされて，さっと表情が硬くなり，不機嫌に。Mも一緒にプレイルームへ入る。前回のハートと星に色を塗り，モールを通して完成させる。うさぎのぬいぐるみをジャンパーのポケットから取り出し，椅子の上から落としてThに拾わせ，笑う。Mに「おでぶちゃん」「おばかさんだねえ」と言う。ミニチュアの芋虫，ヘビ，クモをさわり，Thに押しつける。ハートと星を両手に通して元気よく帰る。

第13回

　キキララのティッシュ，アンパンマンのキャンデー，女の子の絵をThにくれる。Mがその様子を見てクスッと笑うと，Cは急にべそをかき「帰る！」と言い出すが，MがなんとかCをなだめ，M自ら別室へ。粘土や手形つけをするが，MがいないほうがCは伸び伸びしているように見える。Thの絵を描き，持って帰る。ThはCをとてもかわいく思い，会うのが楽しくなっている。

　次週，「Cが友達と遊ぶ約束をしてしまった」とキャンセルになり，Thはちょっとがっかり。

第14回

　ミンキーモモのぬりえを持参し，色を塗る。「あー，やだやだ」「めんどくさい，むかつく！」と言いながら，けだるい調子で遊んでいる。紙粘土でバナナを作る。Mの居眠りを見て「なにねてるんだよ」，まだ30分も残っているのに，「帰りたい」「外で遊びたい」と言い，「ここは病院。Thは看護婦さん」という

言葉をThはどう受け止めていいかわからず，何も言えずにいる。残り時間にThがMと話すのを嫌がる。M「長い休みになるとチックが出る。外で遊ぼうとうるさいが，大人はそんなにつきあっていられない」。

第15回
ぬいぐるみを床に落とし，「助けなくていいの」，Thは〈強い子なんだね〉と答える。幼稚園のお泊まり会の話，お友達の話など次々とおしゃべりをする。Mも愚痴を話し出すと，Cが割って入り「帰る！」と不機嫌に。3人とも白いセーターを着ているのをCが発見。「縄跳びできるんだよ，前飛びも後ろ飛びも走り飛びも！」とまくしたてるように言う。

第16回
団子に水で薄めないで濃い藍色を塗り，「うんこみたい」と嬉しそう。紙で作った花を友達へのおみやげにする。Cが「もう来たくないんだよなー」と言い出すが，〈もう来なくて大丈夫？〉に，C「来たくなるときもある」〈じゃあ，全然来たくなくなったら終わりにしようね〉。M「友達と遊べるようになった。チックはたまに出る。強い友達にわっと言われると，しゅんとしてしまって言い返せない。チックが形を変えて思春期に大きくなって出るのではないかと心配」と話す。

第17回
前回の「うんこ」を指でつまみ，ニコニコしている。Mのいる部屋でうさぎの絵を描いてから女の子を描こうとするが，失敗して何度も描き直し。Mがクスッと笑うとCは「バーカ」「せっかく描いてるのに」とMをにらみつける。一生懸命描いていたが，「疲れた，描かなきゃよかった」と言いつつ，Thにプレゼント。ぬいぐるみで喧嘩をしながら，Cは赤ちゃんぽい言葉になっていく。シャボン玉をCが吹き，Thがあおいで部屋中に散らし，Mも楽しむ。この後，双方の都合で3週あく。

第18回
全身ピンク色で来室。熊のぬいぐるみを持参し，それを使っていじめっこ遊びを行う。Thがやられっぱなしになると，つまらなそうな顔をして，「今度は先生がいじめて」といい，いじめられてキャーキャー喜ぶ。

第19回
大きい折り紙を丸めて剣を作り，ちゃんばらごっこ。ThはCの言いなりに

なって切られ，反撃させてもらえないが，けがの手当てはしてくれる。Thがままごとの道具を別室にとりにいっている間に他のクライエントがプレイルームに入ってきてしまうが，Cは何も言えず突っ立っており，Thがつまみだす。お母さんごっこでThがMの役，Cがばぶちゃん（赤ちゃん）の役をやる。Mの所まで這っていき，「ニャーオ」と甘える。C「怖い夢を見たの。魔女がきて，お母さんとCが追いかけられる夢。怖くて泣いちゃった」と話してくれる。

第20回

Mと別れてプレイルームへ。砂場で山とトンネルを作り，完成するとMを呼びにいき，見てもらう（写真3）。それから砂でThのバースデーケーキを作ってくれる。なかなか遊びを止めず，粘るが，一緒に砂を掃除して終わりにする。

次週，当日Mより電話があり，「今病院にいて，時間がかかるので休む」とキャンセル。

第21回

折り紙でお相撲さんを作る。Cが自分で考えて，アイデアをどんどん出して作っていく。土俵，塩も作る。Time upを告げると，「やだ，泊まってく」「今度，ちゃんと来られるかな」とMに確認。Mは「来れるよ」とはっきり答える。

写真3　第20回

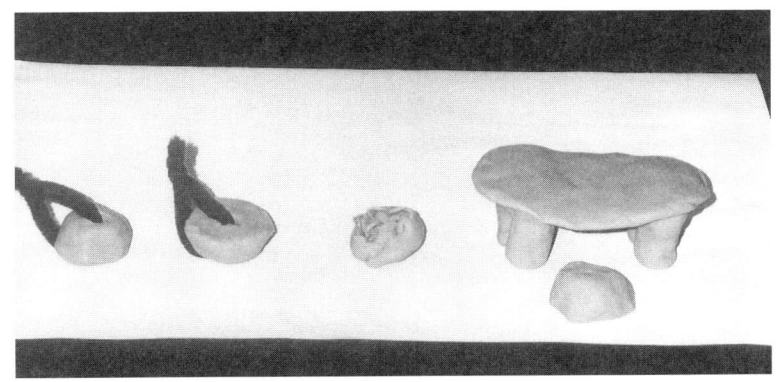

写真4　第22回

ThはCのオリジナルの「お相撲さん」に感激。

第22回
　元気がない。折り紙を"転がす"遊び。「こうやって折ると折り紙が転がるんだよ」とやって見せてくれ，二人で楽しむ。油粘土で椅子，机，指輪を作る（写真4）。折り紙で花と紙風船を作り，Mにプレゼント。Cは唇をめくって傷を見せながら，自転車から落ちてけがをした話を淡々とする。C「病院に行ったから大丈夫だよ」。さか上がりができるようになった話をする。Thとうさぎの絵を描く。

第23回
　Mは別室。大きいボールの投げ合いをした後，砂場へ水を大量に入れ，「お団子作る」と言いつつ，しゃもじで白砂をかけて水と混ぜるのを延々繰り返す。時間を気にしつつ，真剣な顔で遊ぶ。「撹拌」という，形のあるものを作る前の段階の遊びを繰り返すCの真剣な表情から，ある種の神聖さを感じる。しかし一方で，ここのところCにけがが多く，Thは心配になっている。

　次週，連絡なしキャンセル。夕方Mより電話。「こども劇場に行っていて，時間をすっかり忘れていた。昨日，Cが自転車から落ちて，顔中けがして元気をなくしていた。最近，落ち着きがない」。このとき初めてCと電話で話す。その後も2回キャンセル。Mによると，最近Cが友達からいじめられ，仲間外れにされているが，Cも言い返せるようにはなっている，とのこと。Cは強くなってきて，相談室には来ないで外でどこまでやれるのか試しているのかな，

とThは思ったが，このままではCにとって危険なのではないか，何らかの仕切り直しが必要なのでは，とも考えていた。その頃，Thは夢を見る。「プレイルームで，Cと二人きりで黙々と砂の団子を作っている」。この夢から，ThはCと二人だけで遊び込める時間の大事さを感じていた。

第3期　第24回～第44回　X＋1年6月17日～12月16日
仕切り直し──Thへの同一化，「戦い」

仕切り直しを行い，目標を「症状の消失よりも友達と遊べるようになること」とし，それをきっかけにキャンセルや遅刻が減る。CはThに同一化するようになり，一方で遊びのなかでは「戦い」がよりいっそう繰り返されるようになり，ついに体当たりでThを倒すことに成功する。この頃には，Mと別室がほとんどで，Mの助けが必要なときや，できたものを見せたいときに呼びに行くようになっていた。

第24回
久しぶりの来室で，はにかみの表情。追いかけっこから，玉入れの玉のぶつけ合いになるが，Cが思いっきり強く投げてきて，改めてCがたくましくなったことを感じる。

第25回
折り紙の剣を2本作り，「かにばさみ」。戦っているうちに「かにばちゃみ」と幼児語になっていく。C「いつもここに来たかったな」とぽつりとつぶやく。

その後2回，キャンセルが続く。

第26回
Mの話でチックがひどくなっていたことがわかる。Cが外に出ていけるようになって，友達と遊びたがるが，うまくいかなくていじめられてしまう，とのこと。Thは，今はCにとって大事な時期なので，まずは症状の消失よりも友達と遊べるようになるのを目標にすることを提案してMと合意し，毎週来ることを約束した。CのチックのMの症状が出るとMの不安が高くなり，薬でとにかく押さえてしまおうとするパターンが繰り返されることにThは，ああ，またか，と思い，Mとの面接がきちんとできたら，と歯がゆい思いであった。この仕切り直し以降，理由のわからない突然のキャンセルや遅刻はなくなった。

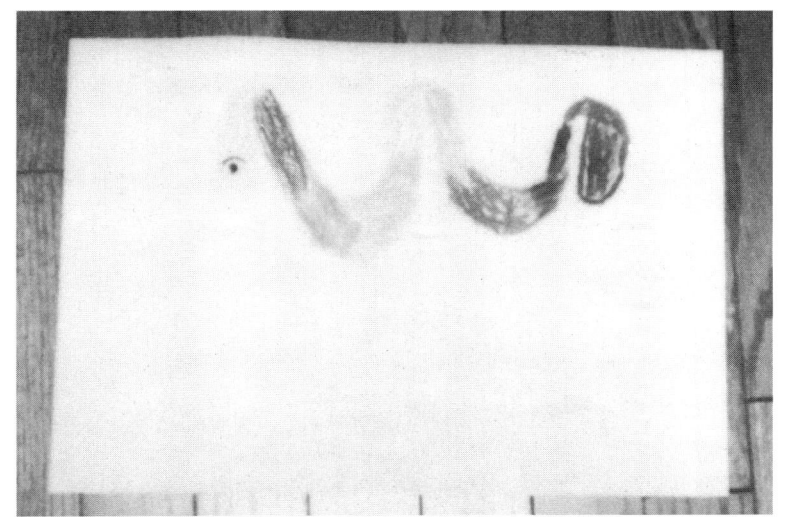

写真5　第27回

第27回
　ぬいぐるみで戦いごっこ。色のきれいなヘビの絵を描く（写真5）。C「緑の草むらにはヘビがいるかもしれないよ，ライオンとかも」と言う。途中でMもついてこさせてトイレに行き，大便をする。砂場では，「お山を作る」と言いつつ，器に砂を盛るだけ。

第28回
　折り紙でヨットを折り，「サメやワニがいる地獄」へ突き落とし，Cの提案でThが折り紙で作った網を使ってすくう。その網をCが貝の形に作りかえる。色の鮮やかな果物の絵を描く。
　その後2週間，FとBとCで里帰りしていた。この間に，AとSThとの約束でCの次回の予約が決まるということがあったが，Thより直接Mへ電話し，予約の確認をする。

第29回
　Cは貝殻の入った小瓶をお土産にくれる。この回の遊びはあれこれやろうとするがまとまらず，失敗してしまったり，途中で投げ出したり，何も完成させられない。

写真6　第30回

第30回
「天井まで届くお山作るの」と言って作り始めるが，Thは（たいへんだ……）と思いつつ，実際に出来たのは小さい山。できるとMを呼んで見せる。山の頂上をしゃもじで削り取り，白砂をかける（写真6）。「山が白砂を食べるの」。今度は「おまんじゅう作るの」と砂を握るが，だんだん大きくしていくうちに手に余るほどになって壊れてしまう。Thの服を見て，「同じのほしい，これ（自分の服）いやなの……」と言ったり，Thの髪をさわり，「どうやってやったの？　いいなあ」と言い，Thへ同一化したい気持を表現するようになった。この日は30分で「帰りたい」と言い，「また来るからね」と手を振って帰っていく。

第31回
初めてプラレールをやる。初めのうちはThとの共同制作だったが，Thに命令して作らせ，Cはご飯を作ってくれるようになる。Cの要求は難しいものが多く，Thは苦労している。久しぶりにもぐらたたきをやっているが，前よりも上手で，なかなか出なくてもマイペースでやっている。

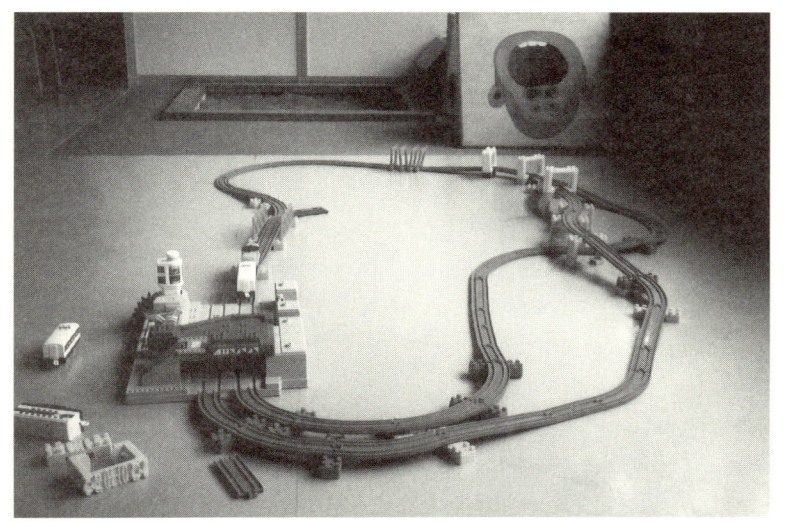

写真7　第32回

第32回
　プラレールで，坂道や立体交差のある複雑なものができ，「やったあ！」と二人で喜びながら電車を走らせる（写真7）。Mも呼んできて見てもらう。

第35回
　箱庭に花と木と象と馬とヒョウを置くが，すぐに崩し，机の上に花と木を飾る。窓からお客さんに覗かれたり，次のクライエントが非常に早く来たりしたため，遊びに集中できない。二人でお水を飲み，「あー，まずかった」。紙を数枚持ち帰る。

第36回
　持ち帰った紙をMとの共同制作で絵本にして持ってくる。ままごとでは，自分は食べずMとThのためにかいがいしくご飯とお茶とホットケーキを作ってくれる。Mのいる部屋で，折り紙を使って飾りの制作をする。糊をたくさん出し，「余ったら捨てちゃえばいいよ」。MはCのやり方が見ていられなくて口を出し，手も出すようになり，Cは「もう帰る！」と不機嫌になる。

第37回
　黒板にチョークで自分の名前を書く。卵とひよこの絵を描き，大事そうに

持って帰る。

第38回

カッパエビセンを持参して一発芸を見せてくれる。2本とって鼻の下に当てて「ひげ」，口にくわえて「牙」，それから一緒に食べる。砂でお団子を作り，お団子屋さんごっこ。Mにも作って持っていく。その後Mの部屋に移動し，絵を描く。Thに目隠しをさせて描き，帰りにちらっと見せてくれる。箱庭のミニチュアを出して，馬小屋を襲ってくる人をThにやらせ，動物を逃がし，襲ってくる人を退治する犬の役をCがやる。帰るとき，「もう来ないかも」と言いながら，にっこり手を振る。

第39回

馬に乗った人が鳥を守るというのをCがやり，Thに怪獣で襲わせる。Cが怪獣を退治する。ままごとではThには作ってくれず，お説教。「グズグズ言ったら作ってあげないよ」〈じゃあ，言わない〉「言わなくても作ってあげないこともあるの」。結局，Mにだけ作る。

第40回

二人でヘビのミニチュアを投げつけあったり蹴飛ばしたりする。ドミノというゲームを初めてやってみるが，Cがどんどんルールを変えていき，それがThには理解できず，Thの方が少しイライラ。砂場でCがラーメンを作ってくれて一緒に食べるが，Thがすする音を出すと，「違う」と言われてしまう。砂が口に入ってしまい，急に泣きそうになるところからは，だいぶ強くなったけれど，トラブルが起きたときにはまだまだかな，と感じた。

第41回

かくれんぼをしていてCが椅子の肘に顎をぶつけて泣いてしまうが，すぐに立ち直って鬼ごっこをする。砂場で山と湖を作って水をいっぱいに満たし，Thに「死んで！」と蹴ったり叩いたり，活発で元気になる。

第42回

ままごとではThに命令し，「それじゃだめ！」と強く叱りつける。砂場でビー玉を埋めて宝探し。追いかけっこではバリアーのため，ThはCに近づけない。球を思いきりThに投げつけ，相撲で体当たりし，ついにThが倒されてしまう。「先生，疲れたでしょ」「勝った！」と嬉しそうに帰っていく。力強く，健康になったという印象。

第43回

友達と遊ぶ約束をしたので30分だけ，と来室。てきぱきと手際良く，ままごと。M「もう幼稚園に行きたくないとぐずることもない。友達と遊ぶのもずいぶん積極的になって，男の子とも遊べるようになった。精神的にも安定してきた」とにこやかな表情で話す。

第44回

風邪気味で調子が悪く，ぬいぐるみをぶつけ合う戦いから勢い余って転び，泣き出してしまう。Th，Cはまだ危なっかしいところもあると思いつつ，Thが退職を考えていたため，終結に向けて考え始める。

第4期　第45回〜第56回　X＋2年1月13日〜8月2日
　　　終結に向けて──別れの準備

一山越えた感もあり，また，Thは相談室を退職するため，終結を考える。しかし，Aの高校受験でMやCが不安定になったり，Cも4月から小学校入学で，環境が変わることの心配もあったことから，終結できずにThが所属する大学の相談室に場を移して継続することになる。Cは続けたいと言うが，遠くてなかなか通いきれず，Mの都合もあって場を移してからは3回会ったのみで，以後連絡はなく，事実上終結となる。

第45回

Cより年賀状。Thのネックレスを見て，粘土で「石」を作る（写真8）。とてもきれいな「結晶」ができ，Thとしても確かな手応えを感じる。

第47回

粘土で作った「石」でペンダント作り。黒板に両手で名前を書く。ペンダントはMと一緒に首に掛けて帰る。

第48回

しばらくなかったチックの復活。口をパクパクするチックが出ている。砂で山と深い川を作り，水を入れる（写真9）。折り紙もやるが，うまくいかず，調子が悪そう。C「明日，劇の発表会なんだよ」という。相談室の新しい熊手が気に入り，Mに「買って」とねだるが，Bが熱を出して寝ているからだめと言われて，Cは泣きそうな顔になっている。

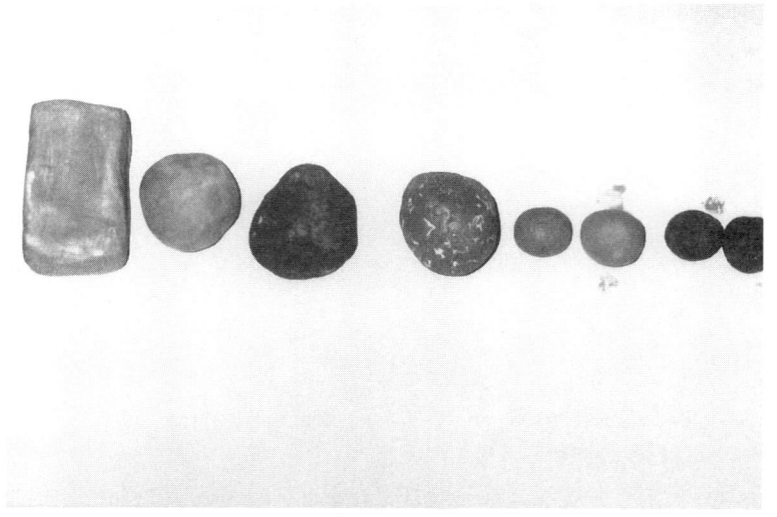

写真8　第45回

写真9　第48回

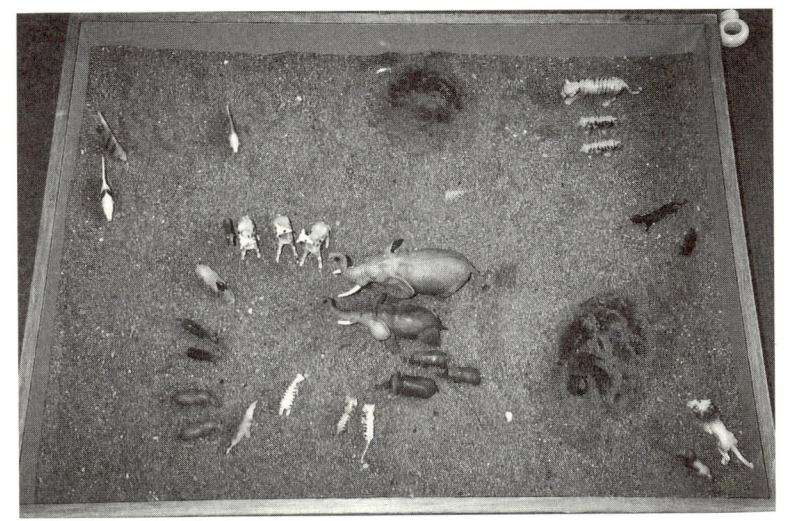

写真10　第49回

第49回
　Th遅刻，Cは風邪気味で元気がない。黙々と箱庭に「アフリカ」を作る（写真10）。「アフリカにはこんなのいるかな？」とThと考えながら作る。「みんな寝てるの」と言う。静かなエネルギーを感じる。〈発表会どうだった？〉「できた」と言うが，どんな役かは教えてくれず。

第50回
　MがAの受験の話。そのため，しばらくCにかまってやれなかったとのこと。Mは疲れた表情をしており，プレイの間も居眠り。雰囲気をCも察しているようで，MとThが話をするのを嫌がらず，深刻な顔で黙々と砂の団子を作って遊ぶ。Cがこぼした砂の掃除をしてくれるが，かえって汚すことになってしまう。Cのチックの再発はAの受験があったからか，と納得。

第51回
　Cは自分のことを「ぼくちゃん」という。ままごとでは夕食，朝食，昼食，特別のデザートを作ってくれ，一緒に食べる。顔をしかめるチックが多い。1年生になるので，机とランドセルを買った話をする。終わり頃にThの退職のことを伝えると，表情を硬くして，Mの所へ走っていく。4月から小学校入

写真11　第52回

学で環境も変り，動揺することも考えられるので，Thの所属する大学の相談室で継続することを提案，MとCに考えてもらう。Cの様子からはまだもう少し，という感じがあり，Thとしてはできれば場を変えても継続したいと考えていた。

第52回
Thに絵のプレゼント，ウルトラマンのあめをくれる。「明日卒園式なの。もう幼稚園行かないの」と話す。椅子の上に，花とカモと貝殻を並べて「海」（写真11），アリス（白雪姫の人形）と父と母を並べ，テーブルでご飯を食べる（写真12）。Mは，「今の6年生にいる，問題のある先生が今度の1年生の担任になる。1クラス40人というのはCにとっては多い」と小学校への不安を話す。

第53回
Thが相談室を退職する前の最後の回，MがAの高校へ行っていたため，45分遅刻で来室，あわてて遊びだし，ままごとで3人分のご飯を作ってみんなで食べ，キャッチボールを少しやって帰る。4月より大学の相談室にて月1回で継続の確認。少ししか遊ぶ時間がなくても来てくれたことがうれしかっ

写真12　第52回

たが，Thとしては，実質的に今日が終結のような気がしており，以後はフォローアップのつもりで……と考えていた。

第54回
大学の相談室の新しいプレイルームのなかを一通り見てから，ままごとでおもちを作り，「花見」とMのいる待合コーナーへ持って行く。大きな積木で「町づくり」を始める。なかなか終れず。

5月は，予約したものの，学校行事でキャンセルになる。後日，Thより電話すると，Mは「Cをプールに通わせたい，私もパートに出ようと思っている」と言う。Cに〈Thと遊ぶの，お休みにしようか〉と言うが，「やだ！」と叫ぶ。Thとしては，Cにはまだもう少し必要だという思いがある反面，Mにはここは遠くて負担が大きく，来たくないのだという気持もわかり，どのように区切りをつけて終結したらよいのか悩む。

第55回
6月，ThよりCに，終ってもいいかどうかを聞くと，「ここは遠い……でも，もっと遊びたい，前の所で一緒に遊ぼう」〈Thはもう前の所には行かないんだよ〉と言うが，聞こえないふりで遊び始める。ままごとでは，食べ物と電話を

写真13　第55回

お互いに準備して，CがThに電話をかけ，待ち合わせの約束をする（写真13）。食事をするとき，Cがやかんに水を入れてコップについでくれ，一緒に飲む。Thは「別れの水盃」を連想している。水をこぼしてCの靴下が濡れ，その靴下を脱いでThに投げつける。大騒ぎしながらも，ThはCが終結するのがいやな気持をぶつけているのだろうと思い，苦しい。Mが「忙しい」と言うので，次回の予約日時を約束できず，遊びたくなったら手紙を書くようにCに伝える。7月上旬，手紙が届く。「おげんきですか　またいくからね」と。Thより電話し，夏休みならば行けるとのことで，8月に約束する。

第56回

　Mが時間を間違えて来室，Aと待ち合わせているため40分しか時間がない。あわただしく遊ぶ。C，二層の液体の間にラッコが浮いているビンをThにプレゼント。トランポリンはThと一緒に飛ぶ。積木で「家づくり」をして入り口も積木でふさぎ，「これで泥棒も入ってこれない」とつぶやく。前回もやった電話とままごと。初めは普通に待ち合わせの約束をして遊ぶが，突然CがN市に引っ越すことになり，Thが新幹線で遊びに行く。シルバニア人形のうさぎの赤ちゃんをけんかさせ，悲しみと怒りを含んだ声を出す。Thは切ない気

持で胸が一杯になっているが,時間がくるとパッと帰る。Cは廊下を歩きながら,何度も振り返る。

12月,クリスマスカードをThより送る。

以後,連絡なく,終結ということになる。

Ⅳ 考　察

この事例においては,「三角関係」が数多く見られる。すなわち,この家族のなかでは,AとCでMを巡っての同胞葛藤があり,M自身もAとCの間で引き裂かれた状況にあり,また,AとBとCは3人姉妹であるための葛藤があることが推測される。また,この家族と関わる人びととの間では,SThとAとM,AとSThとKThの三角関係があり,それを基礎にしてMとCとThとの関係があると言える。そして,SThとKThとThは相談室の同僚である。そのうえ,この相談室が新しく開設されたばかりの分室であり,プレハブ造りで待合室もなく,相談員の数も少ないというこの場の特徴があった。そしてThが初心者であったために,母子並行面接という面接形態にこだわり,Cと1対1で向き合えないことやMが同室であることにやりにくさを常に感じていた。そのため,面接のなかでの境界の曖昧さ,守りの薄さ,侵入されやすさが強調され,「三角関係」の強力な布置のもとにこの事例も流れていかざるを得なかったのだと思われる。

ここで,ThとCとMの三角関係に注目する。プロセスのなかで終始一貫していたことは,C自身が「誰と一緒にプレイルームに入るか」を決めていたことである。初期のCはおずおずとして自分で遊びをなかなか決められず,遊び出せずにいた。Cの不安をMは察知して,MはCに遊びを指示し,それによってCは遊び出せていた。だんだんThとの関係がつき,自発的に遊びを選ぶようになってきて,Mから離れる時間が増え,そのなかで試行錯誤するようになる。Thの関わりだけでは力不足のとき,CはMの所へ行く。Thは初心者ゆえにCの遊びの意味を理解しきれず,対応に戸惑い,不安になることも時折あった。また逆に,Mのちょっとした言動にCが敏感に反応し,Mから離れてThと遊ぶこともあった。

CがMから離れる時間はCがThと向き合う時間になったとともに,Mにとっ

ては家のことやAのことで疲れ切っているなかでのわずかな休息の時間でもあったように思う。また，Cは自分に必要なものを得るために，無意識のうちにMとThとを使い分けていたようである。Cはプレイのなかでちまごとでは双方に料理を作ってくれたり，MとThとの間を行き来しながらThとMの繋ぎ役をしていた。Cはプレイの場にさまざまなものを持ち込んできたが，それらがCの分身としての機能を果たしていた。初めは借りて帰ったうさぎから始まり，ぬいぐるみを持参するようになって，それを通じて，「三角関係的に」Thとのやりとりをしたり，Mへの甘えを表現しつつ力を蓄えてゆき，「戦い」を繰り返しながら「怖いもの」との対決する力をつけ，第3期の終りには，Thと直接体ごとぶつかることができるようになったのだと考えられる。

　ThとMとの関係では，Thの方から面接することを提案してみたが，断られてしまっていた。Aに関わっていたSThやKThもMの面接ができないことを気にしてはいたが，Mは面接することを拒んでいたため，誰がMを抱えるのかは曖昧なままであった。Thはそのことが心に引っかかっていた。実際の所は，Cとのプレイの合間に立ち話程度に話を聞くだけであったが，Mは並行して病院にも通っており，そこでの医師との関係もMを支えていたのかもしれない。

　面接のなかでお互いの距離の取り方を試行錯誤しつつ，CやMとの関係が深まっていくなかで，Thは，AだけでなくCにも問題が出ているというM自身の無力感や，Fは仕事で不在がちであり，M一人が頑張らざるを得ないだろうという状況に思いを至らせたとき，Mも抱えることをしてみようと思えた。Mの面接はなくても，3人が一緒に同じ部屋で過ごす時はMも少しでも楽しめるよう，場の工夫をしてみようと思うようになった。ThがMと直接話すとCは機嫌が悪くなることが多かったが，時として，本当にMとThが話すことが必要だったときには，Cがその機会を与えてくれていた。

　「三角関係」を保つバランスは難しかったが，Cとのプレイを中心として，Mに対してはどのような関係，距離であればMにとっての支えに少しでもなり得るだろうかと考え，対応を工夫することによって，初期の「中断の危機」は逃れ，相談室に来ることがMにとって何らかの支えとして機能し得るようになったのではないかと考えられる。

　また，終結への流れについては，終結の時点では，やり残した課題や，Th

としての無力感，やりきれなさの方が大きく，しばらく引きずっていた。しかし，長い年月の経った今にして考えるのは，Mは3人の子どもの母親であり，現実的にとても忙しく，Cのことのみならず，Aのことも常に心配しており，近所の教育相談室に通うことだけでも精一杯で余裕などなかっただろうこと，そこから電車に乗って行かねばならない遠方の相談室に場を移すことは相当な負担だっただろうということである。Mなりに忙しいなかでCとThの別れの準備に協力したと思うし，Cもわずかな時間のなかで自分なりに区切りをつけて終りにしていったと思える。

V　おわりに

こうしてイニシャルケースを改めて振り返ってみて思うことは，「ああすればよかった，こうすればよかった」というさまざまな後悔，それでも限界のあるなかで最大限，この場を利用し，元気になっていったCちゃんの豊かな力，そして，この事例に対する筆者の思い入れの深さである。当時の筆者は非力ながらも無我夢中で会い続けていただけだったが，今でもこの事例の，苦しくも生き生きとした感じを思い起こすことができる。そして，臨床の場においては，自分自身の，そしてその場の限界を自覚したうえで，安定した「心理的枠組み」を提供することが大事であることに気づかされた。

筆者は現在の臨床の場において，一人で母子ともに抱える面をむしろ積極的に行っているが，その原点ともいえるこの事例を振り返ることは，新しく気づくことも多く，いい機会だったように思う。この母子と出会えたことで，本当に多くのことを考えさせられ，すばらしい体験をすることができた。この家族の幸せを祈り，稿を終えることにしたい。

付記：この事例は，日本箱庭療法学会第8回大会において口頭発表したものです。指定討論者の亀井敏彦先生，司会者の小林哲郎先生には貴重なコメントをいただきました。また，事例検討会において鈴木龍先生に，グループスーパーヴィジョンにおいて大場登先生に，そして参加者の皆様に貴重なコメントをいただきました。これらのご意見がこの報告をまとめる際の大きな力となっています。また，日頃から筆者の臨床を支えていただいている方々に心から感謝いたします。

事例6■コメント

三角関係と三者関係

河合隼雄

　この事例はThにとってイニシャルケースである。イニシャルケースは大きい意味をもっていて，その後のThの在り方に強い影響を与えるものである。Thにとっても学ぶところの多い事例であっただろうが，われわれもこの事例から学ぶところが多い。

　まず，汚言のチック症状であるが，これはなかなか難しい場合が多い。チックは子どもによく起こり，簡単に消失する例も多いが，言語のチックになると治療に時間がかかるのが普通である。(話は横道にそれるが，重い汚言チックの症状をもったままで外科医として活躍している人の例がある[注1]。興味深いので紹介しておく。読むことをおすすめする)。イニシャルケースとして困難なケースに会ったThは，その職場の状況も難しい関係のなかにいることに気づく。Clの母はもともとClの姉Aの不登校のために来談して，SThが担当するが，母親は他の相談機関にも行って，そこでKThが担当。しかも，KはThと同じ機関でも働いているが，このことをSThに言っていなかった。もちろん，事情があることなので，これについて簡単に判断はできないが，ともかく，Thとしては「考察」のなかで述べているように，錯綜した「三角関係」のなかで治療をはじめねばならなくなったのである。

　難しいケースであるうえに，難しい状況に追いこまれた，と言えるが，難しいケースほどこのような難しい状況になり勝ちだ，とも言える。ケースのもつ困難さがいろいろなところに反映される，あるいは，全体としてのコンステレーションがそのように出来あがっているのだ，と考えられる。これをThは「『三角関係』の強力な布置のもとにこの事例も流れていかざるを得なかった」と表現している。

　それでは「三角関係」とはどういうことだろう。この例にも示されているとおり，心理療法においては随所に「三角関係」が生じやすく，そのために治療者は悩まされることが多いので，この点についてよく考えておく必要がある。

ところで，このThは「考察」の最後に「現在の臨床の場において，一人で母子ともに抱える面をむしろ積極的に行っている」と述べている。つまり，この事例によって三者の関係になる場面を忌避するようになったのではなく，この経験を生かして三者関係を心理療法場面で積極的に生かせるようになったのである。つまり，この例においては苦労の基になった，治療における三者関係は，すぐに否定的なことに結びつかなかった。

　このことを考えるうえで，三者関係が必ずしも「三角関係」にならないことを認識しておく必要があるだろう。三角関係は難しい人間関係であるが，これはいろいろとある三者関係のなかのひとつの形である。たとえば，Thが「一人で母子ともに抱える」関係は三人の関係であるが，「三角関係」ではない。一般に「三角関係」と言うのは，三者のなかの二者の距離が近づくのを残る一者が拒否したり妨害しようとする関係である。言うなれば二者関係を望んでいるのに，他の誰かが妨害していると感じているときである。これに対して望ましい三者関係であれば，そのうちの二者の関係に一者がからむことで，いろいろとダイナミズムがはたらき，それが各人にとって肯定的にはたらいていることになる。しかし，このような成熟した三者関係をもつためには，ある程度の三角関係を経験し，それを克服してゆかねばならない，と言えるだろう。

　この事例を以上のような観点から見ると，「考察」の最初にあげられている三者関係がすべて女性によって構成されていることに気づく。健全な三者関係として連想される，父・母・子，という関係から考えると，この例における「父親不在」ということが念頭に浮かんでくる。そして，このClの家族そのものが「父親が不在がち」なのである。

　日本の社会，文化は「母性原理」優位をその特徴としていることはすでに他に指摘したところである。このためもあって，わが国では家庭に父親が居ても心理的には「父親不在」の状態になっていることが多い。欧米文化の影響を受けて，日本もだんだんと「父性原理」を取り入れる必要を感じており，それをどのようにするかという課題をめぐって，家庭や親子，夫婦関係などに問題が生じている。このため，われわれ心理療法家には，「父性原理」を必要に応じて生きる準備がなければならない。

　心理療法においては，まずクライエントを受容することが大切なので，母性原理がはたらくが，そこにどの程度の父性原理が共存してゆくかによって，そ

の心理療法の過程の進み方が変ってくる。適切な父性原理がはたらかないと進展してゆかない。日本の治療者は女性も男性も母性原理は身につけていても，父性原理が弱い場合があるので，その点はよく認識しておく必要がある。そのような観点からもこの事例を見てゆきたい。

　最初の回に，Thは初めてのケースであるのにSThより連絡はなく，母子の分離も難しいまま，三人でプレイルームに入ったものの，Clは動き出さないし，大変困ったことと思う。それでも何とか関係がつき，「敏感で，豊かな世界をもった子」という印象をもてたのは，嬉しいことであった。しかし，次はキャンセル。チックがひどくなり病院へ行ったことを後で知り，Thは無力感を感じる。

　このあたり，Thはほんとうに大変だったと思うが，しかし，「とにかくつながること」を目標にし，Clに安心感を与えることに力を注いでいると，後の展開に見られるように，少しずつ治療は進んでゆくものである。

　ここで「病院」が出てきたが，この医者とTh，母との「三角関係」をどう考えたのかは論じられていない。Thのいる相談機関に少し欠けている父性原理を備えたものとして，これが出てきたと考えてみてはどうであろうか。そして，病院が必要でなくなった頃には，Thは第3期の姿勢に示されているように，父性原理を大分はたらかすことができていて，うまく進展していったのではなかろうか。このように流れはうまくいっているが，Thがこの点をどこまで認識していたかが問われるところだろう。

　母親に面接をすすめると「何か問題でもありますか？」と言う。母親は長女のこともあるし，「母親が問題だ」と言われるのを恐れている。したがって，面接をすすめるときのものの言い方にわれわれは注意しなくてはならない。われわれの基本姿勢は「悪い」人を見つけて「良い」人にしようとしているのではなく，話し合うことがその人の生きる道の援助になれば，と思っている。こんなことをくどくど説明するとかえって勘ぐられたりするので，自分の基本姿勢をしっかりともって，言葉のみならず態度によって，こちらの意図を相手に伝えられるように努めねばならない。

　第5回，第8回などのままごとで，Thが父親役をさせられているのは注目すべきである。プレイ中に母親はよく居眠りをするが，これなど，家庭で「お父さん，しばらくこの子を見ていて下さい」と父親に子どもあずけ，母親が

ほっと一息つく，という構図に似ていないだろうか。この母親は，父親不在が多く，三人の娘たちを育てるのに忙しく，息つく間もなかったのではなかろうか。Clもはじめは母親に「眠っちゃだめ」と言っていたのに，第11回では，それを許容するまでになっているから大したものである。

第5回，第12回に，前のClに会ってしまう。第19回では，他のClがプレイルームに入ってきてしまうが，これらは，この相談機関の父性原理の弱さを示しているように思う。Clはここに来た限り，他人に邪魔されず，しっかり守られているのだ，という姿勢がその機関全体に漲っていなければならない。

ただ，このようなことはあっても，Thとこの母子との関係はだんだんと緊密になり，母親も自ら別室にゆき，ThとClの関係が安定するようになる。Cの見た夢は，やはりこの家の父性的な守りの弱さを示している。しかし，このような夢を語ることによって，事態の認識が，ThにもClにもできてきたのはよいことである。

ThはCと二人きりで黙々と砂の団子を作る夢を見て，これに支えられて「仕切り直し」をする。ここで，Thは相当しっかりした父性原理をはたらかすことが出来て，この母子の信頼を得たと考えられる。「理由のわからない突然のキャンセルや遅刻がなくなった」ことに，それがよく表されている。

そうして興味深いことに，第28回の後で，父親が子どもたちを連れて里帰りした，と父親が登場してくるのである。心理療法の過程のなかで，「父親不在」と思っていた家庭で，だんだん父親が活躍するようになることが多いが，これもその一例であろう。

第27回で，大便をしたのも重要なできごとである。第2期では「うんこ」で遊んでいたが，今度はほんとうに大便ができた。ネガティブなものでも「出すべきものを出す」ことができたのである。

ThとClはその後，相当に協調的な関係を結ぶことができたうえで，第41回，第42回では直接的な攻撃をThにぶっつけると共に，いたわることもできるようになる。チック症の場合は，攻撃性を表出することが大切となることが多いが，本例においても，それをしっかりと表出できて，治療は終結に向かってゆく。

第52回では，遊びのなかに父母が並んで登場している。Thも言うように，

第4期は「別れの準備」の意味が大きかったと思う。困難なケースであるが，イニシャルケースとして，頑張ってよくやれたと思う。

注1）オリバー・サックス（吉田利子訳）『火星の人類学者』早川書房，1997.

事例7

出生以来施設育ちの子のプレイセラピー
―― 「僕はどこからきたの？」と問うまで

松 下 方 美

I　はじめに

　さまざまな生育歴をもち，さまざまな養育環境で育っていく子がいる。どんな状況のなかでも子どもはみんな自我という芽を出したがっている。遊戯療法は，ごく限られた時間と空間のなかで子どもが訴え求めているものを受け取り，その子の本来もっている力を育て開かせていくことでありたい。

II　事例の概要

　本児（以後Aとする）は生母に妊娠すら気づかれることなく生まれ，その後，乳児院，養護施設で育ち，まったく家庭・母親というものを知らない。多少の発達の遅れと怒りや甘え等の感情表出が素直でないという主訴で，養護施設職員と通い，プレイセラピー（以後プレイ）を始めることになった。3人で行ったプレイでは，当初関係づくりの難しさ，Aの爆発的な怒りの凄さ，ひきこもりなど，Aが味わってきた情緒体験を伝えて来るかのようであった。一方で，回を重ねるごとにAのなかのイメージは豊かに膨らんで，特に描画の面でめざましい進歩をみせた。幼稚園にも何とか適応し，就学を迎える頃には自分の生い立ちをたずねるような時期を経て，ピノキオが人形から人間の男の子になっていったように，甘えを素直に出せ自分を律して遊ぶことも自然にできるようになっていた。

　来談の経過：Aは筆者（以後Thとする）の勤務する発達相談機関の地区内

にある養護施設に3歳から措置されている。児童相談所の判定では軽度の知的な遅れがあると言われていた。乳児院から施設に移った当初は分離不安とみられる反応が顕著であったが，2年目に入って現施設での生活にも慣れてきたようだ。しかし，発達全般の遅れと，情緒表出のストレートでないところ，同年代の子どもと遊べないなど，他児と比べると施設職員には気になることが多かった。

特に施設長は過去に似た子どもをみた経験から，普通の幼稚園や学校に他児と同様に通わせることが，Aを精神病的な状態へと向かわせるのではないかとの不安を強くもっていた。施設内での話し合いの末，発達相談機関である当園への来所となった。

当園は発達遅滞幼児の通園施設である。毎日通園児の一日保育後に，同じ場所を使って外来の発達相談を行っていた。従来は入園時の面接という形であったが，幼稚園・保育園に通っていて発達に遅れのある子，保護者の不安が高い場合など，通園では対応できないニードに応じる形で細々と行っていた。外来の発達相談は事業としては位置づけられておらず，そのためのプレイルームもスタッフも確保されていない。

そんななかでAは，月に2回，通園児が帰園してまもなくの時間に来園することになった。

家族・生育歴：Aの母親は20歳過ぎに，ある男性と結婚，女児を一人出産。父親が生活費を渡さないなど争いが絶えず，別居。スナックやキャバレーなどを転々とし，複数の男性と関係してAを妊娠する。母親は妊娠に気づかず，突然に産気づいて，救急車のなかでAを出産する。体重1,514グラム。32～33週の成熟度であった。生後8日間，保育器に入り，その間，黄疸のため光線療法施行。母親はA出産後，奇異な行動がめだち，受診の結果，分裂病の診断で入院。Aは，生後70日より乳児院へ。3歳より，現養護施設。家庭への引き取りの見込みは今のところない。乳児院から養護施設に移った時期に，ほぼ確立していた排泄習慣が崩れ，夜，乳児院時代の担当者の名前を呼んで泣き叫ぶなどがみられた。

インテーク：インテーク時，Aは4歳7カ月，施設の担当職員（若い男性）と共に来園する。平均的身長に対し，手足や身体が細く，ヒョロッとした感じ。色白で，舌足らずなしゃべり方，身体の動きも幼く，未熟という印象が強い。

初めて会うThに警戒気味で，視線を合わせようとしない。次の遊具に移るとき，担当職員の顔を見て，許しを得るような表情，さりげなさから二人の関係の良さがうかがえる。こちらから「上手だね」などと声をかけると，何となく顔を見て照れくさそう。Thが時折，大小，色名，長短についての質問を混ぜると，スッと身をかわす。豊富な玩具に目を輝かせ遊ぶが，操作がわからない・できないことが多く，知的な遅れと共に経験不足を強く感じた。担当職員がAと共に通い，月2回，1回1時間。知的発達への援助と性格・行動面へのアプローチを遊びのなかで行い，施設での指導の助けとする，などを担当職員と確認する。

インテーク時に担当職員から以下のようなAの行動特徴が挙げられた。
・依存的。人がやってくれるのを待っている。
・やるとなったら頑固に自分のペースを通そうとする。
・できないとすぐあきらめる。
・ひとりでブツブツいいながら遊んでいることが多い。

Ⅲ　治療経過

第1期（第1回〜第5回）　関係づくりと枠組みづくり

（文中の「　」はA，〈　〉はThの発言）

第2回では，「こんにちはー」と大きな声で挨拶しながら，息せき切って来園する。部屋に入ると，すぐままごとセットで遊び出す。炊飯器を「ごはん」，フライパンを「じゅうじゅう」，トースターを「チン」と語彙の少なさが気になるが，一人で目を輝かせながら楽しそうに遊ぶ。

Thの勤務する機関は本来，発達遅滞児の通園施設で，保育室がいくつかあり，それぞれの部屋に遊具が備えられている。外来の相談者については基本的に個別指導用の小さな部屋で行っている。Aが最初プレイを行っていた部屋はこの部屋である。

第2回までは担当職員の話を聞いている時間が多くなってしまい，Aはひと通り室内の遊具で遊ぶと，他の部屋に物色に行き，「ねえねえ，見て」と気に入った遊具を抱えて部屋に見せに来ることを繰り返していた。担当職員ときちんと話す必要のあるときは，別枠でA抜きの機会をもつことにして，第3回か

らは3人で遊ぶことを確認する。

　他の部屋に出ていこうとするAに，〈ここがAのお部屋ね〉と伝えると，「あ，そう」と素直に留まる。その後も室外の足音や声が気になり，「あれ，何の音？」と頻繁に出室していたが，第5回，第6回にはほとんどなくなっている。初回時の印象から，最初は自由に遊び，Thが共に楽しめる対象となることに努めた。

　遊びは遊具の操作が中心で，汽車セットの組立て，ままごと道具など，目的的使用は可能だが，そこからイメージを発展させられない。操作も，たとえば，線路はつなぐが動作はぎこちなく，時間がかかる。Thが一緒にやろうとすると，「さわるなよー」「おまえが悪いんだろー」と，ものすごい剣幕で拒否。ここで，玩具を自分だけで自分の思うように扱うことの，Aにとっての意味を考えさせられる。

　担当職員は，本人の希望もあり，最初から同室してプレイを行った。初期は担当職員との二者関係が中心であったが，担当職員の協力もあり，次第に三者関係で遊ぶようになる。

　また，プレイのなかで認知発達への援助を行っていくために，1時間の最初の部分で課題場面を少しずつ作っていった。Aも「これやったら，あれで遊ぼうね」と抵抗なくのる。担当職員から絵が苦手と訴えられていたので，点と点を結ぶ簡単な迷路を線で通っていくなどの視覚協応課題などを行っていた（写真1，2：第2回と第3回の間に養護施設で描いてきた描画。写真3：第6回での描画）。

第2期（第6回～第14回）　自分を表現することと爆発
第7回

　汽車のレールがつなげず，イライラが高まる。Thはしばらく見守っていたが，〈こうすればいいんだよ〉とAの手をとってつなげてしまった。このことでAの怒りが爆発。「ばかやろう！」「なんでやるんだよー」と暴言の限りを叫びながら，遊具を部屋中に投げつけ，Thにもぶつける。しばらく呆気にとられるほど収拾のつかない状態であったが，「A，やめなさい」と担当職員が身体ごとおさえておさまる。Aの爆発的な怒りのエネルギーの大きさと，彼に触れて手伝うという，Thにとっては些細なことが，彼にとっては怒りに触れる

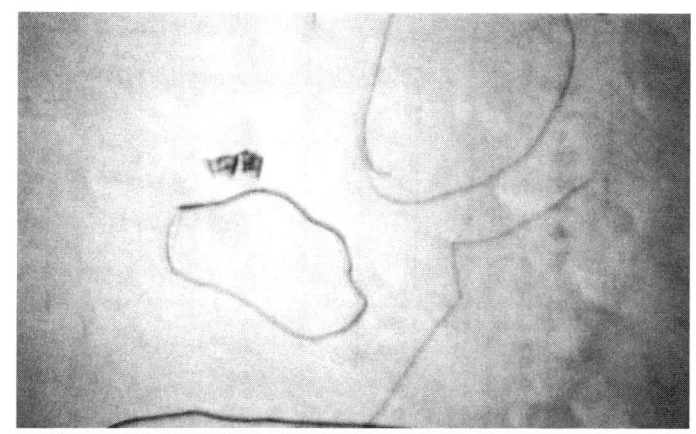

事例 7 出生以来施設育ちの子のプレイセラピー　179

写真 1 「四角」

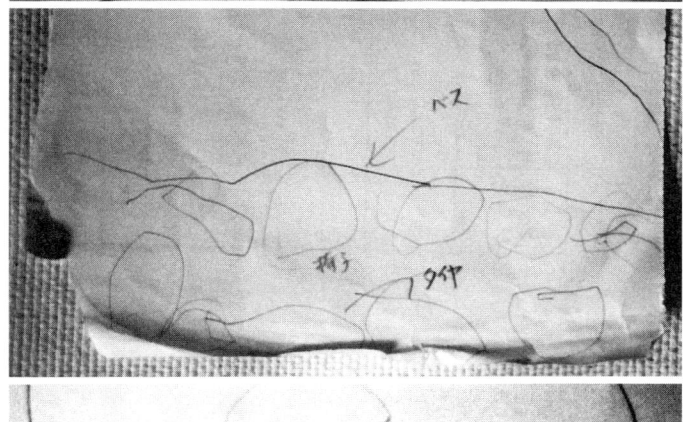

写真 2 「バス」

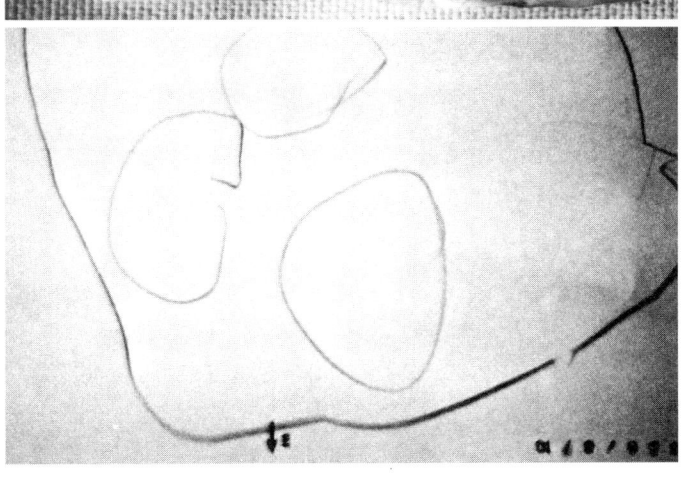

写真 3 「顔」

ほどのことであったと痛感する。

　施設内でもいやなことはいやとはっきり言えるようになってきたが，荒々しくすぐ怒るとのこと。それまでの曖昧で未分化な表現が変化してきており，またThとの関係のなかで率直に表現されたことは評価したいが，課題の導入に欲を出しすぎたかと反省し，Aの好きな遊びを中心に「自分を表現すること」，それをThが尊重することをその後の目標にした。

第8回
　焼きそばづくり。3人の皿に盛り，「オネエサン少し，Aはいっぱい」とちょっと嬉しそうに茶目っ気たっぷりの表情。こうした遊びのなかで，AからThにさりげなく身体接触してくることが増えてくる。3人でじっくり遊べるようになり，Thからのはたらきかけに対して拒否的でなくなってくる。

第10回
　カタカタ車，一人ではなかなか思ったようにはいかず，〈手伝ってあげようか？〉「いいの」と手を出させない。しばらく一人で頑張ってみたが，ついに「ここ押さえてて」と協力を求める。

第11回
　毎回取り組んできた描画の課題に折り紙を用意したところ，黄色の折り紙を担当職員，青をA，赤をThに選び，「女の子は赤だよ」。選んだ折り紙で，最初ははさみで1回切りを何回かする。〈タコの足みたいね〉「タコじゃないよ」。イメージが広がったようで，目・口・鼻などを描き，切れ目を髪の毛に見立ててお面のようなものを作る。担当職員の促しもあり，さらに眉毛を描き，耳を別の紙に描いてテープで貼る。絵を描くことが苦手だったAが初めて人の顔を作った。これが気に入り「ひげの職員」「仮面ライダー」「ウルトラセブン」など，次つぎと作成（写真4，5，6，7）。太い線でよくそれぞれの特徴を捉えた顔の絵に，Thはひたすら感心する。

　また，Thに目をつぶらせ，紙をたたんでテープではり，「はい，どーぞ」〈わー，あけてみていい？〉「いいよー」「何も入ってません。空気でしたー」。これが受けて，何度も繰り返す。ままごとでは，ガス台の火をつけ，担当職員とThの手を持って近づけ，〈アチチ〉と言わせて喜ぶ。1～2歳児がするような単純な遊びを邪念なく繰り返し楽しんでいるAを見ているのは心地よいものであった。

事例7　出生以来施設育ちの子のプレイセラピー　*181*

写真4　「担当職員」

写真5　「仮面ライダー」

写真6 「ひげの職員」

写真7 「ウルトラセブン」

第14回

用意していた食物模型をすぐに見つけ，片っ端から手にとり呼称していく。語彙が増えたことがよくわかる。ただ，物が多すぎたか，すべてを出して呼称することに終始してしまい，まとまった遊びにならない。刺激はまだまだある程度コントロールする必要を感じる。

第3期（第15回～第20回）　再び課題場面の導入と積極性

第14回の反省から，そろそろひとつのことにじっくり取り組んでみようと感じ，再び課題を導入する。前半の20分程度を絵カードによる単語の理解や発語の拡大，語連鎖の練習，パズル，迷路，図形模写，ひも通しなどの視覚協応課題を行った。

第15回

線路の組み立てで，Thの援助も受け入れ，最後の部分を自分でやると頑張り通し，何とか完成する。「またみんな一緒に作ろうか」と満足げに帰る。

第17回

夏休みに描いたキャンプの絵（写真8）を持参し，見せてくれる。施設の仲

写真8　「キャンプで虹を見た」

間が並んで虹を見ている。プレイのなかでも仲間の話がよく出てくるようになり，対象関係の広がりを感じる。来年入園予定の幼稚園の一日体験も意欲的に参加。心配していた施設長も入園を納得したそうだ。

第18回
オモチャのピアノを「オネエサンひいて」。「チューリップ」を弾くと，合わせて一緒に歌う。Thの弾くフレーズを一生懸命見ていて，交替で自分も弾く。仮面ライダーやウルトラマンの曲のリクエスト。

第19回
前回教えた「ウルトラマン」の歌が弾きたくて，Thの方が音を上げるほどの頑張りよう。線路もこの回すべて自分一人で組み立てる。「これ，ぜーんぶAがつくったんだよ」と誇らしげな表情で伝える。その後，より難しい線路づくりのときは，Thがやり方を示すために手を加えることも抵抗なく受け入れる。また電車だけでなく，人や動物や家などを使い，動物園を作る，2階建ての家に住む家族など，簡単な人形遊びをするようになる。

第4期（第21回～第27回）　体験を重ねることとイメージの拡大
Aの遊びのイメージがしっかりしたものになってきたこと，幼稚園入園を控え，自我の基盤づくりや，新しい体験を重ねることの重要性を感じ，プレイの場所を園庭に面した広い部屋へ移動。自然の残った庭でたくさんの発見をして欲しいというThの思惑通りにいかないことも多いが，園庭で頬を紅潮させて遊ぶAに，子どもらしいエネルギーが備わりつつあることを感じた。

室内では第22回より，いろいろな素材（粘土，工作セットなど）を用意し，ある程度の時間，創作活動をして遊ぶことにする。やり方については簡単に伝えて，その後はThも担当職員もそれぞれ自分の作品を作ることを楽しむ。強制はせず，あくまで遊びの素材のひとつとして提供していった。初めての素材には多少引き気味で，他の遊具に注意が移ることも多いが，一度集中し始めると，30分以上も創作に熱中する。

第22回
あまりに熱心にやっていたためトイレに間に合わず。濡れたズボンを嫌がるので当園の服を貸すことにするが，本人はその服では嫌だとずっと気に入らず，珍しく大泣きになる。どうにもならず，担当職員もThも応じられずにいると，

部屋の隅にうずくまって泣き寝入りになる。その姿は一人で子宮に戻っていってしまったような，Ａの途方もない孤独感を，また一方で，小さいながらも抱いているややかたくなな誇りを感じさせるものだった。

第23回

「クリスマスに色鉛筆をもらい，幼児たちが絵を描くことに熱中しだした。Ａもウルトラマンの絵をかなり正確に捉えていて，びっくりした」との担当者の報告。

第24回

電話で会話をしたり，手紙を出す遊びをする（写真9）。ウルトラマンへの手紙を紙に文字のような形を並べて書き，彼が読み上げた内容は「……かえってきてください。ははより」。同時に，床面一杯を使って同心円上にボールを並べ，「これ星なの」と言うなど，ハッとさせられるようなイメージの広がり。彼のヒーローであるウルトラマンに同一視し，銀河系の彼方の母に思いを馳せているのだろうか。凧作り。自分で工夫しながら熱心に楽しく作り上げ，「おそとであげようか」。時間は過ぎていたが，園庭に出て，日の陰った冬空の下で必死になって走ってあげた。

写真9　「ウルトラマン」　第24回で

第25回

基地を作る。ふと庭で見えた猫の追いかけっこに感動。

第27回

カエルの卵がオタマジャクシにかえる絵。内面の育ちを感じさせる暖かい鮮烈なイメージ。この回で，当施設は建て替えのための移転となる。

第5期（第28回〜第36回）　幼稚園入園と狭い部屋

Aは私立幼稚園に入園。すべての面でマイペースなAに心配をしていたが，朝の支度，通園の道のりなど，皆と歩調を合わせて何とかやっている。

第28回

初めて新しい場所で。無言で多少緊張気味。「これ，前のがっこうにあったよね」。部屋にある遊具を一つひとつ確認していく。第30回くらいまでは，それまでの内容を繰り返すような感じ。

第29回

人形を赤ちゃんに見立て，ミルクを飲ませたり，Thにおんぶさせたり，抱っこし，寝かしつける。後半はやや攻撃的な行動も示す。

第30回

汽車ブロック遊び。始めからThや担当職員のかかわりを拒み，緊張した面もちであたる。一人では難しかった「鉄橋」もいれて線路を完成。終始黙々と取り組むが，最後に「できた！」と歓声をあげる。多少の困難でも，よく考えて投げ出さずに解決することができた。「手をだすな」といっても，自分でやるんだという意気込みが伝わるものであった。

第32回

幼稚園入園後しばらくたつと，心なしか元気なく，課題に対して拒否的。自分から「外で遊ぼうか」と提案し，園庭で山とトンネルづくり。「またこんどあそぼうね」。

第34回

3人で3方からトンネルを掘り進め，中心で3人の手が触れ合って，やっとトンネルがつながる。砂場の砂山で三つのトンネルが崩れずにつながるか心配だったThは，協力してできあがった充実感と達成感とで胸が一杯になる。

夏休みを間近にして，就学の問題がクローズアップされてくる。施設長は未

だに養護学校を主張するそう。夏休み期間に担当職員との話し合いをもつ。

第6期（第37回～第43回）
「僕はどこからきたの」そして「こんなに大きくなったんだよ」

その後，Aの手術などで休みが続く。

第37回
大声で母親の名を繰り返しながら，久しぶりに来園。担当職員も話さずにいられない様子で，休みの間のことを話す。「手術前後から，『僕の小さかった頃』の話を聞きたがり，ごまかしてもと思い，その頃のアルバムを見せた。バケツのなかで笑っているオチャメな自分の様子など，写真を見ていたときの，本当に楽しそうな懐かしそうな表情は忘れられない。その後，『僕はどこからきたの？』といった質問が多くなり，幼稚園でも，母親に対するAの幻想（髪が長いとか）を本当のことのようにしゃべったりすることが続いた。ある程度きちんと伝えた方がいいと判断し，母の名前と，病気でAを育てられなかったこと，今は元気で仕事をしていることなどを伝えた。どの程度理解できたかわからないが，納得したように聞いていた」。

第38回
玄関から大声で「アルバムもってきたよー！」。座卓に座って一緒に見る。「かわいいねー，かみのけないんだ」「あかちゃんで，あるけないんだよ」。終わっても，「も1かいみようよ」と何回も何回も見る。そのうちだんだんにThの膝の上に乗ってくる。しばらくすると，「うんこしたい」「いっしょにきて」。トイレの入り口まで一緒に行くと，「ここでまってて」。しばらくすると，「オネエサンきてー」「ほら，みてー。くろときいろと」〈うわー，でかいウンコだねー〉。大きなうんこが流れて行くまで一緒に見る。満足げな表情。少しズボンが濡れてしまって，Aの方から「ズボンある？」と，当園の服を借りて帰る。第22回のことを思い，成長を実感する。その回以降，園内どこでも，ある程度出入り自由にして遊ぶ。大きな道路地図を広げ，その上で正義の味方と悪者の対決。刀を持って担当職員と戦う。

第42回
プラレール。自分で使う電車を決め，線路の組立てもThや担当職員と共同し，自分なりに完成し，走らせる。いくつかのレールの輪を4台の電車がぶつ

第43回
　ぎりぎりまで施設長は納得しなかったが，普通学級への就学が無事決まり，プレイはこの日で終了。最後にAの大好きなトランプをする。終了時，記念の写真を撮りながら，「だっこして」「おおきくなったでしょ」。ルールにのっとってトランプを楽しめ，一方で素直に「だっこして」と甘えられる。その両面がいつのまにかこの子のなかで自然に一つになっているなと感じる。

Ⅳ　考　察

1．ホスピタリズムの問題について
　家庭での養育が困難な子どもや，疾病や障害をもった子どもは，いわゆるホスピタリズムといった問題を生じることが多い。家庭という単位のなかで，母親と一対一の緊密な関係を築いていくことは，本来，人格形成の基礎となる重要な点である。しかし，何らかの理由でその基本的環境が保障されない子どももいる。本ケースのような，生まれたときから施設で育った子どもや障害をもつゆえに病院や施設での生活を余儀なくされるケースなど，福祉の領域には一般的な母子関係の形成を基礎にした人格形成論では語れない場合が多い。

　Aの場合，ごく早期の基本的信頼関係という点では，乳児院時代，特定の職員との関係ができており，現施設への措置変更時に分離に対する反応がみられたことに明らかである。ただこれは，分離個体化の過程をふんだものではなく，Aには抗いようのない外の世界から不意に強いられた運命であった。

　この時期彼は，うまく言いたいことを伝えられず癇癪を起こす，甘えが素直に出せずすねる，へそを曲げるなど，基本的信頼関係のうえに蓄えられてきた自我のエネルギーを自律的に出していくことに失敗している。

　プレイのなかで，時に起こる爆発的な怒り，また，どうにもならない状況でのひきこもりなどは，Aが外界からの意図で育ってきた環境を移されたときに味わった無力感と，それに対する怒りや拒否を示している。こうしたことは重度の発達障害児とも何回か経験している。

　同様に言えるのが，「さわるな！」という言葉である。自分でやるから手を出すなという自律性の芽生えの表現でもあるが，「簡単に他人に触れさせるわ

けにはいかない」という表現でもある。表面では人なつっこいが，心の深いところでは傷つきを経験している。同じ傷を何度も作りたくないという叫びにも聞こえる。しかし，Thが彼の世界に触れることには最初強い拒否をされたが，「彼の世界を尊重しながら手を貸すこと」を心がけていった頃から，次第に自分から身体接触をしてくるようになってくる。それでもAは，総じて接触をすることにむしろ遠慮がちな子どもであった。それが第6期で，母のこと，生まれてからそれまでのことを知った後には，ずいぶんと自然に甘えが出せるようになっている。

2．描画の急速な変化とイメージの変容

第11回，それまで苦手で弱々しく，なぐりがき程度だった描画が，Aの内的イメージが突然に形にされてきた。こうしたことも発達障害児と接しているとよく経験される。声を出さなかった子があるとき突然声でいろいろな表現をするようになったり，歌や手遊びに興味をもたなかった子が歌うようになったりする。「容器に水が注がれていって，あふれ出すそのとき」と言われたりするが，大人の日常からは不思議に思えるほど突然である。その子にとってみれば，これまでの蓄積とそれが発現するためのタイミングの必然性があるのだろうが，周囲がどんなに故意にそれを行おうとしても図ることはできない。

Aの場合の"蓄積"をプレイのなかで見てみると，まずは限られた時間ではあっても，自分一人で遊具を自由に使え，それを用いて表現を伝える相手が必ずいることの経験を重ねてきたこと。また一方で，課題として与えてきた基礎的な練習の成果により，線を描くことに自信をもってきたこともある。発達障害児の成長を考えるとき，精神的な側面と合わせて，具体的現実的な経験の積み重ねが不足していることも多く，無理のない形で補っていくことも必要である。

さらに，Aの内的なイメージは描画のなかで見事に変容していく。顔の絵を描いただけでも目を見張る成長であったが，その時期Aは，Aとしての自我が芽生え，表現していくことに喜びを見出したのだろう。施設の職員との関係が中心だったAが，周りの子どもたちに目を向け始め，仲間と共に虹を見た絵（写真8）が描かれる。大きい子も小さい子も虹を仰ぎ見て，彼らは虹の彼方に何を見つけようとしているのか。

その後，Aは仲間との関係を深めていくなかで，彼のヒーローであるウルトラマンの絵を描く。より強くよりしっかりしたものになりたいという願望だろうか。宇宙の彼方から地球を守るために一人戦いに来るウルトラマンも，はるか銀河の彼方には待っている母がいる。Aの心のなかにはすでに自分の存在の源を求める気持が生まれていたのだろう。カエルの卵がオタマジャクシにかえる絵は，なぜか非常にThの心をつかんで離さなかった。

この時期から彼のイメージは絵にとどまらず，3次元的表現にもなっていく。砂山のトンネルもまた，Aの内的な育ちを感じさせる。虹の彼方，宇宙の彼方に思いをはせていたAが，目に見えてはいないが，砂山の深部で直接手と手が触れ合ってつながるという体験をしている。この体験が『僕はどこから来たの?』の問いを発することにつながっていると感じる。

3．場所について

次に，プレイの場所の変遷がある。最初は，小さな個別指導用の部屋で始めた。それも最初の数回は出室が多く，外の刺激に気を取られがちであった。第3回で「Aの部屋はここ」と枠付けを行った。このことはTh側の「この時間と場所はあなたのためのものです」という表明でもあった。この後，出室することはなくなってくる。これから第20回まで，つまりこのプレイの半分の期間をこの小さな部屋で行っている。

その後，第21回から第27回までの間は，園庭に面した広い部屋へ移った。この部屋はデイケアの保育室で，すぐに園庭に出られる構造になっている。第3期では課題場面にやや力を入れ，それなりの成果も出てきていた。が，Aの遊びがまとまりのあるイメージの豊かなものになるに従って，Thは使っていた部屋が窮屈で物足りないものに感じていた。加えて，デイケアの子どもたちとの経験から，庭で自然に触れて遊ぶことがどんなに豊かで無限の可能性を子どもたちに与えるかを痛感していた。第4期からは，より強くなってきたAのエネルギーが，もっともっと豊かなイメージになっていくことを意図して部屋を移動し，十分その意図は達成できたと感じる。

最初からこの広い部屋を使わなかった理由は，主に二つある。一つは，この部屋が保育室として毎日使われており，遊具や状態が一定できないこと。もう一つは，デイケアの子どもたちが帰った後も他職員の出入りの可能性があり，

外からの刺激をコントロールしにくいことである。第4期では，そうした条件があっても移動の必要を感じた。

第5期では，施設自体の移動を経験する。ここで部屋を決めるときに，個別指導用の部屋にするか保育室にするか，再び選択をすることになった。結局，最初は個別用の部屋を選んだが，そのわけは，保育室がそれまで使っていた部屋の2倍以上で広すぎると感じたこと，遊具がさらに一定できない状況にあったことである。Th自身も木造プレハブの平屋の建物から，コンクリートのビルのワンフロアに移ってきて，なじめない時期でもあった。この時期興味深かったのは，移転後の何回かは，以前の場所で遊んだ遊具があることを一つひとつ確認して，前の遊びをなぞるかのようであったことである。子どもにとって環境の変化は大きな不安をもたらす。Aのとった行動は，その不安を解消するための，自分の「居場所」を確認するためのものだったのだろう。

第32回でAは自分から外で遊ぶことを提案する。この時期Aは，幼稚園に適応するためにおそらく非常にたくさんのエネルギーを費やしていた。園庭での自然の素材に触れた遊びは彼にそのエネルギーを充当するに足るものであった。3人でつなげた砂山のトンネルは，それまで作ってきた関係を，山の深くでつながることで再確認する作業であったように思う。AのみならずThにも担当職員にも力を与えてくれた。このことが，その後Aを自分自身の内部へ源へと向かわせる，さらに大きな力と守りを与えていた。

通常のプレイセラピーでは，構造や枠組みをしっかり保つことによって，患児に対し心理的に「一定の保護された時間と空間」を提供していくことが必要であると考えられている。このケースでは，プレイを行う部屋を一定していない。また，使用した部屋も本来のプレイルームとしては不適切なものであった。また，ある時期はThが積極的に園庭に誘ったり，逆にAから望まれるままに園庭に出ることもある。

障害幼児通園施設で試行的に行っていた外来発達相談という枠のなかで，本児に対して十分な治療的環境の提供ができるのか，当初Th自身疑問があった。周囲の同僚や上司も暖かく見守ってくれてはいたが，専門的な理解や協力を求めることはできない。この葛藤は終始Thの心のうちにあったものだが，特に前半の時期，狭い部屋のなかに閉じこもっていることに抵抗を感じていた。園庭に出ることを決めた時期から，この施設全体をいわばプレイルームととら

え，そのなかでの枠組みや制限はTh自身のなかに保っていようと考えるようになった。

　施設の移転については，不可避な力によって運命を変えられてきた本児にとって，また同じ運命を繰り返すことになる。Aがこれまで味わってきた気持を考えつつ，少し無機質になった部屋に今までの遊びで使ってきた遊具はそのまま持ってくるようにした。

　プレイを行っていたさなかは葛藤だらけであったが，今振り返ってみれば当時プレイの障害になると考えていたことが，逆に全体としてはThや本児にとって守りや枠になっていたように思う。障害幼児通園施設でのプレイセラピーであったことで，Aの心の奥の奥にひそむであろう闇だけを見つめるようなプレイにならなかった。赤ちゃん時代から特定の母親対象をもたずに育ち，これからも社会のなかで育っていくであろうAにとって，密室の閉じられた空間でのプレイセラピーよりも，少々ごちゃっとした，オープンではあるが全体としては保護する場所であった当施設でのプレイが良かったとも考えられる。彼にとって必要な治療的布置だったのだろう。

4．プレイに保護者代理の職員が同席したことについて

　本来，一般的な遊戯療法場面では，Thと子どもの一対一で行うことが，子ども自身に安全で守られた場を提供し，独立性を守ることによって内的な葛藤が表れやすいと考えられている。それからすると，本事例は当初から終了時まで一貫して職員同席の3人でのプレイを行ってきており，そのことの意味について考えたい。

　Thは主に発達相談を中心にこの施設で仕事をしてきた。発達の遅れをもつ，それも低年齢の子どものプレイの場合，以下のことから親子同席でプレイを行うことが多く，施設職員が同席を希望した際に，まったく疑問に思わずに同意していた。その理由の一つは，母子分離不安が顕著なケースの場合，月に1～2回程度，それも1回1時間の構造のなかでは分離でのプレイは無意味であること。二つ目は，母子同室でプレイを行うことによって，直接目の当たりにThの関わり方や子どもの変容を見ることができ，そのことの母親に与えるインパクトをその場で扱っていくことができるからである。発達の障害をもつ子らは，自発性の乏しさ，行動特徴の特異性などから早期の母子関係に問題を生

じている場合が多い。叱ってばかりで子どもと遊ぶことを楽しめない親，できることもすべて先回りしてやってしまう親など具体的に挙げられる。こうした場合，Thと遊ぶ様子を見ることによって，わが子の再発見をしていく，また，親も一緒に遊びを楽しめるようになっていくことで，親自身の癒しの場ともなっていく。

　上記のことから，Thは親子同席でプレイを行うことが多く，職員の同席希望を承諾した。

　終了した後に経過を振り返って，3人でのプレイをというのは非常に特異な状況であったと言える。一方でこの治療のなかに担当職員がいなかったらどうなっていたかと考えさせられる。Aにとって日常的に世話をされたり怒られたりする対象である担当職員が常にプレイ場面にいるということは，現実的な評価を気にして自由な言動を抑えることになっていたかもしれない。また，施設のなかの日常ではお互い出せなかった側面を見ることによって，心の結びつきが深まることも考えられる。

　治療者の立場からすると，当初3者の関係のバランスをとることが難しいと感じた。プレイ開始後しばらくは担当職員との関係が緊密で，AとThとの関係づくりに多少やりにくさはあった。しかし，逆に担当職員のさりげない言動によって助けられた側面もある。

　この3人でのプレイ状況は意図せずして男性，女性，子どもという家庭の最小単位を構成しており，Aがもち得なかったベースとしての場を作り出している。しかし，担当職員のAへの関わり方は，暖かく見守るタイプで，外見は体格も良く男性的だが，何事にも強要はせず，むしろ母性的であるとも言える。一方，Thのあり方は，Aにとって一貫して「オネエサン」ではあったが，時に場を統制し，課題を要求していく男性的な役割をとることもあった。このことは，男性だからお父さん，女性はお母さんというままごと遊び的な一義的な家庭ではなく，Aが自我の芽を出していくために必要な有機的な場であったと言えるのではないか。3人でつなげた砂山のトンネルは，それまで作ってきた関係を山の深くでつながることで再確認する作業であったように思う。Aのみならず Th にも担当職員にも力を与えてくれた。このことが，その後Aを自分自身の内部へ源へと向かわせる，さらに大きな力と守りを与えていた。治療者も担当職員もAとのプレイを通じて，自分自身の女性性・男性性と向き合うこ

とになり，また個のレベルを超えて3者が深くでつながっていったときであった。

5．「母なるもの」をめぐって

　最後に，このプレイ全体のなかでAに起こっていたものは何か考えていきたい。

　Aは生母に妊娠すら気づかれることなく生まれ，その後，乳児院，養護施設で育ち，まったく家庭・母親というものを知らない。いわば確固たる「母なるもの」をもたずに生まれ育ってきた子どもである。その影響はAが癲癇を起こすときの表現に如実に現れていた。「おまえがわるいんだろー！」自分を取り巻く世界に対する怒りや攻撃性の凄まじさ。一方で，触られたり助けられたりを拒否し，部屋の隅で一人で泣き寝入りをする孤独感。そのAがこのプレイを通して自らのなかに母親イメージを作り上げていくことで，自我の成長を遂げていく。

　最初はこのプロセスを彼の描画を通じて見ることができる。力なく形にならない絵。それがあるとき突然，未分化ではあるが，意味のあるものに形作られた。言わば自我の発芽といえるかもしれない。その後，施設の他の子どもたちとの仲間意識が芽生え，対象が意識されるようになる。まだ，虹の彼方の何を見ているかもはっきりはしないが，仲間と共にその何かに思いをはせる。自我が育っていく過程で彼は自分自身をウルトラマンと同一化し，何枚も何枚もウルトラマンの絵を描いていく。日常生活では自己主張するようになる一方，すぐ怒るようにもなっている。そしてウルトラマンの母への手紙。「母なるもの」を意識しだすが，まだ銀河系の宇宙の彼方，気の遠くなるような距離感である。一方でこの時期，カエルの卵がオタマジャクシに変わっていくイメージ，太陽系の星の配置など，求心的な方向も生まれてくる。

　そしてプレイの場所の移動により，環境が変っても「変らないもの」の体験を経験する。また砂山のトンネルを掘り進めて山の奥で手をつなぎあうという，目では見ることができないが，手には実感として「つながる」ことを経験することになる。手術という経験は再びこの世に生まれなおす象徴的体験となっただろう。その後「僕はどこからきたの？」という根源的な問いを発し，実の母親のことも含めて受けとめることができるようになっている。

Aは現実の母親を得ることは難しいが，このプレイを通じ心の奥深く無意識のレベルでの「母なるもの」のイメージを育て，体験することができた。このことが，甘えを素直に出せ自分を律して遊ぶことも自然にできるというプレイ終了時のThの印象につながっている。Thはこのプレイのなかで，Aの母親対象となってきた面も一部あった。しかし振り返ってみての実感としては，固有の母親を現実的には得られないAが，もっと大きな普遍的な「母なるもの」を体験していく過程を共にしたということである。一般的なプレイセラピーからはいろいろな面で特殊な形のプレイであったが，むしろそれらの特殊性がAの生まれてきた運命とあいまって生じた布置のなかで，「母なるもの」の体験を可能にしたのではないかと感じる。

V　おわりに

　福祉の分野で心理の仕事をして15年を越えた。最初に重度の障害児たちと出会ったとき，それまで行ってきた遊戯療法でこの子たちに何ができるのかと途方に暮れたことを覚えている。「教育・指導」「生活訓練」といった言葉でしか関われないのかと，デイケアの子どもたちと接するなかで葛藤していた。その後いろいろな子どもたちと出会うなかで葛藤は変化していった。もって生まれた障害，生育・養育環境は確かに誰にもどうにもできない。それでも子どもたちはそれぞれに自分らしく成長しようとしている。人が自分らしくあろうとするとき，そのあり方は一つではありえない。同様に遊戯療法も同じやり方，同じ枠組みである必要はないのだろう。

事例7 ■コメント

運命へのプロテスト

河合隼雄

　この事例のAは大変な不幸な運命のなかに育ってきた子である。「まったく家庭・母親というものを知らない」子が，発達遅滞や感情の表出ができないなどの問題をもつのは，むしろ当然と言えるだろう。このような子が突然に攻撃性を表出，他児を突きとばしたりするので，大変な問題児として連れて来られることもある。

　離婚が簡単に行われるアメリカでは「家庭・母親というものを知らない子」が日本よりはるかに多い。取り扱い不能の問題児とされた子が，箱庭療法で奇跡的と言ってよいほどによくなった例を何例か，筆者はアメリカの事例研究で見ることができた。そのような子どもの不幸な運命を知ると，ほんとうに立ち直ることができるだろうかと心配になるのだが，この例にも示されているような大変な攻撃性の表出，それに個人的人間関係を超える「母なるもの」「父なるもの」と呼びたい存在との接触に助けられ，治ってゆく過程に接して，人間の「自己治癒力」の強さに感激させられた。本例もそれらに匹敵するものである。

　この例では，養護施設の配慮によって，問題行動が著しくなる前に来談したのがよかったと思う。施設長は「精神病的な状態へと向かわせるのではないかとの不安を強くもっていた」とのことだが，これはまさにそのとおりで，アメリカではそのような例についても話を聞くことがあった。

　インテークのときは少し関係がもちにくそうだったが，2回目では関係がついてきた。そして，ThがAの遊びを助けようとして，「おまえが悪いんだろー」とものすごい剣幕で拒否される。これが第7回では，「暴言の限りを叫び」収拾のつかない状態になるが，担当職員が体ごとおさえておさまる。

　このような凄まじい怒りは必ず起こってくると言っていいだろう。本人には何の責任もないのに，大変な不幸な運命がこの子を襲ったのである。それに対して，彼がものすごい怒りを表出するのは当然のことである。「おまえが悪い

んだろー」というのは,「運命が悪い」とか「世界が悪い」と言いかえることができる。「運命へのプロテスト」という題にしたが,「世界へのプロテスト」と言ってもいい。ともかく,自分に対して「悪」をなしてくる世界に対して,全身全霊をあげて対抗しているのだ。

　このような激しい感情が箱庭に表現されるときは,何重衝突かわからぬ激しい交通事故,戦争,火事,地震などの凄まじい表現がなされる。箱庭の利点は,このような激しい攻撃性の表出が,箱庭という「枠内」に表現されることである。もちろん,それを見ている者にとっては,胸をしめつけられるような痛みを感じさせるものではあるが,自分に対して直接に向けられないだけに,許容しやすいのである。もちろん,箱庭の場合でも,こちらの限界を感じて止めざるを得ないときもある。

　クライエントの怒りの表出が限度をこえ,本人も収拾がつかなくなったようなときは,体を張ってでも止めねばならない。そんな場合は,怒りや攻撃性は本人のコントロールをこえてしまうので,破壊的にはたらいて,自分の「体験」とはならないのである。したがって,罪悪感が残ったり,相手が自分を憎んでいるに違いないと思ったりして,混乱してしまい,また無茶苦茶な攻撃を繰り返すことになる。パニック状態を止めるときは,たといこちらの体を張ってするとしても,パニックに対抗するのであって,その本人に攻撃を向けるのでもなく,嫌いなのでもないことを,はっきり認識している必要がある。このことは,言葉で表現する必要はまったくなく,こちらの心の状態がはっきりとしておれば,それは必ず子どもに通じるものである。これは有難いことだ。

　このようなとき,「攻撃性を発散させてやるとよい」と考える人があるが,それは間違っている。単なる「発散」は,何の変化ももたらさない。その気持を共感し,受けとめる人間が存在してこそ,そこに変化が生じるのである。それをほんとうに受けとめられないときは,制止するより仕方がない。

　この例の場合,養護施設の職員と共に行っていたので,Aの爆発的な怒りを男性の職員が身体ごとおさえておさめてくれたのがよかったが,これも一般化しては言えないことである。この職員とAとの関係,あるいはThとの関係がよくないときは,二人でかかわることでかえってマイナス要因になってしまうであろう。

　このプレイセラピーは外的な要因がいろいろと重なって,「一定の保護され

た時間と空間」を提供して，一対一の人間関係を基礎に行う状況とは異なった条件で行わねばならぬことが多かった。Thはそのために相当な葛藤に悩まねばならなかったが，考察のところで「今振り返ってみれば当時プレイの障害になると考えていたことが，逆に全体としてThや本児にとって守りや枠になっていたように思う」と述べている。これは非常に大切なことである。本例のように，まさに「世界に対してプロテストしたい」ような例の場合，治療者が同情するあまり，「自分がなんとかして」というように意識的努力に走りすぎると失敗することが多い。個人の努力でうまくゆくような甘いものではない。言うなれば，Aに対して悪事をはたらいてきた「世界」が，Aの回復に全力をあげてこそ意味があるのだ。そのなかで，治療者は「世界」全体のはたらきの一環として参加させてもらうのだ。これくらいのつもりにならないと事は運ばない。この例においても，適切な時に，適切な人や場所が，Aの回復のためにはたらいているのが認められる。世界全体の共応のなかにThはいるのである。

　以上のような基本姿勢をしっかりと身につけておれば，密室で一対一で会うか，この例のようないろいろな変化があるか，はあまり問題ではない。ただ，後者の場合の方が，「世界」全体がかかわってきていることがわかりやすい，と言えるかも知れない。もちろん，その都度，相当な葛藤を味わうことになるが，それもAの何度も体験した「身動きのとれない状況」の追体験を少しやっているのだ，と思うとわかりやすいだろう。

　全体の過程は，ここに示されているとおりでわかりやすい。詳細に跡づける必要はないと思うので，印象的なところだけに触れる。

　第2期の終りに記されている「1〜2歳児がするような単純な遊びを邪念なく繰り返し楽し」む遊び，このような事例では必ずと言っていいほど生じるものである。6〜7歳の子どもでもするときがある。そのときは相手が「1〜2歳」と思って共に楽しむことが必要である。

　第22回，泣き寝入るAを見て，「途方もない孤独感」と「かたくなな誇り」を感じとるThの感受性は素晴らしい。このような共感を通じて，子どもの心は癒されてゆくのだ。

　第24回も印象的である。Aのために「世界」全体が動きはじめている。Thが——あるいは誰かが——母親代りになって，などというのよりもっと深い動きが必要なのである。第34回の砂山の三つのトンネルも素晴らしい。Thの

「胸が一杯になる」体験も，さもありなんと，うなづける。これが，「さわるなよー」「お前が悪いんだろー」と叫んだ子とは思えないほどの変化である。

　このような変化を踏まえて，Aが言った「僕はどこから来たの？」という質問には，ドキリとさせられた。担当職員は「ごまかしても」と思い，その頃のアルバムを見せて説明をした。次の回にはアルバムを持ってきて，何度も何度も見て，「Thの膝の上に乗ってくる」。このようにして，Aは暖かい人間関係に支えられて，自分のルーツを確かめてゆくことができるのである。そして，この後すぐにトイレにゆき，「うんこ」をわざわざThに確認してもらうところも印象的である。

　「うんこ」については，事例6のときにもコメントした。Aは自分のルーツを確かめると共に，「溜っていた」いろいろな想いを一挙に外に出せた，とも言えるし，この際は，お母さんはこのようにして僕を産んだんだよ，という確かめをしたとも思われる。幼い子どもにとって，体からうんこが出てくることと，お母さんの体から赤ちゃんが産まれてくることは，あんがいパラレルに感じられていることが多い。これも，自分のルーツを確かめる儀式のひとつとして行われたのではなかろうか。

　なお，蛇足ながら，このような子に「ごまかすのはよくないから」と真実を告げるのがよい，と単純に考えるのはよくない。この例の場合，Aが「僕はどこから来たの」という問いを自ら発するようになったときに，暖かい配慮をもって真実を告げたからこそ，Aはそれを肯定的に受けとめることができたのである。このようなことを配慮せず，「真実を言うべきか」「そっとしておいた方がいいか」，どちらが「正しい」のだろうなどと考えて，単純にそれに従うときは，どちらをしても結果はよくないだろう。どのようなタイミングに，どのような配慮によってなされたかが問題なのである。

　それにしても「僕はどこからきたの」という問いには，ハッとさせられる。大人で普通に生きている人にとっても，深く考えれば，これは人間にとって極めて根元的な問いではなかろうか。いったい自分は「どこから来て，どこへ行くのか」。この問いに対する答を見出そうとして，人間は生きているとさえ言える。そんなときに，自分の生涯のある時期に，その根元的な問いを問いかけてくる子どもと，精一杯つき合うことができたのは，まことに有難い，と言うべきことである。

事例 8

青いビニールボールに導かれたイメージの世界

渡辺あさよ

I はじめに

　約1年半，49回の全プロセスを，ひとつのボールのみを使って終結したケースを報告する。ボールひとつからさまざまな球技のバリエーションが展開されるほどにボールが魅力的なのは，会話が『言葉のキャッチボール』と表現される如く，人びとの発するエネルギーを目に見える形で体現し，複数の人がそれに関われるからであろうか。クライエントとセラピストが共にはまったボール体験について考えてみたい。

II 事例の概要

　養護の先生から小学3年生の女子Sちゃん（以下Sと記す）についての相談を受けた。「3年生になってから学校でトイレに行けないのか，帰ってくると下着がぬれて，臭うくらいになっている」と母親が個人面談の際に担任に相談し，担任が養護教諭に相談したとのこと。Sの学校での印象は，担任によれば「目立たず，おとなしく，手のかからない子」，養護教諭によれば「入学時からいつもにこにこしているのが気がかりだった」ということだった。
　家族は父（自営業），母（パート勤務），姉（小6），S（小3）の4人暮らし。生育歴で気になる点は，Sの誕生直前に，姉が生死にかかわる病気だとわかり手術を受けたことである。家族が不安のまっただなかにあるところに誕生し，その後も両親は姉の身体面のケアに気をとられた。発育順調でおとなしいSにはあまり目が届かなかったと想像される。インテーク面接での母親は，礼

儀正しくまじめな人という印象で，こちらの質問には手短に的確な答が返ってくるが，自ら積極的に話されることはなかった。

Ⅲ　治療過程

　週1回（実質は月3回位），40分のプレイセラピー（以下プレイと記す）を基本に，母親面接，担任面接も必要に応じて，同じセラピスト（以下Thと記す）が行った。なお，放課後の時間帯が取れなかったために，母親が学校まで迎えに行き，Sは早退して，ランドセルを背負ったままバスと徒歩で約1時間の道のりを母親と通い続けた。ここでは，プレイセラピー全49回のプロセスを7期に分けて報告する。「　」はSの発言で，〈　〉はThの発言。

第1期　第1回（X年8月31日）〜 第7回（10月25日）
『ボール』と『否定』のたたきつけ

第1回
　初めて会ったSは，小柄で，ふわっとマシュマロみたいな雰囲気の可愛い女の子だった。二人の先生からの情報通り，言葉少なく物静かで，三日月状の目にえくぼが出てにこにこ笑っている。プレイルームに誘った。二人になってみると，その『にこにこ』は妙に不自然で居心地が悪かった。たぶんそのせいだろう。普段は〈プレイルームのなかでは，時間を守れば好きにしていいよ〉と説明をした後，子どもの動きを待つThが，思わず〈どんな遊びが好きな子かな？〉，さらに〈ボールかな？〉と声をかけていた。Sは黙って大きくうなずき，青いビニールボールを手にとってThに投げてきた。Thも投げ返してキャッチボールを続けながらも，〈来るの大変だった？〉と，また声をかけずにはいられない。「お父さんに送ってもらった」で，会話はぷつんと切れた。しばらく黙々とキャッチボールを続けるが，Thは変化がつけたくなり，転がしてみる。Sも真似して転がしっこを続けていると，Sの方からワンバウンドで投げてきた。ここからプレイの場がS主導となる。Thが真似て『ワンバウンドキャッチボール』を続けていると，『ボールを高く浮かして，バレーボールのアタック様に床にたたきつけてのキャッチボール』，『ついて高く上げたボールをアタックしてのキャッチボール』へと変化して時間となる。Sの

アタック力はすさまじく，床にたたきつけたボールが跳ね返って天井に当たることもしばしばだった。

ボールを媒介にSとつながったと感じたThは，迷うことなく〈来週も来るね〉と予約票を渡し，Sは大きくうなずいて受け取り，にこにこと帰って行った。

第2回

プレイルームに入ると，すぐに青いビニールボールを取った。『頭上から両手で思い切り床にたたきつけてのワンバウンドキャッチボール』を続けるが，Thはにこにこ顔の沈黙がつらくなり，『世間話』をしたくなる。〈そろそろ運動会だね〉に，Sはにこにこしたまま「運動会は好きじゃない！」「なわとびのダンスがいや！」「走るのも嫌い！」と言葉をたたきつけて来た。Thにはこれが小気味よく感じられ，さらに質問を続けた。「勉強も嫌い」「音楽も体育も図工も嫌い」「給食はまずい」「パンとごはんだけおいしい」「今日はごはんと味噌汁だけ食べた」「お姉ちゃんは遊んでくれない」「まんがは好き」「ちびまる子ちゃん」「お菓子は好き」「チョコ」「お習字は嫌い」「服も汚れるし，お母さんが行きなって言うから」と続く。〈いやって言わないの？〉「言ってるよ」「ピアノは好き」「学校はAちゃんと一緒に30分歩いて行く」「帰りもAちゃんと」「先生は怒ると恐い」……。

帰りに，ランドセルがパンパンにふくらんでいることに気づく。教科書やノートを全部つめたままらしい。それを当然のように母親に持たせて，にこにこ帰って行った。

第3回

すぐに青いビニールボールをとり，『両手で頭の上に振りかざして全身でたたきつけてのワンバウンドキャッチボール』（以下『たたきつけボール』と記す）を続ける。〈学校は今日もつまんなかったの？〉ときいてみると，「運動会のダンス練習いやだった」「給食はバナナと蒸しパンとへんなの」「蒸しパンは少し残した。バナナは嫌い。へんなのは少し食べた」とS。赤やピンクの服装がとても似合うSが「ピンクと赤嫌い」「青と黄色が好き」と言ったのも意外だった。〈このパワーでけんかとかするの？〉「お姉ちゃんにはいつも負ける」。

Sはたたきつけたボールが天井にはね返って自分に当たっても表情を変えない。一方，Thは思い切り手を振り下ろした瞬間に側の鉄棒に激しく手をぶつ

けて痛いやらおかしいやら，一人で笑ってしまった。
第4回
　40分前から待っていた。母親の靴がパンプスからスニーカーへと変り，Sも子どもらしく全体の印象が薄汚れてきた。
　ものすごい形相で『たたきつけボール』を続けて汗びっしょりになる。「運動会いやだった」「なわとび間違えた」「二人でぶつかった」「かけっこはビリに近かった」「給食は栗ごはんと豚汁とへんな豆」「豚汁はおいしくない」「牛乳は嫌いだけど半分飲んだ」……。
　最後に，手の汚れを気にしている様子なので，手洗いに誘ってみた。S，Thの順で手を洗うと，ポケットからハンカチを出し，自分がふいてからThにも貸してくれた。

　このように，『たたきつけボール』をしながらThの『世間話』に否定的な反応をたたきつけ，時間終了後に二人で手を洗い，Sのハンカチで手をふいて，部屋を出ること，がパターン化した。そんななかでのトピックを挙げてみよう。
　第5回：並んで腰掛けている母子がそっくりに見え，〈似てますね〉と声をかけると，「いえ，上の子の方が」と応える母親と，廊下を歩いてくる二人の話し声が聞こえたにもかかわらず，〈お母さんとどんな話してくるの？〉に，「話さない」と答えるSとが重なって感じられた。やがて二人は肩寄せおしゃべりしながら帰って行き，Thは二人の後姿をほほえましく見送る。
　第6回：ソファから腰を浮かして，今か今かとThが現れるのを待っていた様子。『たたきつけボール』が激しくて，床からはね返ったボールがいろいろなものに当たる。くまのぬいぐるみが棚から落ちた。Sから出たボールが棚などに当たってSに戻ってしまい，Thの方へ来ない。Thが久しぶりに来たボールを拾い，手で撫でながら〈いい子，いい子，今度はちゃんと帰っておいでね〉と話し掛けると，Sがそれを見て「へへへ」と声を立てて笑った。
　第7回：白いフリルのブラウスに赤いスカート姿のSがすごい形相で『たたきつけボール』に興じるミスマッチがおかしい。〈今日も学校楽しくなかったかな？〉「うん」〈毎週授業抜けて平気なの？〉「うん」と確認し，帰りに「本人が嫌がらないので，このままのペースで通いたい」という母親の同意も得，

Thはこの形で会い続けることを決心した。

第2期　第8回（X年11月8日）〜 第15回（X＋1年1月24日）
『吹き出す』『噴き出す』

第8回

青いボールをピンクの乳母車のなかに見つけ「けけけ」と笑う。『たたきつけボール』を続けながら『世間話』を少しした後は，ほとんど無言。ボールがベビーカーの警笛に当たって鳴ったり，ボールの変なはね方に二人で吹き出す声くらい。時間になると，乳母車にボールを入れて手洗いする（以後，**乳母車にボールを入れて終る**パターンが最終回まで続く）。

第9回

すばやく乳母車のなかにボールを見つけ待ち構えている。簡単な『世間話』の後，『たたきつけボール』は激しさを増した。すべって転んだSをThが思わず笑ってしまったり，手を鉄棒にぶつけて痛がるThをSが笑ったりと，たたきつけの激しさに応じるように，今まで抑えられていた感情が笑いという形でプレイの場に吹き出てきた。

第10回

前歯の矯正をはずしていることに気づいて尋ねてみると，「1カ月だけはずした」――後に，転んで歯を折ったことがわかるのだが――と言う。『たたきつけボール』では，はね返ったボールが物に当たりさまざまな音が出る。プレイルームが狭いためにボールがあちこちに当たるのは必然で，今まで当たらなかったのはコントロールの賜物と改めて感じた。『世間話』では「家では少しは楽しい」と答えた。帰りには母親に促されて「さようなら」と挨拶し，母親は「安定しているようです」とThに伝えた。

この頃，Thは経過報告を目的に担任と電話連絡をとった。「学校生活すべてに積極性が出てきて，歯の事故に際しても，『友達に押された』と主張し譲らなかった」そうだ。プレイでも徐々に自己主張が出てくる。

第11回：スポーティな服装。力いっぱいの『たたきつけボール』にThはどうにも集中できない。飽きてきたのかと自問自答していると，察したのか何なのか，終了10分前に普通の『キャッチボール』に変えた。ワンバウンドしな

いダイレクトなボールの往復はリズミカルで楽しいが，長時間続けるのはきつい。Sは何度も振り返っては手を振りながら帰って行った。

　第12回：前髪をカチューシャで上げて，大人っぽく活動的な雰囲気を漂わせてやってきた。『キャッチボール』から『蹴りっこ』，さらに『手でボールを浮かして蹴るキャッチボール』へと移って行った。

　第13回：Sのフリースの手触りが気持よさそうで，Thはちょっと撫でてみた。『ボール浮かしてキック』ではトンネル，道路標識が棚から落ち，床に置いてあったバスケットゴールをボールがスルリと抜けた。帰りに母親から面接の申し込みがあり，予約を取る。何度も振り返り手を振って帰って行った。

　第14回：〈お正月は？〉に「つまんなかった」と答える。『手でボール浮かして蹴る』から，足だけ使う『蹴りっこ』（以下『ボールキック』と記す）へと移った。ボールがうまく返ると止めずに蹴り返すので，時にスピード感あふれる激しい応酬となる。Thの蹴ったボールが何度も時計に当たったのが印象的だった。

　第15回：ピンクのフリースが似合っている。〈ピンク嫌いじゃなかったっけ？〉に，にたにたする。『ボールキック』ではボールが止まらずに往復し，互いに顔に当たりそうになるが，〈キャーッ！〉と声が出るThに対し，Sは無言で表情も変えない。棚からおもちゃが落ちても，拾わずにそのまま続ける。手を洗ってハンカチ忘れに気づき，「くすっ」と笑った。

　母親面接──「経過を知りたい」と申し込み──

　『にこにこ』顔の内側について話し合った。「幼いときから，夜中に布団かけてもにこっとするのが不思議だった」「長女は言いたい放題で，Sは生まれつき穏やかな子と思っていたが，違うのかもしれない」「何を考えているのかつかめない子」「冬になると夜尿もある」「ボール遊びは勤めに出る前に二人でよくやった思い出のもの」……。翌週は「お腹の調子が悪い」とキャンセル。

第3期　第16回（X＋1年2月8日）〜 第22回（4月4日）
『怪獣Sゴン』

　ボールを蹴ることは足をボールにたたきつけること。そうして始動したボールは生きているかのように狭いプレイルームのあちこちに当たり，はね返り，

棚のおもちゃを落とした。この『ボールの描く世界』に着目し始めていたThは，母親面接を経て『ボールキック』のみを続けることにまったく迷いがなくなり，以後，二人でこの世界にはまっていくことになった。棚の上の物が派手に落ちて大音響を奏でたり，当たった物がくるくる回転したり，逆に，ボールが何かに乗っかったりはまったりして静止するなど，目に見えないエネルギーがボールを通じて自己主張し始めた。物が落ちるとSはボールを止め，拾って棚に戻して再開する。『世間話』せずに黙々と『ボールキック』に集中し，何気なくThから始めた**『ラスト10』を声を合わせてカウントすること**，がいつものパターンに加わった（以後，最終回まで続く）。

第17回

『ボールキック』はますます激しくなり，Thは疲れ気味。床に置いてあるバスケットゴールをボールが2回抜けて行く。ゴルフクラブ，ラケット，ヘビ，クモが落ちる。Thは椅子に足をぶつけること2回で足が痛む。しーんとしたなかに，ボールが物に当たる音と，物が落ちる音と，Sの「ふふふ……」と，Thの痛がる声が響く。そのとき，Thの内になぜか歌が流れた。♪死んじまいたいほどの苦しみ悲しみ　そんなもののひとつやふたつ……そんな夜は心でいのちの音を聴け　たかがそんな自分はと　一度だけからかってみなよ♪──長渕剛『STAY DREAM』──この，場に合わない歌の侵入をどう考えたらいいのか，不思議な気分のままプレイを終えた。

翌週は「昨日吐いて，具合が悪い」とキャンセル。気になって担任に電話してみると，「前回の事故のときと同じ子と遊んでいて，同じように転び，同じ歯を打つという不思議な事故が起こった」ということだった。母子共に『事故』でなく『被害』と受け取っているらしいことがわかったので，〈礼儀正しく控えめな母子が自分の気持を出すことは貴重なので，十分に気持を聴き，話し合って解決してほしい〉と伝えた。プレイでも破壊的なパワーが流れ始める。

第18回：Sがトイレに入っている間に母親から事故の報告。「同じ子に二度もやられたのはいじめがあったことの証明」と強い口調で言い切る母親に，戻ってきたSも「やられた！」と吐き捨てるように付け加えた。『ボールキック』はますます激しく，自分の蹴ったボールがはね返って自分に当たることもしばしば。Thには，このようなSの攻撃性のはね返りが今回の事件の根底に

も流れているように思えた。

　第19回：バスの渋滞でめずらしく遅刻。Sのボールがやかんに当たってガーン！　野球盤も棚から落ちてバシャーン！　ごみ箱のふたが羽根のようにくるくるまわる。〈怪獣Sゴンの破壊力〉に，にたにた笑う。Thの両足の間にボールがはまり，二人で吹き出す。Thは予約票の名前にも『Sゴン』と書いた。

　第20回：『にこにこ顔』が崩れ，いきいきした自然な表情になっている。ボールが物の間にはさまったり，物の上に乗って静止することが目立つ。レール，鉄橋，『踏み切り近し』の道路標識，紙風船が落ちる。

　第21回：〈歯の具合は？〉「1本死んだ！」――実際には大人になってみないとわからないらしい――トンネルが落ちてパーン！と二つに分かれる。トイレットペーパー，仮面ライダー，なわとび，ハンマーが落ちる。乳母車，テーブル，床に置いたバスケゴールの上にボールが乗っかる。Thの頭と腰にも直撃した。ハンカチがなく，共にズボンで手をふく。悪しき秘密を分かち合った『共犯者のまなざし』とでも表現するような目でThを見て「うふふ」。帰り際に母親から「自分の気持を学校に言えました」と報告があった。

　第22回：Thの蹴ったボールがSの顔面を直撃するが，けろっとしている。大音響でゲーム盤が落ちたりする一方で，テーブルやビリヤード台の下の箱にボールがすこんと入ることが目立ち，収まりのよさも感じる。担任からの連絡によると，事故についての話し合いは，父親も含めて，順調に進んでいるようだった。

第4期　第23回（X＋1年4月18日）〜　第32回（7月4日）
　　　『見える』『聴こえる』

　二人ともに『ボールキック』が上達し，ボールが連続して行き交うため，ボールの走るスピードや強さが増していく。落下物が増え，それらに着目することで，プレイルーム内が『箱庭』空間のように感じられた。大音響ではない微妙な音が聞こえ始め，自然な表情とか細やかな感情が二人の間に流れ出した。

　第23回：母親もトレーナーにジーンズ，スニーカーとラフなスタイルで来室。いきなりトンネル2個がバーン！と落ち，キューピーが頭からドーン！と落ちた。Thは自分の蹴ったボールのはね返りに当たり，〈キャー！〉。ポケットから出したハンカチがめずらしくぬれていた。

第24回：ボールの勢いが激しくて，Thは〈キャー！　キャー！〉，Sは無言。〈恐くないの？〉「うん」。やかんの大音響が数回鳴りわたり，車やトンネルが派手に落ちた。ボールが当たりそうになったときにSが思わず目をつむったのを目撃する。〈今，恐かったでしょう？〉「うん」〈恐いけどがまんしてるんだ〉「うん」。

第25回：母親と話しながら歩いてくる声が聞こえる。あまり物が落ちず，Sのボールがやかんと上のテーブルのすきまをすり抜けたり，Thのボールが椅子の角を支えに静止したり，奇跡的なことが起こる。帰りに「さようなら」と野太い声で挨拶したのが印象的で，今までどうだったのか思い出せないのが不思議だった。

第26回：緑色の物が落ち，緑色のビリヤード台にボールが乗ることが目立つ。ソファの上にも何度も乗った。ボンゴやベビーカーの警笛にボールが当たり，軽やかな音が鳴る。ちぎれたプラスチックバットが拾っても拾っても落ち，最後にパトカーが落ちた。にこにこせずに真顔で目が合い，初めて予約票を母親に渡さず自分のバッグに入れた。

第27回：ボールが物の間にはまって振動することが目立つ。パトカーにやたらと当たり，Thの内に一瞬『自殺』のイメージが現れた瞬間，キューピーとねずみのぬいぐるみが同時にまっさかさまに落ちた。壁に当たったボールがはね返ってSやThに当たる。プラスチックの糸電話が落ちてチャラチャラと快い音を奏でた。

第28回：糸電話が棚から垂れ下がっているところへボールが直撃し，大きな音を出して割れた。タイコ，カスタネット，ボールの上にボールが乗って静止したり，鉄棒の補助板を逆上がりしていくなど，ボールがアクロバット的な動きを見せる。ボールの勢いがさらに増し，Thも〈キャー！　キャー！〉と恐がっている余裕がなくなり，声が出なくなる。Thの蹴ったボールが間接的にSに当たった。

第29回：母親と話しながら歩いてくる声が聞こえる。Thの蹴ったボールがSの顔面を直撃してもにたにたしている。〈痛かったでしょう〉「……」。むきになってキックしてくる。〈反撃してるな〉に，にたにた。

第30回：木琴の上をボールがすべって美しいメロディを奏でた。タイコ，ハンマー，グローブがまとめてまっさかさまに落ちる。ミニ四駆が棚の後ろに

落ちたときは『しまった！』と『共犯だよね』の入り混じった視線を投げかけてくる。勢いづいてボールに乗っかってしまった場面が，二人それぞれにあった。帰り際，母親の話しかけに「がははは」と笑った。

　第31回：水筒から何か飲んで待っている。白地に魚柄のブラウスに『水』を連想していると，イルカ，クジラが落ち，拾ったときに「キュッ」（内蔵の笛）と鳴く。〈海好き？〉「プールに行くけれど，海へは行かない」「魚は刺し身が好き」。『ラスト10』でThが失敗すると，「もう１回やる？」と聞いてくれた。Ｓから言葉をかけられたのは初めてだった。

　第32回：紺に白の水玉ワンピースがさわやかで，物の落ちない日。ボクシンググローブ二つだけがきれいにそろって落ちた。母親に〈面接は必要ないですか？〉と問いかけてみるが，「結構です」と。

第５期　第33回（X＋１年７月４日）〜 第41回（11月６日）
　　　『入る』『命中する』

　体の力が抜けて，蹴りのアクションが大きくなる。その結果，空振りが多発したが，ボールは『入る』『命中する』ことが目立った。

　第33回：箱が落ちたり，箱の中にボールがおさまったりすることが目立つ。恐いときに顔をしかめた。しっかりとした「さようなら」で別れ，振り返ったときの表情がとても自然だった。

　第34回：ポニーテールでお姉さん的な印象。箱が何回も落ちる。二人で夢中になっていて時間を忘れ，５分オーバーしてしまった。

　第35回：箱庭の泥砂で汚れたボールが顔に当たり，顔に泥がついたり，落ちっぱなしにしていたレールに乗っかり，すべって尻もちをつくなど，Ｓにとっては厄日のようだった。鳥居，墓などが落ちたこと，落ちたままで拾ってなかったことに，帰った後で気づく。

　第36回：鉄棒につるしたサンドバッグにボールが命中すること４回。水筒のなかの氷がカラカラと軽やかな音を奏でながら帰って行く。

　第37回：いつもは正しい姿勢で腰掛けているＳが，体をふにゃっとねじって待っていたのが印象的だった。Ｔシャツの胸には大きなくまの顔がある。連続した蹴り合いが続き興奮する。画板がガシャーン！と落ちると，一瞬びくっとした後に『共犯者のまなざし』を投げかけてくる。

事例8 青いビニールボールに導かれたイメージの世界　211

　第38回：思い切り蹴ろうと，足を大きく上げて大振りして，空振りもいとわない伸びやかさ。ボールがはまることが多発する。『ドナルドダックがバスケットゴールにはまっているカレンダー』が落ちた。

　第39回：Thの左手，右手，腹にボールが命中する。木箱などの大物が落ちるが，落下物の数は少ない。終わると，「しゃようなら」と甘えた声を出し，別人のように可愛らしくしなやかに帰って行く。

　第40回：Thは思い切り鉄棒に足をぶつけ，痛いやら自分のドジさがおかしいやらで苦しい。一番高い棚の上にボールが静止した。頂上をイメージする。

　第41回：母親のトレーナーの胸にもねこの顔。激しくボールが行き交う割に物が落ちない。駅，鉄橋，ゴルフのピンくらい。

第6期　第42回（X＋1年11月13日）〜 第46回（X＋2年1月22日）
　　　『靴が鳴る』『靴が飛ぶ』

　ますますのびやかで自由自在に動く。落下物を今までのようにすぐに拾わず蹴飛ばしたり，そのまま転がしてなすがままにしておく。するとボールがあちこちから当たり，ボールと落下物の関わりの世界が現れた。時には餅つきのようだったり，洗濯のようだったり，さまざまなイメージが浮かぶ。落下物は少ない。

　第42回：スニーカーが光っている。Thの内に，♪お手てつないで　野道をゆけば……♪──『靴が鳴る』──が鳴る。クジラが落ちて鳴いた。キューピーとかめ仙人が落ちてそのままにしていたら，ボールが当たってボウリングのピンのように自動的に隅に片付いた。のびやかで気持いい。

　第43回：バスの渋滞のため10分遅れ。ずっと物が落ちなかった。初めてキューピーが落ちると，Sはキューピーに近づき，じかに蹴って隅にとばした。落下物をそのままにしたり，ちょこまか片づけたり，気の向くままにやっている様子。駅，船，哺乳びん，ゴルフのピンが落ちた。

　第44回：粘土板が何枚も雪崩のように落ち，ガシャーン！　やかんに当ってガーン！　キューピーが落ちても真ん中にあるまま続けていて，Thのボールが命中してしまう。〈キューピーさんごめんね〉に，Sは吹き出す。Sの靴が天井まで飛び，今度はThの笑いが止まらなくなってしまった。

　第45回：黒いショートブーツ型ひも靴をはいている。Thは「これなら飛ば

ないだろう」と，前回のことを思い出し，また可笑しくなってしまう。オレンジ系フリースがめずらしい。迫力ある蹴り合いの割に物が落ちないのは，コントロールがよくなったからだろうか。人形，コアラ親子のぬいぐるみ，木が落ち，コアラ親子だけ拾わずに落としておいた。

第46回：さらに激しさを増す。椅子，電話，キューピー，かめ仙人が落ち，大々音響で絵描きボードが落ちたときにはThもどきっとしたが，幸い壊れなかった。Sはにやりと『共犯者のまなざし』でThの方を見る。カレンダーにボールが当たって注目したら，絵の女の子がSに似ていた。Sに指摘すると，にやにやとうれしそう。母親も「そうかもしれない。ぷっくりしてかわいいところが」と同意。輝く笑顔で手を振って帰って行く。

第7期　第47回（X＋2年1月29日）〜 第49回（3月12日）
　　　『はまる』と『出し切る』

第47回
　部屋のあちこちにボールがはまり，流れない。テーブルなど隅に寄せてスペースを広げてもなぜかはまる。キューピーとおもちゃの椅子が落下。『ラスト10』で胸の高さの速いボールがSに似た女の子のカレンダーを直撃して落ちた。時間が余り，再度『ラスト10』をして終わる。
　二人で並んで帰って行く後ろ姿が力の抜けた自然体で，ほほえましく見送る。

　母親面接　──Sの時間に一人で来室──
　Sは学校行事があるので今日は私が話したい。事故については一応決着がついたが，納得できたわけでもない。実家では，母を始め家族皆が父の機嫌をうかがって我慢して暮らしていた。外でも自分の気持を抑えて生きてきたが，今回はSのためだと思ってがんばってみた。けれど途中で，Sが相手の子との関係を気にして交渉することを嫌うことがわかったので，Sのためにと考えてやっていることがSを傷つけては何にもならないと考え，折れることにした。ここに来た頃は経済的にもたいへんで，心も体もばらばらだった。この待合室に毎週40分座っていて自分を取り戻したような気がする。おもらしもおねしょもなくなったし，学校で疲れるのか，最近来るのを嫌がることもある。

「いつまで通えばいいですか?」の問いかけには,〈3月までをメドに母子でよく話し合ってほしい。Sから直接に意思表示があればThも話し合う〉と答えた。

第48回
「いつ終わりにするかはわからないと言うので時間を下さい」と母親。Sに問いかけても「わからない」の一点張り。体が急に大きくなっている。

ずっと何も落ちず,SとThのボールでほぼ同時に物が落ちたのが印象的。キューピーと楽器に繰り返し当たった。

翌週,母親からキャンセルの電話の折に,〈終結については決断を急がせず,5年生になっても遅い時間で継続し,Sがはっきり決断できるまで待つことにしよう〉と話し合った。

第49回
〈お母さんと電話で『もう少し続けながら考えよう』と話し合ったけれど,それでいい?〉と声をかけると,憮然として「終わりにする!」と言う。〈決めたの?〉S「うん」〈春休みは?〉S「春休みの前まで」〈じゃあ今日ってこと?〉「今日で終わりにする!」母親「ちょっとわからないんですけれど」〈Sのことばを尊重して今日で終わりに決めよう。もしまた来たくなったらそのとき考えよう〉。Sは白くまのトレーナー,Thは白くまのブローチをつけていたのが不思議だった。

鉄棒に下がったサンドバッグとその下のパンチボールによく当たる。床に横になっているバスケットゴールを往復とも抜ける。カスタネットが鳴り,ごみ箱のふたがぐるぐるまわる。落ちたパトカーにボールが当たり,逆さになったままで部屋中をすべりまわる。Thはしみじみと終わりだなあと思う。

Sはさっさとプレイルームを出て「ありがとうございました」と言い,母親より一歩先を堂々と歩いて行く。もちろん振り返ることはなかった。

この期,ボールははまって動かなくなった後,物に命中し,物の間を抜け,物を回転させ,いきいきと飛んだ。これと並行するかのように終結についてのやりとりでも,いったん自分に引き寄せ,溜め,言い切り,分かれて行ったプロセスは見事だった。

Ⅳ 考　察

1．ボールの担った役割

　第1期，初回，Sの『にこにこ顔』に平静さを失ったThは，なぜ「ボールかな？」と口走ったのだろうか？　一般的に，お人形さんのようにかわいらしい風情のSとボール遊びは結びつかない。直感的に選んだと言えばそれまでだが，今あえて言葉にすると，Sの『にこにこ』が洋服をふちどり飾るフリルのように感じられたThにとって，ボールの中心的，凝縮的，核心的側面に期待したと言えるだろう。すぐに『キャッチボール』が始まった。しかし沈黙のなか，唯一のコミュニケーションとして体の中心から中心へと投げ込まれるボールのやりとりは，核心的すぎて続けるのがきつかったのだろうか。Thは何気なくボールを転がしてみる。この緩やかなエネルギーの交換を経て，Sからの『ワンバウンドキャッチボール』が始まった。『キャッチボール』のように相手めがけて直接投げ込むだけでもなく，『ころがし』のように力を制御するだけでもない，床に思い切りたたきつけることと，キャッチすることを統合したキャッチボールの誕生。さらに，たたきつける力を強調した『ボールを浮かしてアタックするキャッチボール』，自分のなかの高揚感を強調するかに見える『床について高く上げたボールをアタックするキャッチボール』をも試して，両手を頭の上に振りかざして全身でたたきつける『たたきつけボール』が定着した。

　一方で，Thは自らの曖昧な指示から始まったボール遊びを延々と黙々と続けるSの真意がつかめず，強要しているのではないかと落ち着かず，『世間話』を転がしてみたらしい。と，Sは『世間話』を否定するかのように強烈な答をたたきつけ，それは，力いっぱいたたきつけられたボールとセットになってThの腕のなかに受け止められた。安心したボールは垂直にたたきつけられるものとしていきいきと動き始める。さらに，ボールは二人の間に生まれた『新しい可能性』としても共有された。第6回では，ボールに対し「いい子，いい子」とThがことばをかけ，それを見たSが「へへへ」と笑っている。

　第2期，第8回で，乳母車のなかにボールを見つけたSは，最後に必ずボールを乳母車に入れて帰るようになる。第1期で共有された『新しい可能性』は，

乳母車のなかで寝かされ守られながら，二人に鍛えられ育てられることになった。はね返ったボールが物に当たってさまざまな音が出，二人の吹き出す声が出，プレイルームが活気を帯びてくるが，第11回でSとThの間にずれが生じる。『たたきつけボール』に熱中するSと集中できないThと。Sはそれを感じたのか，最後の10分間を『キャッチボール』に変え，第12回には『蹴りっこ』へと変えた。この変化の体験によってThは，ボールの扱い方による『的』の違いの意識を促された。すなわち，『ワンバウンド』と『ノーバウンド』の『的』の違い，さらに『キック』はボールそのものが蹴りの『的』になること。こうしてボールは二人の脚により『命』を蹴り込まれ，プレイルームを縦横無尽に動き始めた。

　第3期，Thに迷いがなくなり，黙々と『ボールキック』に集中する。ボールに託された新しい可能性である命は，週に1度のセラピーで鍛えられた後，1週間，乳母車のなかで守られることをくり返して，『怪獣Sゴン』にまで成長していった。そんななか，「最後に声を合わせて『ラスト10』をカウントし，乳母車にボールを納め，手を洗ってSのハンカチでふく」が最終回まで続く（途中ハンカチ忘れの1回を除く）ことになるが，これは，思い切り蹴ったボールの描き出す破壊的な世界に没入していた二人を，日常へと戻す区切りとして役に立ったと考えられる。

　第4期，ボールが当たって落ちた物を見つめ，ボールが当たって鳴った音に耳を傾けることで，プレイルームが箱庭空間のように感じられ始める。SとThもボールにねらわれ箱庭のパーツになったみたいで，完全にボールが主体となる。

　第5期，ボールはまるで意志をもつかのように，考えられないような隙間に入り込んだり，命中したりする。

　第6期，落下物をすぐに片づけず，そのままにすることで，新たにボールと落下物との関わりの世界が現れた。それを味わう二人。Sの靴までが落ちてくる。

　第7期，ボールも終結に対するSの意志も，いったんはまって動かなくなり十分に溜めを作った後に，一気に出し切られた。ボールは逆さまになったパトカーをもみほぐすかのように部屋中に滑らせ，いきいきと自己主張し，同時にSは決然と終結を宣言した。

2．Thが『共犯者のまなざし』と感じたものから

第1期で，床にボールをたたきつけると同時に，Thの話しかけに否定的な言葉をたたきつけてきたSは，自分自身や自分をとりまく他者との関係を叩き壊したかったのではなかろうか。ボールを媒介としてそんな彼女の世界に入り始めたThは，第4回でハンカチを共有する関係となったが，ボールで媒介された世界とハンカチで媒介された関係とがこのセラピーの2本柱だった。ハンカチで媒介された情緒的なTh-S関係は実に淡々としたものだったが，第3期のハンカチを忘れたときに見せた独特の視線はThに『共犯者の眼差し』と感じ取られ，その後も，「しまった！」と思うような事態においてしばしばThに投げかけられた。これは，彼女の行動を厳しくチェックする姿の見えない管理者がプレイルームに，彼女の世界に，君臨しているということを想像させたが，最終回に逆さにひっくり返され，部屋中を弄ばれるように滑りまくったパトカーを見て，その管理者の終焉を見た思いがした。

3．症状としての遺尿，『にこにこ』と『溜めて出し切ること』

第4期，ボールがはまってしまって動かなくなった後，最終回で一気にほとばしるように動き始めた。まるで，こらえていたおしっこがほとばしり出るかのようだった。Sの症状であるおもらしも微笑みも，共通して『もれる』と表現される。『もれる』とは，意志に反してこぼれ落ちることだが，おもらしは嫌われ微笑みは歓迎される。Sは今までこの微笑みを人とのコミュニケーション手段として生きてきたのだろうが，本来意志に反して時にもれ出るものを常にもらし続けている不自然さが，養護教諭を心配させ，初回にThを脅かしたSの問題の中核だったと考えられる。またそれは，第3期からの『沈黙の世界』にいったんどっぷりはまるプロセスを経て，最終回に『言葉の世界』の萌芽を見るに至ったプレイ全体の流れとも一致する。

4．儀式としての側面

多かれ少なかれセラピーには儀式的な側面があるが，このセラピーでは入室から退室までの厳密にパターン化された行動様式が最後まで貫かれた点，セラピー＝儀式が終る時点でその主体と言える青いビニールボールを乳母車に入れ

て寝かせた点で，特に儀式的であったと思われる。形式を固めることにより深いイメージの世界に入っていったThとS，乳母車から目覚めて動くボール，と同時に，壁一枚の裏側で40分何もしないでじっとすわり続けていた母親も儀式の参加者だった。三人がひとつのボールによって行われる儀式に参加するという偶然にできたこの設定は，気づかぬところでこの治療過程を支えていたのではないだろうか。

V　おわりに

　その後，別件で学校と連絡を取った際，Sについての情報を得たので記しておく。「運動会の騎馬戦で，すごい女の子がいる！ とよく見てみたら，Sだった」と養護教諭。「あの頃とはまったく違って積極的になり，特に委員会活動では委員長に立候補して当選し，張り切っている」と元担任。また，今回の原稿の許可を得るために連絡をとった際，母親は「家では相変わらずつかみ所のない子でよくわからないけれど，学校ではずいぶん積極的にやっているらしいです」と語っていた。

　『もらし続ける』ことで世の中とかかわるのではなく，『しっかり溜めて出し切って』生きているらしい彼女の姿を思い浮かべ，思わずThに微笑みがもれた。

事例8■コメント

遊びと儀礼

河 合 隼 雄

　この事例は，プレイセラピーの全プロセスをひとつのボールのみを使う遊びによって見事に終結を迎えた，珍らしい例である。近来，プレイルームの「立派な」のをつくるために，やたら遊具や玩具などを取りそろえるところがあるが，プレイセラピーの本質を考えると，遊具の豊富さはセラピーの豊かさを示すものではないことを，本例が証明してくれている。もっとも，「ボール」はあくまで中心であるが，この報告に語られるように，他の玩具も結構，遊びに参加するのである。

　この「考察」のなかで，Thは「儀式としての側面」について述べているが，このプレイセラピーは，儀式の本質，および，儀式と遊びの関係について考えるのに，よい素材を提供してくれていると思うので，まずその点について論じてみたい。

　古来から人類はどのような部族であれ，「儀礼」をもっていたと言える。人類にとってそれは非常に大切なものであった。しかし，近代社会になってその重要性が急に薄れてきたことも事実である。このあたりの事情をよく知っておくことは，心理療法家にとって必要なことである。

　古代においては，人間は何らかの超越的存在を信じていた。それは，神とかいろいろな名前で呼ばれた。そのような超越的存在の力は人間に対してプラスにもマイナスにもはたらくと考えられた。このような超越的存在のマイナスの力から自分を守る，逆に，プラスの力を引き出すなどのことをするために，人間はいろいろな儀礼を考え出したし，このような存在には人間のなかでも特別な人間しか接触できないのだ，と考えると，儀礼を取り扱う専門の職業ができてくることになる。したがって，それぞれの社会や文化によって，その在り方は異なるにしろ，儀礼は大切なものとして，どこにも存在するようになった。

　ところが近代になって，ヨーロッパにおいて強力な自我意識が確立されると，超越的存在に頼るよりは，人間の理性に頼る方がはるかに効果があがることが

わかり，儀礼の力は急激に弱まっていった。現在もある程度は儀礼が行われるが形骸化してしまって，往時のような意味をもたなくなった。

　現代人はそのように自我の力を信じているが，自我はオールマイティではない。自我はその個人の素質や，環境との関係によって形成されるが，本例のSのように，相当な偏りが生じてくることがある。いつもにこにこと大人しくしているSの心の深みに溜めこまれた，「いや！」と言って爆発する力は，Sにとっては「超越的」なものとして体験されているのではなかろうか。うっかりそれに触れると自分の命が危ないほどのものであり，その力を借りないと，今後の自分の生き方は発展してゆかない。

　こんなときに，Sに「もう少し自分の意見を言ったら」とか「もっと元気を出しなさい」などと言ってみても，何の役にも立たないであろう。

　Sに対して，既製の儀礼によって問題解決をはかることは，現代では出来なくなっている。そこで，「自由な遊び」のなかで，Sは自分のなかの「超越的とも思える」力に接触してゆくための「儀礼」をつくりあげてゆかねばならないし，それを助けるために治療者は存在しているのである。それはあくまで個人的で自由なものなので，儀礼と遊びの中間地帯で，Sは行動する。治療者はそれに対応して動きつつ，Sの深層に存在する強力なエネルギーが，Sのものとして使われるようになるように，その儀礼に参加するのである。

　事例3において，ホイジンハの論を紹介したように，遊びと儀礼はこのように近い関係があるが，本例のような場合は「儀礼」に極めて近くなり，治療者も相当なエネルギーを必要とするのである。それにしても，49回の全プロセスをひとつのボールの使用のみで終結にまで到るのは，非常に珍しいと言わねばならない。Sにとってボールのもつ意味が非常に大きかったのと，ボールにまつわるいろいろな事象に対して，Thの感受性が鋭敏に反応したためである，と思われる。

　プレイのはじまりに，Thがボールの使用を示唆したのは非常に興味深い。Th自身も言うように，プレイセラピーではClの主体性や自律性を尊重するので，普通はこのような声かけをしない。ところが，思わず言ってしまったことは，実に大当りだったのだ。心理療法ではこのようなことが時に起こる。プレイでも大人との場合でも，Thは自分の無意識に対して，そして，Clの無意識に対しても心を開いているので，このようなことが生じるのである。

1回目からSのアタックの力の凄まじさにThは驚くが，2回目には会話のなかで早くも，「好きじゃない！」「いや！」「嫌い！」を連発する。ボールと同じように言葉をたたきつけてくるが，Thはこれを「小気味よく」感じる。こうしながら，「『たたきつけボール』をしながらThの『世間話』に否定的な反応をたたきつけ，時間終了後に二人で手を洗い，Sのハンカチで手をふいて，部屋を出る」という「儀礼」をつくり出す。ここで感心するのは，時間終了時の「儀礼」ができていることである。プレイルーム内のことは，日常生活とは異なるレベルのことなので，それが終ったときは，「日常」にかえる儀礼を行わないと，非日常の気分のまま帰宅するのは危険なのである。

　「儀礼」とは言っても，これはまったく個人的なものであるから，少しずつ変っていったり，そこに「遊び」の要素が加わったりする。これに加えて，非日常的な大きいエネルギーの放出を，やはり「神の守り」のなかで行うものとしての，「祭」ということもある。ThとClがボールを投げたり蹴ったりして，部屋中のものにむちゃくちゃに当て，大騒ぎをしているところは，まさに「お祭り騒ぎ」そのものである。

　第2期のテーマをThは「吹き出す」「噴き出す」としているが，まさにそのとおりである。「にこにこ顔」の下に抑えつけられてきたエネルギーが吹き出てきたのだ。そして，この「お祭り」のなかで，「笑い」が重要な役割を担っていることに注目したい。お祭りには笑いがつきものだ。笑いによって世界が開けてくる。その典型的なのが，天の岩戸神話のなかの，アメノウズメによって引き起こされた神々の笑いであろう。それによって岩戸が開き，闇のなかに光が現れるのだ。

　「笑い」と言っても，Sの「にこにこ」はそれとまったく異なるものである。そこには生命力が感じられない。エネルギーを伴って湧きあがる笑いはこれと異なっているが，場面に応じてやはり変化をする。Sの笑いの表現として，「へへへ」「ケケケ」「にたにた」「うふふ」「がはははは」と実にいろいろと出てくるのが特徴的である。これによって，Sの「にこにこ」顔が壊れ，自然で生命力を感じさせる顔へと変化してゆくのがよく実感される。そして，このような笑いの表現を見ると，Thがほんとうによくclを見ているな，と感心する。「見る」と言っても，それは「客観的観察者」の目ではない。その場に共に生きる者の目なのである。

第3期になって，Thは「『ボールキック』のみを続けることにまったく迷いがなくなり」，ますますボールによる儀礼と祭りの世界へ「はまりこんで」ゆくことになる。ここにも，プレイセラピーと普通の遊びの差が明確に示されている。「遊び」であれば，「ボール遊びばかりせずに，もっと他のことをしよう」ということになったり，「指導」をするのが好きな大人であれば，もっと体を鍛える遊びをすすめたりするのではなかろうか。プレイセラピーで最も大切なことは，Clの自主性を通じて，Clにとって意味のある行為がなされ，それをThがよく理解してそれに参加してゆくことである。この場合，Thはボール遊びがClにとってもつ意味を把握しているので，そこに全力をあげて参加できるのである。

　この間に「儀礼」の方はもう少しつけ加えることができてくる。終りに当たって，ボールを乳母車のなかに寝かせることと，「ラスト10」のカウントである。これらの意味についてはThが「考察」に述べているとおりである。それにしても，偶然を生かしたりしながら，「儀礼」が完成されてゆくのには感心させられる。おそらく，いろいろな宗教における「儀礼」も，このようにして完成されていったのだろうと思う。

　終結の難しさと，最後はClにまかせることによって明確な終りが生じてくるところは，これまでの事例にもよく見られたとおりである。「母親より一歩先を堂々と歩いて行く。もちろん振り返ることはなかった」という一文は，そこに動いているThとClとの感情をそのまま伝えてくれる。ここに描かれたSの姿は，出陣する兵の先頭を行く隊長を連想させるものがある。「儀礼」の完成である。

　「考察」に述べられているThの考えは，すべて納得がゆく。「共犯者のまなざし」も，まさにそのとおりである。Sの症状とその回復を，「もれる」と「溜めて出す」という観点から見ているのも，よい視点だと思う。

　この事例においては，「儀礼」という点に焦点を当てて論じてきたが，これを第1例において述べた「水路づけ」という点から見ても，よく理解されるであろう。ひとつのボールが，クライエントの心の「水路づけ」のために見事に活躍するのである。最初と最後の事例がうまく呼応して，プレイセラピーの本質を語ってくれ，有難いと思った。

あとがき

　山王教育研究所の創立者で初代代表として長年研究所を率いられた小川捷之先生が亡くなられたのが1996年12月6日であった。この本は，小川先生の後を継がれた研究所現代表の河合隼雄先生の発案で計画された。それは小川先生が亡くなられた翌々年のことであり，当初は小川先生の三年祭を記念して出版する予定であった。

　河合先生が，「遊戯療法に関してまだまだよい本が多くない。日本のそのような状況を変えるためにも，山王から遊戯療法の実践について書いた本を出そう。みんなが事例を出してくれれば，私が一つひとつコメントを書く」と言われ，スタッフ一同奮い立ったのを今も覚えている。

　本の出版に向けて，研究所のなかに編集委員会（委員：弘中正美・川嵜克哲・三浦和夫）を組織した。事例の書き手は，研究所スタッフのなかから公募して集めた。当時，山王教育研究所にはプレイルームがなかったが，スタッフのなかには，大学の心理相談室や公立の教育相談機関で遊戯療法を行っている者が多数いた。

　予定の本数を大幅に上回る応募があった。応募者各自に概要を書いてもらい，編集委員会で検討して，本数を絞った。その際には，事例が抱えるテーマ，子どもの年齢や性別，セラピストのタイプなどにも配慮した。原稿を提出してもらってからは，『学会誌投稿論文と比べて質的に遜色ない内容』を基準に，しかも読みやすいものにすべく，何度も修正してもらった。書き手となった人たちは，まさか同じ研究所スタッフ同士の間で，このような厳しい書き直しが求められるとは，思ってもみなかったであろう。そのおかげで，各事例は，内容の斬新さや豊かさだけでなく，遊戯療法の本質が素直に伝わるものとしてまとめられた。

　こうした手間暇をかけたために，出版までに7年間という大変な時間を要してしまった。これは，つとに編集委員一同が時間の認識を欠いていたためである。この間，研究所にはプレイルームが設けられ，今ではスタッフは研究所のなかでさかんに遊戯療法を行っている。しかし，河合先生が7年前に言われた

「遊戯療法に関してまだまだよい本が多くない」状況は，そう大きくは変っていないと思われる。遊戯療法は，広く実践されている割には，そこで何がなされているのかについて，じゅうぶんな情報が一般に知られていない活動領域なのである。本書の出版が，そうした状況を変えるための一助となることを心から願うものである。

　最後に，度重なる書き直しの注文に応えてくださった著者の方々，お忙しい日程を縫って，昨年バルセロナでの滞在中に一気にコメント原稿を書いてくださった河合先生，また辛抱強く原稿の完成を見守ってくださった誠信書房の児島雅弘氏に深く感謝いたします。そして，我らが愛する亡き小川捷之先生に，謹んでこの本をお贈り申し上げます。

　2005年3月末
　ときならぬ春の雪降る信州の宿にて

編集委員を代表して
弘 中 正 美

執筆者一覧

弘中正美（ひろなか　まさよし）　　　　　【総論】
　　山王教育研究所代表，臨床心理士

大場　登（おおば　のぼる）　　　　　　　【事例1】
　　放送大学大学院臨床心理学プログラム教授
　　山王教育研究所スタッフ，臨床心理士

渡辺美帆子（わたなべ　みほこ）　　　　　【事例2】
　　山王教育研究所スタッフ，臨床心理士

北原知典（きたはら　とものり）　　　　　【事例3】
　　東洋英和こころの相談室専門相談員，臨床心理士

青木　聡（あおき　あきら）　　　　　　　【事例4】
　　大正大学心理社会学部教授，臨床心理士

井出尚子（いで　なおこ）　　　　　　　　【事例5】
　　山王教育研究所理事，臨床心理士

名尾典子（なお　ふみこ）　　　　　　　　【事例6】
　　文教大学人間科学部准教授，臨床心理士

松下方美（まつした　まさみ）　　　　　　【事例7】
　　山王教育研究所副代表，臨床心理士

渡辺あさよ（わたなべ　あさよ）　　　　　【事例8】
　　七里ヶ浜心理臨床オフィススタッフ，臨床心理士

＊

河合隼雄　　　　　　　　　　　　　【各事例へのコメント】
　　〔編著者紹介欄参照〕

編著者紹介

河合隼雄（かわい　はやお）

　1928年兵庫県生まれ。京都大学理学部卒業。スイスのユング研究所で日本人として初めてユング派分析家の資格を取得。京都大学名誉教授。国際日本文化研究センター所長，文化庁長官を歴任。2007年逝去。

山王教育研究所（さんのうきょういくけんきゅうしょ）

　心理療法に関する実践と研究の場として，1970年に故小川捷之代表の基本理念に基づいて設立された。1998年から河合隼雄氏が代表に就任。2018年11月現在，代表から幹事まで9名，会員93名（全員が臨床心理士有資格者）で運営されている。
　本書の編集委員は次の通り。弘中正美（山王教育研究所代表），川嵜克哲（学習院大学文学部教授），三浦和夫（埼玉工業大学人間社会学部教授）。

遊戯療法の実際

2005年6月15日　第1刷発行
2019年4月25日　第7刷発行

編著者　河合隼雄
　　　　山王教育研究所
発行者　柴田敏樹
印刷者　日岐浩和

発行所　株式会社　誠信書房
〒112-0012　東京都文京区大塚3-20-6
電話03(3946)5666
http://www.seishinshobo.co.jp/

ⓒSanno Institute of Psychology, 2005　　中央印刷　清水製本所
検印省略　落丁・乱丁本はお取り替えいたします
ISBN 978-4-414-40021-2　C3011　　Printed in Japan

JCOPY 〈(社)出版者著作権管理機構 委託出版物〉
本書の無断複写は著作権法上での例外を除き禁じられています。複写される場合は，そのつど事前に，(社)出版者著作権管理機構（電話 03-5244-5088，FAX 03-5244-5089，e-mail: info@jcopy.or.jp）の許諾を得てください。

遊戯療法と箱庭療法をめぐって

弘中正美 著

遊びのもつ治癒力やイメージの治癒力など、両療法をめぐる諸問題について、子どもの心理療法に長年携わってきた著者が明らかにする。

主要目次
序　章　『遊びの治癒力』について
第Ⅰ部　遊戯療法をめぐる諸問題
　第１章　遊戯療法の基本
　第２章　遊びの治療的機能について /他
第Ⅱ部　箱庭療法をめぐる諸問題
　第５章　箱庭療法
　第６章　箱庭療法再入門 /他
第Ⅲ部　治療メカニズムについて
　第９章　親面接をめぐる諸問題
　第10章　前概念的レベルにおけるコミュニケーション──遊戯療法・箱庭療法などにおける治療メカニズムについて
　第11章　イメージの心理的治癒機能
　終　章　遊戯療法・箱庭療法の今後の可能性

A5判上製　定価（本体3000円＋税）

心理療法の実際

河合隼雄 編著

心理療法家のための中級書。第一線で活躍する10名のセラピストが、遊戯療法・カウンセリング・夢分析などの事例を提供。編著者および相互のコメントを付し、セラピスト－クライエント関係・治療技法・症状論など多面的な論議を展開している。

目次
第１章　静香の症例
第２章　人が見えて困ると言う症状を持つ症例
第３章　精神性多飲症患者の精神療法
第４章　永遠の少年
第５章　強迫神経症患者の心理療法
第６章　幸福な家庭の主婦を襲った不安
第７章　登校拒否の状態に陥ったM君
第８章　治療施設を混乱に落し入れた児童の症例
第９章　緘黙児の遊戯治療過程
第10章　ミルク・うんこ・血

A5判上製　定価（本体3200円+税）